中国社会科学院
社会学研究所
博士后文集

第九卷

新型城镇化与社会治理

New-type Urbanization and Social Governance

主　编／孙壮志
副主编／何祎金　黄丽娜

社会科学文献出版社
SOCIAL SCIENCES ACADEMIC PRESS (CHINA)

总　序

我国博士后制度是改革开放以后设立的。1984 年 5 月 21 日，著名物理学家李政道向邓小平同志建议，借鉴国外的博士后制度，在中国设立博士后科研流动站，小平同志当即表示赞成。1985 年，国务院下发文件，设立博士后流动站，实施博士后制度。

我国第一个文科博士后流动站，就是 1988 年在北京大学设立的社会学博士后流动站，是由中国社会科学院社会学研究所的首任所长费孝通先生主持的。中国社会科学院社会学博士后流动站，则成立于 1999 年。1999 年至今，10 多年过去了，已经招收了近百名博士后，他们多数都已经出站，成为各行各业的领军人物。实践证明，中国博士后制度对于选拔、培养优秀人才，促进人才流动，创出高水平的科研成果发挥着独特的作用。

2006 年，中国社会科学院社会学研究所博士后流动站举办了"第一届中国社会学博士后论坛"。此后，举办这个论坛成为一项制度，坚持每年举办一次，至今已先后在北京、武汉、厦门、沈阳、重庆等地成功举办了八届。与我国其他文科博士后流动站的论坛相比，中国社会学博士后论坛有这样几个特色。

第一，参加人员的广泛性。参加论坛的，既不限于在站的博士后，已经出站的博士后参加论坛的热情也很高；也不限于本站的博士后，其他高校的社会学博士后也有不少人参加；还不限于社会学的博士后，其他学科的博士后往往也来参加；而且不限于博士后，博士后的合作导师也满怀兴趣地参加。这样就使这个论坛成为一个高水平的学术交流平台。

第二，论坛会上会下交流方式多样。这个论坛以中国社会科学院社会学博士后联谊会为依托，联谊会还设立了地区分会，他们积极参与论坛的组织工作，除了邀请著名学者发表主题演讲、组织专题分论坛，还组织会下的讨论会和会后的社会调查。很多博士后反映，通过这个论坛活动，所有的博士后都能够不分站内站外，不分学科专业背景，充分深入地交流，并能发现很多平时自己本学科容易忽略的问题，扩大了自己的学科知识面，同一个社会问题可以得到不同学科视角的诠释和理解。

第三，学术成果丰硕。论坛参加者以文入选，要提交合乎学术规范的高质量学术论文，而且论文的题目要贴近论坛的主题。而论坛的主题，往往是不同发展阶段我国社会发展的重大现实问题。这样，每年论坛之后，都有一批高质量的涉及社会发展重大现实问题的博士后学术论文，我们选择其中的优秀论文结集出版，就形成现在这个社会学博士后论文集的系列。我们希望再经过十几年的努力，这个论文集系列，能够记载我国的巨大社会变迁，也记载社会学博士后的学术足迹。

改革开放 30 多年来，在建立社会主义市场经济的过程中，我们要处理的一个核心议题，就是政府与市场的关系。随着市场经济的深入、经济体制改革的深化和社会结构的巨大变迁，社会问题开始凸显。在这种情况下，政府、市场和社会三者之间的关系，成为我们要处理的一个新的核心议题。在这个核心议题的探索中，社会学承担着责无旁贷的学术使命和研究重任。但愿中国社会学博士后论坛的这个论文集系列，也能为担当这一学术使命贡献一份力量。

是为序。

李培林

2013 年 6 月 25 日

目　录

第四部分　阶层、流动与社会心态

第一部分　新型城镇化建设

城市治理转型与基层权力重组：
以沈阳街道办改革为例[*]

王庆明

摘　要： 面对街道办过度行政化以及有效治理难以推行的困境，中国基层改革形成了两种主导模式：一是强化街道办的"赋权"模式，一是弱化街道办的"削权"模式，前者以深圳为代表，后者以安徽铜陵为代表。虽然两地改革的具体方式不同，但都以减少行政层级和社会管理扁平化为目标。与以上两种改革不同，沈阳在撤销街道办后单独设置了具有行政审批权的经济社会管理功能区作为新型派出机构。这种变通重组的改革，既是避免权力寻租、规避施政风险的有效策略，也是将土地征收等经济目标分解到基层的重要手段。采取何种改革策略不仅关乎治理的合法性，还关乎治理的有效性。不同的改革模式，不仅与地区经济发展不均衡有关，还受传统体制渗透强弱的影响。

关键词： 城市治理　治理转型　权力重组　街道办改革

---

* 本研究得到中国博士后基金面上资助项目（2013M530823）、辽宁经济社会发展立项课题（2014lslktshx - 09）和沈阳师范大学重大孵化项目（ZD201402）的资助。本文初稿形成后曾在多个学术场合汇报交流，感谢刘平、林卡、张金荣、熊跃根、刁鹏飞、聂家昕、金桥、王雨磊等师友的批评建议，文责自负。

本文原刊于《人文杂志》2015 年第 6 期，该刊编辑部对本文修改亦有帮助，同表谢忱。

一 问题的提出

随着中国政治体制改革的逐渐深化，"国家治理体系和治理能力现代化"构成新时期中国全面深化改革的路线图。从学理角度讲，国家治理有两条主要线索：一是中央权威与地方权力之间的关系，二是国家与民众之间的关系。就第一条线索而言，在中国六十余年的国家治理实践中，央地关系在集权与分权的艰难抉择中轮番交替，虽治理效果不佳，但仍延续不断（周雪光，2011）。就第二条线索而言，1949 年后农村和城市分别经由人民公社和各种类型的单位"组织"起来。这两种组织是国家与民众之间的主要交接点，也是国家治理的中介。单就城市社会而言，新中国成立后，中国共产党在国民党保甲制基础上开始了全方位的组织化建构，将具有正式工作的城镇居民纳入单位制组织的体系下，将没有单位的城镇居民编织在街道办和居委会的组织框架中。依托这两套组织系统，中国在社会主义改造完成后基本确立了单位制为主、街居制为辅的城市治理格局。这种治理体制在改革开放之后仍然延续，直到 1990 年代末期才开始松动。

20 世纪 90 年代末随着市场化改革的逐渐深入，大批国有企业破产拍卖、转属改制致使单位办社会的职能骤然溢出，整体意义上的单位社会趋于瓦解，城市治理的重心开始由单位逐渐转移到街道办事处和居委会之上。但原本作为单位制补充的街居制无力承担治理的重担，这对城市治理构成严重挑战。传统的以单位制为基础的总体性社会治理体制难以存续，城市治理不得不要"转型升级"（张海东、王庆明，2014：19 - 21）。在这种现实压力下，1999 年民政部选择北京西城区、沈阳沈河区等 8 城市的 9 个区为试验区，探索城市治理与社区建设的新模式。此后，全面推行的社区制一定程度上填补了单位制解体后国家与民众之间的"组织真空"。由单位制为主、街居制为辅的城市治理格局向社区制演变也成为城市治理转型的主要路向。但关于社区定位以及社区建设的方向问题，自一开始就存在着两种观点不同的主张。一种观点主张管理重心下移，强化基层社区的行政属性，将其纳入到等级化的行政序列之中，即将社区定位于街道，形成"街道社区"，这以社区建设的"上海模式"为代表（任远、章志刚，2003）。另一种观点主张社区自治，倡导基层社区的民主化和社会参与，这以"沈阳模式"为代表。这派的学理依据是：在传统的国家—社会二分框架下，社区自治一直被视为中国公民社会发育的重要路径。然而，社区治理实践中的权力结构决定了社区内部社会性力量的发育，直接取决于国家权力向基层的渗透程度及其运作过程（李友梅，2007）。换言之，社区自治仍然是在国家治理谱系下推进的。

这两种社区建设的主张构成了一种现实张力，而张力背后反映的是国家与社会在基层的交叠互动（郭伟和，2010）。在城市治理结构中，作为政府派出机构的街道办事处是国家与社会的重要交会场域。在城市治理体制转型的过程中，性质未变而职能不断演化的街道办开始呈现明显的制度困境。一方面，街道办作为行政系统末梢，在过度行政化的治理体系中超负荷运转，层层加码的目标责任与绩效考核使其处境艰难。另一方面，街道办作为政府派出机构，不具有法律赋予的行政审批权，很多基层事务的处理需"上传"给上级政府的职能部门；同时它又不是自治机构，只能将上级政府部门委派的诸多事务"下达"给社区具体执行，从而使其在上传下达的治理层级中处境尴尬。这既增加了政府管理的成本，也限制了社区自治的推进。随着市场经济的发展和管理事项的逐渐增多，这一结构性矛盾也日益凸显。在这种背景下，改革街道办成为城市治理转型的重要突破口。有研究者将这种改革视为在公共治理结构恶化的环境下，针对治理工具和政府职能履行方式的结构性调整（孔繁斌、吴非，2013）。在基层的治理实践中，为解决这一共通性的结构矛盾，一些地方政府采取了差异极大，甚至完全不同的改革策略，如深圳采取了强化街道办的改革，而安徽铜陵则采取了取消街道办的改革。由此，进一步的问题是，在统一的权威体制和相似的结构矛盾下，为实现有效治理，各地为什么会产生差异如此之大的改革模式呢？更关键的问题是，什么样的改革才是更有效的呢？

以上面的问题为导向，本文在结构上作如下安排，首先探讨中国城市治理结构总体性支配格局的形成及演变过程；其次，分析"铜陵模式"和"深圳模式"在化解过度行政化，实现管理扁平化的利弊得失；再次，通过对沈阳正在进行的街道办改革的分析来探讨国家治理与社区自治相结合的可行性路径；最后，通过这些改革模式的比较对国家治理的有效性与合法性，以及国家与民众关系在新时期的走向做进一步的分析和讨论。

二　变动的条块分割：城市治理体制的演变过程

中国城市治理结构转型与社会经济体制的历史及其变革进程紧密相关。1949 年后，中国城市社会逐渐确立了一种以单位制组织为依托的高度集权化的管控方式。"单位"是中国社会民众对自己就业于其中的社会组织或机构的

"统称"，是城市社会组织的基本单元。单位不仅是城市社会秩序的基础，而且是国家对社会进行直接行政管理的组织手段和基本环节，是中国政治、经济和社会体制的基础（路风，1989）。恰恰在这个意义上，当时的社会被称为"单位社会"。在这种社会体制下，单位是国家治理的载体，国家依照各类单位组织的行政层级和社会分工需要对权力和资源进行统一配置，并由此形成一种总体性支配的集权体制（渠敬东、周飞舟、应星，2009）。单位是这种集权体制层级结构上的一个位点，而单位制度则是规范各级权力结构和资源配置的法则（渠敬东，2012）。这套法则是在主流意识形态基础上建立的，以形成整个社会"一致性"为目的的制度安排（田毅鹏，2007）。对于没能进入单位制组织体系的城镇居民，国家将其吸纳到街居制的组织体系下。传统的城市社会治理是以单位制和街居制为基本框架的二元治理格局。

从城市治理与制度设置的初衷看，街居制是对单位制这种社会调控体系的补充。街居制主要针对的是那些没有单位的人或者是离开（离退休或被开除）单位的人，具体而言主要是家庭妇女、社会闲散人员、两劳（劳改、劳教）释放人员以及离退休人员，实际工作多是配合国家各职能单位设在街道的工商、市容、环卫、房管、粮管、税务、公安派出所等部门的工作（夏建中，2008）。中国共产党提出"一化三改造"过渡时期总路线后，存在一种潜在认识，即随着国家工业化和向社会主义过渡，工人阶级之外的街道居民将逐渐减少。随着国家工业化和现代化的实现，城市居民的生产生活将逐渐纳入工厂、机关、学校的轨道，由各种类型的"单位"来满足居民的一切需求（雷洁琼，2001）。然而，还没等到单位制组织实现对所有城市居民的吸纳，1978年中国改革开放的序幕已经在农村拉开。随着改革的深化，当大批企业单位组织解体，众多"单位人"被迫转变为"社会人"时，以单位制为基础的城市治理体制就不得不转型。

单位制是改革前中国城市社会在经济和技术分工发展程度较低的条件下，在行政化分工的基础上实现社会目标和资源配置的一种特殊组织形态和制度结构，是认识中国社会和研究中国社会变迁的最重要的理论范畴之一（刘平，2012）。"单位制"这一中国本土化的概念并不仅仅指"单位"这种组织形式，也不单指一种制度主义意义上的"单位制度"，更为突出的是一种体制的精神性内涵（渠敬东，2012）。中国城市社会的治理转型首先是要改变这种总体性的资源配置方式和制度惯习，而与这种体制相契合的是一种根深蒂固的"条块分割"机制。长期以来中国经济是依靠"条"和"块"两个组织体系控制和支配资源的，"条"是指中央直属部委自上而下的科层制体系，"块"是指地方政府管辖范围内的全部行政行为。这导致了不同的单位和地方之间形成了两个现实的结构壁垒（边燕杰等，2006）。

这种条块分割机制，在基层街道办的权力运作和资源配置过程中表现得尤为突出。一般而言，在街道办事处辖区内都有政府职能部门的派出机构，如派出所、工商所、税务所等，它们与街道办的关系就是所谓的"条"与"块"的关系。在中国的治理实践中，二者关系长期以来是"以条为主，以块为辅"，即街道办主要是配合其他职能部门开展工作。1987 年中国提出"社区服务"之后，开始强调"条块结合"的基层权力运行模式。到 20 世纪 90 年代中后期，随着"两级政府，三级管理"模式的推行，各地开始强化街道办的权力，尤其是辖区内政府各职能部门派出机构的权力。如《上海市街道办事处组织条例》规定："街道办事处有权组织、协调辖区内的公安、工商、税务等机构，依法支持、配合街道监察队的执法活动。街道办事处可以召开由辖区内有关单位参加的社区联席会议，商讨协调社区建设和社区服务事项。""街道办事处有权对区人民政府有关部门派出机构主要行政负责人的任免、调动、考核和奖惩，提出意见和建议。区人民政府有关部门在决定上述事项前，应当听取街道办事处的意见和建议。"① 这实际上确立了街道办为辖区内的最高权力机构，改变了以往的权力配置格局，即由最初的"以条为主，以块为辅"到"条块结合"，再到当前的"条专块统，以块为主"（夏建中，2008）。这种权力结构的转变是国家治理目标在基层有效推进的前提。在单位制组织逐渐解体、单位办社会职能向社区转化的过程中，国家治理的重心不得不开始由"条"上的单位，转向"块"上的街道和社区。

从以上讨论不难看出，城市治理转型实际上是在确保"条"和"块"作为资源配置机制不变的前提下，对条块功能及彼此关系的结构性调整。这种"变动的条块分割"是我们从历时性视角来透视中国城市治理转型复杂过程的重要视点。

三　赋权与削权：街道办改革的两种主导模式

1954 年出台的《城市街道办事处组织条例》明确了街道办事处的性质是政府派出机构，是国家与社会、政府与民众的重要交接点。在治理实践

---

① 参见《上海市街道办事处组织条例》，1997 年 1 月 15 日上海市第十届人民代表大会常务委员会第三十三次会议通过。

中，这种组织自成立以来，就一直处于变动之中，其性质和职能具有明显的不确定性。在现实中，它既像一个行政组织，也像社区组织，既承担着一定的政府职能，又承担着大量的社会职能（周平，2012）。伴随着改革的深化，街道办事处的职能和管理范围远远超出了我国政治制度和法律规范对该组织的定位，街道办性质职能的不确定是造成其治理困境的根源（饶常林、常健，2011）。基于这些原因，2009 年全国人大废除了实施五十多年的《城市街道办事处组织条例》，但关于街道办事处性质的新法规并没有出台。街道办在治理实践中仍然处境艰难。

　　面对基层治理过度行政化以及有效治理难以推行的双重困境，各地方政府针对街道办采取了不同的改革策略，概括起来有两种主导性模式：一是强化街道办事处的"赋权"模式，即赋予街道办事处具体的财权、人事自治权和行政审批权，或直接将街道办事处由此前的政府派出机构升格为一级政府部门。在国家倡导减少行政层级、实现社会管理扁平化的背景下，增加政府组织的主张反响不大，[①] 而撤销区政府、强化街道办的主张更符合社会管理扁平化的目标，深圳倡导的就是这种改革模式。[②] 二是弱化街道办事处的"削权"模式，即将街道办事处的多种功能上收区政府或下沉社区，削弱或直接撤销街道办，安徽铜陵改革就采取了直接撤销街道办的模式。下面我们将以深圳模式和铜陵模式为例探讨城市治理体制改革的有效路径。

　　深圳针对区街基层组织的改革是其全面深化体制改革的一个重要环节。2009 年 5 月国务院正式批复了《深圳综合配套改革试验总体方案》，行政管理体制改革成为重要的改革事项。具体而言，深圳综合体制改革主要涉及三个重要方面。首先，重新界定政府职能，整合政府机构。深圳将建设公共服务型政府作为改革目标，将政府的职能主要集中在经济调节、市场监管、社会管理和公共服务几个方面。其次，创新政府运行机制和模式，完善决策执行监督，大力培育发展社会组织。具体而言，要进行行政分权改革，即将政府职能部门划分为决策部门、执行部门、监督部门三大板块，彼此独立运行。决策局只有决策权而没有执行权，执行局只有执行权没有决策权，监察局和审计局作为监督部门直属市长管辖。同时仿照香港以政府购买服务的形

[①] 虽然直接将街道办升格为一级政府组织的主张，在减少行政层级和社会管理扁平化的目标取向下难以实现，但在实践中，很多街道办在部门设置、人员配备以及运行模式上已经与政府组织没有实质性差别了。

[②] 不仅是深圳，东莞市作为中国五个不设区的地级市之一，其城市社会治理体制就是由市政府直接管辖街道办和乡镇，是"一级政府、三级管理"的典型治理结构。

式培育社会组织发展。最后，彻底理顺市、区、街道事权，在条件成熟时，将借鉴我国香港、新加坡的经验，取消区级政府，改区、办事处为政府派出机构，实行"一级政府，三级管理"。

以上述三重改革设计为基础，深圳开始尝试由政府派出机构代替区政府组织的治理模式，2009年6月30日坪山新区的组建是一个重要标志。坪山新区虽是政府派出机构，但仍保留了正局级建制，以确保在等级森严的行政体系下开展工作。在组织结构上，该新区下辖坪山、坑梓两个办事处，30个社区居委会和24个社区工作站。由于新区剩余建设用地30平方公里，是深圳最大的可开发区域之一，征地拆迁和城市管理成为新区的最主要职能。坪山新区提供了践行扁平化治理的重要参照，改变了传统的"市—区—街道—社区"这种"二级政府、四级管理"的行政模式。未来深圳一个长远目标就是逐步取消区政府，改为政府派出机构。对于深圳的改革，有研究者提出深圳与新加坡和香港没有可比性，取消区政府会产生一系列问题，取消街道办、精简区政府职能才是明智之举（朱慧涛，2009）。从实践层面看，深圳基层体制改革并非简单设想，而已成为具体的实践策略。但在行政体制结构整体稳固的前提下，取消区政府的难度着实比取消街道办大得多。由此，这种改革模式不但在深圳推行过程中遇到诸多困难，在向其他城市推广扩散时也遇到巨大阻力。相反，以取消街道办为主要内容的铜陵模式却起到了示范效应。

铜陵模式的最主要内涵是"撤销街道，做大社区"。2010年7月底，安徽省铜陵市铜官山区在全国率先启动了社区综合体制改革，将6个街道全部撤销，原有的49个社区合并成18个大社区，原有街道干部工作人员一律下派到各个社区任职。减少了街道这个管理层级，由"市—区—街道—社区"四级管理变为"市—区—社区"三级服务，这是铜陵模式的雏形。此后不久，这种"大社区"的管理模式在全市推行（王世平、毕茂东，2011）。概括起来，铜陵模式的基本内涵包括四个方面：撤销街道，成立大社区，减少管理层级；实行社区扁平化管理、网格化管理；完善社区公共服务体系、社区市场化服务体系和社区志愿服务体系；强化党的核心功能、居民自治功能、社会管理功能和居委会监督功能（铜陵市中国特色社会主义现代化研究课题组，2013）。铜陵的改革模式虽受到了民政部的肯定，但自一开始对将这一模式推广至全国的可行性就争论不断。肯定意见，自不必说。质疑者指出铜陵是一个特殊的小城市，铜陵市辖一县三区，总面积1113平方公里，总人口74万，其中城市人口仅有42万，是个典型的资源性工矿城市。由于特定的历史原因，街道办事处管辖的社区很少，其中铜官山区横港街道、狮子山区凤凰山街道分别只管辖 1 个社区。街道办事处和社区的功能是重合的（铜陵市中国特色社会主义理论研究课题组，2013），取消街道办对这样的基层社区不会产生太大影响。这种模式对于一个人口较少的小城市是适用的，但对于北京、上海等大城市的基层治理转型是否有效呢？

在全国推进基层治理转型的背景下，北京市在"'十二五'时期体制改革规划"中也明确提出，要积极推动管理重心下移，探索撤销街道办改革试点。民政部对铜陵取消街道办改革的认可，加之学界不少研究者对铜陵模式的肯定（谢宝富，2013），无疑使铜陵模式成为当下城市体制改革的重要典范。在这种倡导下，贵阳、沈阳等地也已开始了以撤销街道办为基本形式的改革。但铜陵模式仍遗留了一些重要问题：在政治体制延续性的前提下，取消街道办后国家的权威体制如何维系，治理目标又如何有效实现？此外，作为自治组织的社区如何在过度行政化的制度体系中抵挡诸多行政摊派？除了"取消街道，壮大社区"的铜陵模式外，是否还有其他改革的有效路径？沈阳正在推进的街道办改革似乎可以给我们提供一定的借鉴。

四　权力的分散与重组：沈阳街道办改革的分析

沈阳街道办事处改革最初是在沈河区内试点的。沈河区位于沈阳市中心，辖区面积 58 平方公里，下辖 15 个街道办事处，109 个社区，常住人口110 万人。沈河区一直是城市体制改革的"典型"。该区 1987 年成为沈阳市综合体制改革实验区，1994 年被列为国家科委"社会发展综合实验区"，1997 年列入民政部"社区服务模范区"，1999 年列入民政部"全国社区建设实验区"，社区建设的"沈阳模式"就是以沈河区为试验基础的。[①] 1999年沈阳市在原有的 2753 个居委会的基础上，按照居民的实际居住地重新划定了 1277 个社区。这些社区共有四种不同类型，一是按照居民居住地和工作单位的自然地域划分出来的"板块型社区"，二是以封闭型的居民小区为单位的"小区型社区"，三是以单位职工家属聚居区为主体的"单位型社

---

① 1999 年 10 月 16 日至 17 日，民政部基层政权和社区建设司在沈阳市召开体制改革——沈阳模式专家论证会。此次会议对沈阳模式的基本内涵作了明确的界定。"社区自治，议行分离"被认定为沈阳模式的重要内涵。

区"，四是根据不同功能特征划分的高科技开发区、金融商贸开发区、商业区等"功能型社区"。由于定位不同，每个社区的规模也有差别，一般小的社区有 1000 户居民，大的社区 2000～3000 户。沈阳社区改革的核心是"赋权于民，（社区）居民自治"（刘小康，2000）。在社区组织作出重大调整之后，并没有针对街道办事处进行重新整合。随着改革的逐渐深化，街道办的性质、职能与其承载的诸多事项之间的结构矛盾日益突出，改革街道办成为沈阳体制改革的重要内容。

2013 年 1 月，沈河区按照不同的产业定位，对全区的空间结构进行了改革重组。首先将原有的 15 个街道办事处撤销，按照区位方向、产业结构和功能布局将其整合为"东西南北中"五个综合功能区：东北区域金融中心功能区、皇城商贸文博旅游功能区、五爱商贸物流功能区、南塔商贸物流功能区、东部新城功能区，同时将原有的 109 个社区整合为 33 个大社区。整合后的 33 个社区内部设置社区党委、社区工作委员会（市民服务中心）、社区议事委员会和社区居民委员会"一委三会"。除了撤销街道办事处之外，重置综合功能区与"大社区"模式是其基本特点。在沈河区试点改革推进一个月后，类似的改革在皇姑区内也开始实施。

皇姑区位于沈阳市西北部，常住人口 117 万人，下辖 12 个街道办事处，119 个社区和 10 个行政村。2013 年 4 月皇姑区开始了城市基层社会治理体制改革，将原有的 12 个街道办事处按照功能区位整合为八大"经济社会管理功能区"。功能区的一个重要特点是经济社会管理的独立性和同一性，体现为一站式服务。为此，在八大功能区内部分设财税局、征收局、城管执法局、社会事业管理局、招商服务局和综合办公室。同时提升功能区的行政级别（副区级），委派 44 名区直机关领导干部到功能区任职，其中三位区委常委、两位副区长、一位人大副主任、一位政协副主席和一位副区级干部到八大功能区当"一把手"，让这些领导权责明确，统一协调。

不难看出，虽然同样是取消街道办，整合功能区，但沈河区与皇姑区的改革有明显差别。沈河区位于市中心，全区发展规划已基本成形，基础设施和公共服务也相对完善，该区废除街道办设立综合功能区的改革是围绕城市功能布局与产业结构调整进行的空间重组。与之不同，皇姑区的城市建设相对落后，旧城改造和土地征收是八大综合功能区的首要任务。《沈阳市 2014 年棚户区改造实施方案》显示，2014 年沈阳市城区有 14 个棚户区改造项目，涉及居民 3822 户，皇姑区棚户区改造项目就有 10 个，成为旧城改造的重点区域。① 位于沈阳城市北郊的沈北新区，也正在探索取消街道办的改革具体措施，其目标则是全方位的城镇化。虽然沈阳的街道办改革还在探索之中，但就已经推行的改革来看，可以概括出如下几个特征。

首先，表面撤销与变通重组。街道办改革的沈阳模式在"撤销街道、做大社区"的同时，还单独整合了一个新的政府派出机构——"经济社会管理功能区"。与街道办不同的是，"功能区"在行政级别上提升为"副区级"，在这种意义上沈阳撤销街道办改革并不单以减少行政层级、实现社会管理扁平化为目标。同时，这种派出机构具有了法律意义上的审批权和决策权，避免了街道办的角色尴尬。

其次，行政分权与风险规避。从沈阳街道办撤销后综合功能区的定位不难看出，经济增长是首要目标。从皇姑综合功能区内部财税局、征收局等部门的设置看，核心事项是与土地开发利用以及招商引资相关的经济事务。在中国城市发展进程中，土地财政占据了重要份额。与之相关，土地的开发利用不但是经济增长的重要支点，也是社会冲突的重要诱因和权力寻租的重要对象。原本由上级部门单独审批的行政事项，在权力下沉功能区后，多个功能区在权力上彼此制衡，在招商引资上又相互竞争。核心权力在基层使其更容易被监督，使政府管理和制度运行更趋向于规范化和透明化。这种权力分散化的改革，一方面是避免权力寻租，规避施政风险的一种有效机制。另一方面，以招商引资这种经济事项为主导的组织运行机制能够更有效地实现经济目标。

最后，做大社区与社区功能分化。沈阳的街道办改革同样贯彻了做大社区的思路，这是社区建设的沈阳模式强调公众参与与社区自治的一种延续。改革后大社区内部的社区党委、社区工作委员会、社区议事委员会和社区居民委员会，这"一委三会"实际上体现了社区的功能分化。沈阳街道办改革还在推进之中，很多新的特征和问题还没有完全呈现出来。但就目前的改革形态看，并不单是以减少行政层级为目标，主要体现的是权力的分散与重组过程。沈阳的街道办改革模式为我们反思中国城市治理的有效路径提供了一个现实参照，同时对我们理解国家治理的学理谱系提供了一个重要支点。

前文提到国家治理的两个学理谱系，即央地关系和官民关系，在中国六十余年的国家治理实践中呈现一些独特性。基层社区制的推进填补了单位制解体后国家与民众之间的组织真空。而央地关系在集权与分权的艰难抉择中

---

① 参见《沈阳市人民政府办公厅关于印发沈阳市 2014 年棚户区改造实施方案的通知》（沈政办发〔2014〕8 号）。

轮番交替，"一收就死，一放就乱"成了这种悖论循环机制的形象表达。在具体的治理实践中，中国分权体制的一个重要特征是经济上地方分权，而政治上中央集权（Oliver and Shleife，2001：171 - 79），中央集权与地方分权的矛盾结合体构成中国改革时期独特的国家体制（黄宗智，2009）。在这种体制下，诸多基层问题，在上有政策下有对策的变通过程中，反复治理，痼疾难除。此种国家治理结构呈现的问题是，中国这种权威体制和有效治理之间存在深刻矛盾（周雪光，2011）。要化解这一矛盾，实现有效治理，必须从中国基层治理的困境着手。

有研究者注意到，中国城市治理格局的"过度行政化"是造成基层治理困境的重要原因（郑永年，2013）。一个典型案例是，2009 年成都启动公开行政权力改革，通过对两个试点街道办"权力清单"的清理发现，一个街道办共有 417 个权力事项。① 这是城市基层社会治理过度行政化的重要体现。在这种背景下，减少行政层级、实现社会管理扁平化成为有效治理的基本路径。科层组织有效治理的实质是在多重委托代理关系中的多轮谈判过程（何艳玲、汪广龙，2012）。但在"压力型的体制下"，诸多风险会影响政府科层组织的行为动机（张成福、谢一帆，2009），追求治理绩效的动机往往可能会被规避风险的动机取代。由此，科层组织上下级间的权力重组、同级部门间的责任分担以及科层组织和管理对象之间的利益互换就构成了一种常态（何艳玲、汪广龙，2012）。在这种格局下，国家治理经常陷入一种"上有政策，下有对策"的变通之中，也由此造成了基层治理的地区差异。由于地区发展的不平衡，中国的基层治理改革也呈现明显的地域差异。采取何种策略不仅关乎治理的合法性，更重要的是治理的有效性。市场化的发展不仅取决于资本、劳动力和市场，而且还取决于传统体制的强弱，基层治理改革同样受制于市场机制和传统体制的作用。老工业基地社会受传统单位体制的渗透更深，在转型过程中，传统的再分配逻辑作用的领域更广、发挥作用的空间更大。在传统体制渗透更深的老工业基地采取权力分散与重组的变通模式更有利于目标的实现。

---

① 2009 年成都率先在成华区的新鸿路街道办和双桥子街道办开展行政权力公开试点改革。通过清查发现，新鸿路街道办党务、政务和部分事务方面的权力共 179 项，双桥子街道办城管、综治、社计及部分事务方面的权力共 238 项。两者叠加，一个街道办事处要管 417项行政事务。虽然这种叠加缺乏科学性，但也能从一个侧面反映中国城市基层治理格局中过度行政整合的事实。参见《1 个街道办有多少权力？417 项！》，《华西都市报》2009 年 6月 26 日。

参考文献

边燕杰等，2006，《结构壁垒、体制转型与地位资源含量》，《中国社会科学》第 5 期。

郭伟和，2010，《街道公共体制改革和国家意志的柔性控制——对黄宗智"国家和社会的第三领域"理论的扩展》，《开放时代》第 2 期。

何艳玲、汪广龙，2012，《不可退出的谈判：对中国科层组织"有效治理"现象的一种解释》，《管理世界》第 12 期。

黄宗智，2009，《改革中的国家体制：经济奇迹和社会危机的同一根源》，《开放时代》第 4 期。

孔繁斌、吴非，2013，《大城市的政府层级关系：基于任务型组织的街道办事处改革分析》，《上海行政学院学报》第 6 期。

雷洁琼，2001，《转型中的城市基层社区组织：北京市基层社区组织与社区发展研究》，北京：北京大学出版社。

李友梅，2007，《社区治理：公民社会的微观基础》，《社会》第 2 期。

刘平，2012，《单位制组织的公共事务职能与分工——北方城市除雪的启示》，《吉林大学社会科学学报》第 6 期。

刘小康，2000，《政府与社会互动：沈阳社区自治模式探微》，《国家行政学院学报》第 5 期。

路风，1989，《单位：一种特殊的社会组织形式》，《中国社会科学》第 1 期。

渠敬东，2012，《项目制：一种新的国家治理机制》，《中国社会科学》第 5 期。

渠敬东、周飞舟、应星，2009，《从总体性支配到技术治理——基于中国 30 年改革经验的社会学分析》，《中国社会科学》第 6 期。

饶常林、常健，2011，《我国城市街道办事处管理体制变迁与制度完善》，《中国行政管理》第 2 期。

任远、章志刚，2003，《中国城市社区发展典型实践模式的比较与分析》，《社会科学研究》第 6 期。

田毅鹏，2007，《单位制度变迁与集体认同的重构》，《江海学刊》第 1 期。

铜陵市中国特色社会主义理论研究课题组，2013，《铜陵市社区综合体制改革研究》，http：//www.tlxx.gov.cn/News/News_ 2880.aspx。

王世平、毕茂东，2011，《创新城市基层社会管理的成功尝试——铜陵市铜官山区实行社区综合体制改革的调研报告》，《中国民政》第 6 期。

夏建中，2008，《从街居制到社区制：我国城市社区 30 年的变迁》，《黑龙江社会科学》第 5 期。

谢宝富，2013，《铜陵模式：我国城市社区管理的有益探索》，《中国党政干部论坛》第 1 期。

原珂，2012，《论撤销街道办事处的理由与可行性》，《人民论坛》第 26 期。

张海东、王庆明，2014，《城市社会中的结构性问题与治理转型》，载李友梅等著《城市社会治理》，北京：社会科学文献出版社。

张成福、谢一帆，2009，《风险社会及其有效治理的战略》，《中国人民大学学报》第 5 期。

郑永年，2013，《城市的政治化与城市体制改革》，《文化纵横》第 2 期。

周平，2012，《街道办事处的定位：城市社区政治的一个根本问题》，《政治学研究》第 2 期。

周雪光，2011，《权威体制与有效治理：当代中国国家治理的制度逻辑》，《开放时代》第 10 期。

朱慧涛，2009，《深圳该取消区级政府吗?》，《决策》第 1 期。

Blanchard，Oliver and Andrei Shleifer，2001，"Federalism with and without Political Centralization：China versus Russia." IMF Staff Papers. 48.

作者简介

王庆明　男

所属博士后流动站：中国社会科学院社会学研究所

合作导师：李培林

进站时间：2012.12 ~

现工作单位：沈阳师范大学社会学院

联系方式：54stone45@163.com

城郊小城镇社会治理问题研究

——以重庆市童家溪镇为例

陈 劲

摘　要： 城郊小城镇是农村要素聚集与中心城市要素扩散的重要载体，面临新型城镇化建设与重构社会治理模式的双重任务，深入研究城郊小城镇社会治理问题具有重要的现实意义。本文通过调查分析重庆市童家溪镇城镇化发展状况，以及其社会治理现状和存在的困境，提出要通过上下联动实现统筹治理、理顺权责进行合作治理、强化服务推行网络治理、巩固村居夯实基层治理、培育组织实施多元治理、以城促乡实行混合治理等城郊小城镇的社会治理取向。

关键词： 治理体系　小城镇　社会治理

城郊小城镇指在地理位置上临近大中城市，在经济社会发展等方面受到城市辐射的城镇。它是农村要素聚集与中心城市要素扩散的重要承载，在新型城镇化建设中具有与城市发展的统筹规划和功能相配套，逐步发展成为卫星城的重要地位。在城镇化进程中，城郊小城镇的经济呈现"多元化"状态社会呈现"混合结构"状态；与街道社区和农村乡镇相比，其社会治理问题尤显多样而复杂，其社会治理实践也不能简单地从计划向市场、从全能到有限的线性转变。本文通过对重庆市北碚区童家溪镇的考察分析，拟对新型城镇化建设背景下的城郊小城镇社会治理问题提出对策建议。

一　城郊小城镇的城镇化发展进程

（一）城郊小城镇的发展层级

城郊小城镇充分利用邻近大中城市的优势，承接大中城市的技术、产业、经济和社会各方面的辐射，受经济发展内在规律的作用，呈现不同成长水平。小城镇成长是一个过程，这个过程是内部、外部各种动力综合作用的结果。研究认为（郑一淳、蔡淑敏、马玉清，2001），城郊小城镇按照接受大中城市的经济辐射、生活辐射和"第二居所"辐射的程度差异，可形成三个发展层级。第一层属经济生活型，距离市区最近，较早接受城市辐射且城市化程度比较成熟，既有工业区又有生活商业区；第二层属经济型，距离市区稍远，在城市辐射的第二阶梯，处于城市化发展初期，镇区内主要是工业区，尚无成片的居住区和商业区。第三层属"第二居所"型，离市中心较远，主要接受城市"第二居所"的辐射，镇区内以中高档住宅区和别墅区为主，并以此带动相关产业发展。

（二）童家溪镇的城镇化发展阶段

童家溪镇位于重庆主城组团与北碚城区之间，地处重庆都市发达经济圈，是两江新区北碚蔡家组团的重要组成部分，是北碚区"两高"产业发展示范镇、统筹城乡发展先行镇。全镇交通便捷，嘉陵江黄金水道纵贯全镇，有兰海高速公路，渝遂铁路、兰渝铁路、襄渝二线穿镇而过。镇域拥有丰富的建材资源和温泉资源，是重庆市实施"退二进三"发展战略中承接第二产业的首选接收地。

该镇在发展过程中较早地开发建设了中高档住宅区和别墅区。1996年外地来渝的华新国际率先在童家溪征地500亩，推出高档住宅小区水天花园；2000年中安地产开发了翡翠湖别墅区。2004年后，大庆巨豪房产开发了低层花园洋房小区香溪美林，红塔集团推出了红鼎高尔夫社区等。可见，童家溪镇的城镇化发展较早受到"第二居所"型辐射的影响。

该镇经济发展中农村经济与工业经济并重，商业经济欠发达。2011年，全镇农村经济总收入、规模以上工业总产值分别达110亿元、102亿元，接近1∶1。2012年底，全镇规模以上工业企业达到43家，年产值20亿元以上企业2家。总体看，童家溪镇的城镇化发展还处于城市辐射的第二阶梯，属于经济型层级。

童家溪镇幅员 22.7 平方公里，辖建设、同兴 2 个村，苏家湾、天成、马山垭 3 个社区居委会。2012 年常住人口 21218 人，户籍人口 16924 人，其中农村人口 7679 人，约占 45%；城镇人口 9245 人，约占 55%。城乡教育、医疗、社会保障、公共服务实现基本均衡。

综上所述，按照城郊经济发展的共性规律，童家溪镇在城镇化的进程中，已走过"第二居所"辐射阶段，正处于经济型向经济生活型发展的层级，经济呈现"多元化"状态，社会呈现"混合结构"状态。因此，需要通过有效的社会治理手段，不断完善城镇体系功能，逐步弱化原有的城乡二元结构，为新型城镇化建设奠定良好基础。

二　童家溪镇的社会治理现状

我国乡镇社会治理模式经历了新中国成立初期"政社合一"的人民公社体制、改革开放以后"乡政村治"体制、后税费时代"服务民主型"乡镇治理体制的变迁发展（张良，2010）。社会经济发展是我国建国以来乡镇治理模式不断变化的根源所在（严圣明，2007）。2006 年免征农业税后，乡镇拥有的经济发展根源被破除，其社会治理模式也发生了根本性变化。重庆市于 2006 年 10 月 27 日出台了《重庆市人民政府关于改革乡镇执法监管强化公共服务试点工作的决定》，总体上确定乡镇的"执法监管"和"公共服务"两大主体职能，再依法赋予乡镇一定的权力和责任，以推进法治型、服务型乡镇政府的建立。而且，重庆市还明确乡镇政府法定行政执法职责共24 项，主要涉及村镇规划建设管理、人口和计划生育管理、农村土地承包管理、殡葬管理、农业行政管理、国土资源管理等行政执法领域；在加强乡镇政府公共服务能力上，通过创建政务集中咨询制度、政务服务代办制度、行政合同管理制度、公共服务购买制度等 4 项制度创新公共服务模式。

本文结合重庆市改革乡镇执法监督、强化公共服务的政策规定，通过对童家溪镇的深入调查分析，概括出 2012 年其社会治理的实际状况如下。

（一）执法监督方面的管理

（1）城镇规划建设。围绕重大项目兰渝铁路建设，做好童家溪镇规划10 公里段的征地拆迁和搬迁安置；镇域内环境的综合整治、整改；完成农贸市场、社区卫生室、社区公共活动中心、村综合服务大楼等工程项目。

（2）基础设施建设。镇内通信、电力、有线电视、天然气、自来水、集贸市场设施较完善，但因使用时间过长而变得较为落后。环境卫生基础设施覆盖率仅85%，需要在完善的基础上进行长期维护和管理。

（3）城镇土地管理。建立了土地巡查、农房建设审批等制度，清理违法用地，改造农村危旧房等。但也产生了土地管理使用与城镇化进程之间的矛盾，如宅基地弱流转性制度与城镇化强聚集性目标的矛盾、地权分散化和经营细碎化趋势加剧与城镇化规模性经营目标的矛盾、土地招拍挂制度与小城镇土地高效集约利用的矛盾。

（4）生产安全管理。成立了镇安全生产委员会，开展道路交通、水上交通、消防隐患、危险化学品、烟花爆竹、建筑施工等专项整治，生产安全环境良好。

（5）社会维稳工作。部分社区存在拆迁等历史遗留问题，社区内纷争不断，开展对全镇2个村3个社区进行矛盾月排查，并建立相应的矛盾纠纷调处机制。社区落实对社会治安重点地区的排查和整治，对重点地区和重点问题落实责任。加强白防夜巡工作，将流动人口进行登记和管理，登记率为100%。由于居民构成的复杂性，也存在比较突出的不稳定因素。苏家湾社区2005年建成的农转非住宅小区基础设施和配套设施严重滞后，由此引发居民的不满。马山垭社区主要居住着国有企业重组下岗职工、破产企业职工和农转非人员，因生活方式差异邻里矛盾频发。

（二）公共服务方面的能力

（1）城镇社会保障服务。16~59周岁的人员养老保险参保率85%，60周岁及以上老年人参保率100%；城乡合作医疗参保率73%，农村合作医疗参保率78%；对于农村困难人群每年开展低保年度复核审查工作；认真落实军属、复员退伍军人、伤残军人抚恤政策；按政策标准完成救灾救济补助金发放、医疗救助、临时救助、流浪乞讨人员救助等工作。

（2）劳动就业服务。设立社保所管理辖区内就业工作，建立社区就业服务长效机制。常年开展"春风行动"等职业介绍工作，积极开展培训援助、岗位援助、观念援助、政策援助活动。2010年创建充分就业社区1个和保持充分就业社区2个。截至2012年底，失业率为1.77%。

（3）产业扶持培育。镇政府出台《鼓励企业发展和"两高"产业奖励暂行办法》，并且在就业指导、品牌战略、法律援助和普法服务、专利教育与培训、牵手金融机构等方面进行产业扶持培育。其中，农业支持方面有加强水利管理，保障农资和农产品安全，扶持农业经济合作组织；工业支持方面有调整工业结构并进行"保姆式"服务，帮扶新增个体户 120 户、新增私营企业 40 个，发展微型企业 15 个。但整体来看，童家溪镇工业发展较为疲软，产业规划和管理体系不健全，主导产业不明显，产业之间关联度不高，无法延伸产业链；镇内无法积聚金融、中介、商贸流通、物流等人才；而且商贸服务业发展滞后，第三产业发展基础薄弱。

（4）文化卫生事业。排练厅、图书室、电子阅览室等文化活动阵地每周开放 40 小时以上；设置文化指导员，但均是村、社区干部兼职。加强城镇社区卫生管理，设置 12319 城市管理服务热线，组建民办清洁队 57 人，并进行考核奖励。

（三）社会治理主体建设

（1）童家溪镇机构设置。童家溪镇内设 6 个办公室。党政办公室负责政协、党政及童家溪镇政府机构总体管理；财政办公室负责镇内财务、各种财政及政策资金的管理拨付；社会事务办公室负责民政、计划生育以及教育、卫生、进城务工人员等方面的工作；社会治安综合治理办公室负责法制建设与安全工作；经济发展办公室负责经济规划、产业、交通、科技管理、资源环境保护方面的工作；建设管理办公室负责市政、建设、征地拆迁工作，协助区规划、国土相关部门工作。镇属事业单位有 4 个，农业服务中心负责农业技术推广，文化服务中心负责文化宣传工作，人口和计划生育生殖健康服务站负责计划生育、流动人口管理，社会保障服务所负责就业、扶贫、低保等社会保障工作。

（2）村居两委人员配备情况。农村村民委员会和社区居民委员会是重要的基层自治组织，村委会和居委会人员的能力水平决定着村和社区的自治水平。童家溪镇 20 名村、社区干部都是党员，高中至大专学历，年龄多为 40～50 岁，且多数任职时间为 2～3 年，男性多于女性。苏家湾社区干部年龄偏大，多为女性，任职时间 3 年，对社区问题的解决方法和管理方式单一，尤其对社区管理体制创新较少。同兴村干部多为 20 世纪五六十年代人，年龄结构单一，任职时间 3 年，工作能力较弱，并且对自身的职责和任务不完全清楚。

（3）其他社会组织发育情况。全镇有 6 支志愿者队伍，约 150 人，主要为社区居民做些公益型服务，同时也承担市场化的便民服务。如苏家湾社区发动社区党员以楼幢党小组为单位，为留守儿童辅导功课，夜间进行巡逻确保安全。马山垭社区组织在群众中有公信力的居民代表走访社区，排解矛盾，制定"十步工作法"，建立"便民直通车"服务制度；而且组建了由下水道疏通工4人、电工2人、建筑维修工4人、管道安装工1人的"便民服务队"，为社区居民提供生活服务。

三　城郊小城镇的社会治理困境

社会治理是指以政府、市场和社会组织等多元社会主体，在法律法规和社会政策框架下，处理社会事务和提供社会公共服务，促进社会生活协调运行的过程。"倡导社会治理理念，其目的就是通过政府和社会力量共同管理社会事务，实现以管控为主要目的的传统模式向有序与活力统一的多元治理、共建共享的新模式转变。"（谢志强、黄磊，2014）

综观童家溪镇的实际状况，其面临着新型城镇化建设与重构社会治理模式的双重任务，二者之间的交集，造成了以下几个方面的社会治理困境。

（一）城镇化发展动力不足的困境

城郊小城镇具有地理位置优势，在经济、技术、文化、信息、生活等各方面都直接受城市的影响和辐射，具有鲜明独特的"地利"色彩。应该说，童家溪镇首先接受城市中具备一定经济条件的人口的"第二居所"辐射，为其距市区较远的地理不足带来了超越性的发展机遇。但其相关产业带动性不强，商贸服务业发展滞后，先发优势没有实现"地利"的经济效果。而且，城镇化是伴随工业化发展，非农产业在城镇集聚、农村人口向城镇集中的自然历史过程。从童家溪镇2011年的经济数据看，农业经济和工业经济比例接近1∶1，工业化发展还任重道远。加之其大部分土地在重庆市主体功能区中属于禁止开发区范围，而且劳动力数量偏少、素质偏低，在客观上影响了城镇化发展的速度。经济发展是社会发展的重要基础。城镇化发展的动力不足必然造成其社会治理方面的窘况。

（二）基础设施配套等遗留问题的困境

在城镇发展上，市政等公共设施配套是服务居住人群的重要因素。市政等公共设施供给有两种情况，一种是市政基础设施先期不到位，始终处于一种需缺状态，不能满足社会发展的要求；另一种是市政基础设施先期到位，但使用率低。因此，只有当人口达到一定规模时，才能实现基础设施的合理配给和经营性运作（郑一淳、蔡淑敏、马玉清，2001）。童家溪镇属于典型的基础设施先期不到位的情况。如苏家湾社区的房屋质量和居住环境较差，基础设施（路灯、水管、厕所等）问题频出，没有市场、停车场等配套设施；小区规划不健全，没有下水道管网设计，导致污水直排横流。基础设施不到位导致社区居民生活不便，并发展为一种不稳定因素，已成为镇里社会治理长期存在的突出问题。

（三）乡镇体制改革形成的困境

随着乡镇体制改革的推进，建设服务型、民主参与型乡镇政府，强化公共服务、扩大基层民主、强化权力制约和监督，已经成为基层治理体制改革的基本方向与重要内容。但由于现行的县（区）、镇（乡）"压力型体制"依然存在，乡镇治理模式仍然面临着一系列的困境。在调研中，童家溪镇也反映出了与大部分乡镇类似的问题。一是乡镇政府面临权小责重的窘境，乡镇政府管理与区政府职能部门的派出机构之间的"条块分割"现象尤其突出，很多区级派出机构行使着乡镇政府的权力；二是乡镇政府"事权"与"财权"失衡，乡镇没有相应的财政权，无力承担广泛的公共服务职能。

（四）社会治理能力不足的困境

从社会管理转向社会治理是国家治理模式发展的大趋势，尤其是乡镇处于社会治理的最前沿和最基层的环节，其治理模式从"行政治理"到"社会治理"的转型尤为关键。从童家溪镇的实际调查看，其虽然在社会治理体制上进行了从计划向市场、从全能到有限的转变，但社会治理还做得远远不够。一是从其机构设置上看，依然表现为行政职能强而社会服务、公共管理职能弱，镇设6个办公室中只有1个社会事务办公室。二是仍然习惯于以行政化手段进行社会管理，其突出表现是，对社区基层自治组织的管理以及对其他社会组织的管理，都还具有深度行政干预的特征。如社区、小区、楼栋的公共服务工作还只是依靠发动党员来进行。三是在现实工作中，公共服务型政府转变乏力。如村和社区管理"重效率，轻福利"，大部分精力花在上报统计报表和维稳排查、安全治理等方面，对一些长期遗留的影响居民日常生活的问题解决不够。

（五）公共服务体系不健全的困境

按照《重庆市人民政府关于改革乡镇执法监管强化公共服务试点工作的决定》，乡镇要通过创建政务集中咨询制度、政务服务代办制度、行政合同管理制度、公共服务购买制度等4项制度创新公共服务模式。童家溪镇在服务企业发展、提供政策性的社会保障服务与就业服务等方面做了很多工作，也取得了较好的效果。但与城镇化进程密切相关的社会事务和民生服务等方面的机制还不健全，公共服务体系处于碎片化状态。如镇里每年也在进行市政等基础设施的维修改造，但由于没有着眼于新型城镇化建设的目标，始终处于修修补补的状态；社区的公共事务现阶段还无法经营性运行，只能采取"便民服务队"之类的权宜之计，缺乏长效支持机制。

（六）市场和社会组织发育不良的困境

从童家溪镇的调查来看，其社会治理主体还是"中心—外围"的支配式非均衡结构，市场和社会组织发育不良。随着城镇化的进程，居民的各种生活需求越来越多样化，社区功能也会出现日趋广泛的趋势，社区在基层社会治理中的作用越来越重要。有人用"社会千条线，社区一根针"来形容社区功能的广泛性和服务的周全性。但是，现有村委会和居委会的人员素质无法肩负这些重任。而且，其他社会组织建设还处于初级阶段，主要是社区根据需要组织党员志愿者队伍，或者技能型的服务队伍，而且数量极少，市场化服务的条件还不成熟。李培林认为，在现代社会管理模式的构建中，"一方面，国家在改革经济管理体制时努力把组织社会生活的职能转移给社会；另一方面，社会却因为传统社会管理模式的延续而不能有效地自我发展和组织起来，难以承接这种职能转移。现阶段中国社会发展进程中出现的一系列问题，大都与这一矛盾密切相关"（李培林、陈光金，2010）。当前，童家溪镇由于城镇化程度不高，缺乏推动"政府—市场—社会"有机互动机制的主导力，还需要积极探索与现阶段发展相适应的政府与社会、政府与市场之间的社会治理机制。

四　城郊小城镇的社会治理取向

推进城镇化，核心是人的城镇化，关键是提高城镇化质量，目的是造福百姓。作为新型城镇化建设中具有重要地位的城郊小城镇，在加强社会治理的过程中，一方面要形成有效的政府治理，充分发挥主体力量和主导作用，另一方面要培育多元化的治理格局，促进政府、市场与社会共治共管、良性互动。

（一）上下联动实现统筹治理

乡镇的社会治理并不只是乡镇政府的职责所在，县（区）政府以及省级政府应该通过上下联动进行统筹治理。十八届三中全会的决定提出统筹城乡基础设施建设和社区建设，推进城乡基本公共服务均等化。这些建设关系民生、联系着基层乡镇，但更需要上级政府加大统筹规划力度。例如市政基础设施建设是为居住人群配套的，但现实中往往忽略了像童家溪镇这类先期不到位而处于"需缺"状态的城镇，重点投向那些使用率低的新建城镇，这需要各级政府在规划之中重点解决"需缺"问题，发挥好服务型政府的作用。

（二）理顺权责进行合作治理

在当前的国家治理模式下，乡镇政府依然是基层社会治理的主体力量并处于主导地位。尤其是在当前的城镇化进程中，城郊小城镇的主要任务是提供公共产品和公共服务，如果不能很好地解决县（区）、乡镇之间的"事权"和"财权"问题，会导致乡镇政府无力承担广泛的公共服务职能，也无法提供高质量的公共产品。因此，应给予乡镇政府明确的事权和财权，处理好各级政府之间的事权关系，以制度化方式合理确定事权的划分。各级政府的事权划分应根据公共产品的多层次特征，对于不同层级的公共产品供给，分别由各级政府承担，以充分体现受益范围内居民的利益。

（三）强化服务推行网络治理

从汲取型政府到服务型政府的转变是乡镇政府发展的历史趋势。城郊小城镇面临着政府与市场、社会之间的失衡，以及政府间关系的失衡，只有通过切实转变管理职能，强化公共服务职能，拓展公共服务的渠道，形成服务城镇、服务居民、服务产业纵横交错的新型服务网络和服务体系，才能实现由"乡"到"城"的转变，实现城乡统筹和可持续发展，最终实现"人的无差别发展"。乡镇要从权力干预型基层政府，转变为致力于

"扶、帮、助"的服务型政府，把工作任务集中到社会公益事业、社会安定，切实为群众排忧解难上；对于乡镇政府的经济职能，主要定位在为市场主体提供服务和创造良好的发展环境上，同时，要避免形成重经济服务、轻民生服务的状况。

（四）巩固村居夯实基层治理

改革开放开启了"乡政村治"的农村基层治理模式，是一次国家与乡村社会关系的重构，对于培育农村市场和发展乡村民主具有深远的影响和意义（张良，2010）。虽然在实践运行中村民委员会和居民委员会都被打上了"准行政化"的烙印，但在当前的国家治理体系中，村居两委依然是最重要的基层自治组织。所以，要切实提高村居两委的人员素质，建立科学有效的工作机制，增强其自我管理、自我发展的能力。而且，村居两委人员配备要多元化，既要有经验丰富、吃苦耐劳、兢兢业业、熟悉辖区内情况的中老年人员，还要有创造能力强、善于沟通的年轻的高学历人员，加强协调配合，形成整体合力。

（五）培育组织实现多元治理

在当代社会，改变以政府为唯一中心的"单中心"治理结构，建立政府与社会平等合作的伙伴关系，形成政府与其他社会治理主体共同管理社会事务的多中心治理结构，提高社会自治与自我服务能力，已成为社会治理模式发展的基本趋势（李培林、陈光金，2010）。城郊小城镇的社会呈现"混合结构"状态，需要通过民间自治组织建立在市场原则、公共利益和认同之上的合作，实现权威的多元和相互制衡，进而达到多元化治理的效果。在实践中，要重点围绕生活服务、生产互助、邻里互帮等方面做好民间组织的培育工作。同时，要通过购买服务等方式激发市场服务社会的活力，有针对性地培育一批城镇化建设急需的专业型市场服务组织。

（六）以城促乡实现混合治理

城郊小城镇得开发建设之先，其居住人口往往形成城市人口、城镇人口、农村人口混合的结构。如何使新老市民相互融合，共建城乡一体化的文明，是城郊小城镇社会治理的重要任务。要推进文化转型，尤其是农村居民向城镇社区迁移，注重培养其由"散居"到"群居"的文明素质；要促使中高档住宅小区住户积极融入城镇生活；要注重同质型居民区占主导地位的社区模式向混合型社区模式转变，让社会各阶层人士同处一个小区，构建共同性与多样性并存的混合型社区。

参考文献

李培林、陈光金：《中国当前社会建设的框架设计》，http：//www. sociology2010. cass. cn/news/137244. htm。

谢志强、黄磊：《从"社会管理"到"社会治理"演变的历史轨迹》，《中国工商管理研究》2014 年第 1 期。

严圣明：《我国乡镇治理模式的演变及启示》，《福建经济管理干部学院学报》2007 年第 4 期。

张良：《论乡镇治理体制的变迁与改革——基于国家政权建设的视角》，《新疆社会科学》2010 年第 1 期。

郑一淳、蔡淑敏、马玉清：《城郊小城镇发展之路怎样走》，《首都经济杂志》2001 年 4 月刊。

作者简介

陈劲　男

所属博士后流动站：中国社会科学院社会学研究所

合作导师：李春玲

在站时间：2013. 1 ~

现工作单位：重庆社会科学院

联系方式：1368792743@ qq. com

新型城镇化下的媒介参与治理的路径探析

刘海霞

摘　要：完善城镇化健康发展机制，必须不断提升城镇化的社会治理水平并拓宽城镇化的社会治理路径。社会治理模式的转变给媒介参与社会治理提供了契机。媒介通过议程设置、舆论引导等途径已经成为政府工作不可忽视的合作主体。媒介参与社会治理无疑是一种新的治理方式的探索，但如何预防媒介治理的功能性失调也是摆在政府和媒介面前的新课题。

关键词：新型城镇化　治理　媒介治理

党的十八大以来政府一直强调，要坚持走中国特色的新型城镇化道路，推动工业化和城镇化良性互动、城镇化和农业现代化相互协调，促进工业化、信息化、城镇化、农业现代化同步发展。"四化同步"是对我国经济社会发展阶段和发展任务的科学把握，是中国现代化建设的新决策、新部署。"四化"之中，城镇化地位特殊、位置关键。加快推进新型城镇化，是摆在我们面前的一项重大任务。

那么，何为新型城镇化？新型城镇化就是以城乡统筹、城乡一体、乡城互动、节约集约、生态宜居、和谐发展为基本特征的城镇化，是大中小城市、小城镇、新型农村社区协调发展，互促共进的城镇化。但是在城镇化发展过程中，也存在着一些不容忽视的问题，比如城镇化后的农民工身份转换问题、教育问题、生态结构问题等日益凸显，给社会经济发展带来诸多风险隐患。为此，《国家新型城镇化规划（2014 — 2020 年）》强调要 "坚持以人为本，推进以人为核心的城镇化"，全面提高城镇化质量。新型城镇化更强调以人为本，注重人的生活质量。新型城镇化是社会发展的手段，而最终的目的是让人们过上美好生活。因此新型城镇化包含的内容极其丰富，不仅要解决土地、户籍、务工等问题，还包含了身份认同、社会保障、公平公正等诸多内容。实现新型城镇化，是一项庞大的工程，是一个长期而艰苦的社会治理的探索过程，需要以政府为主导，社会组织多方面参与和治理。这就要求我们要不断提升城镇化的社会治理水平，拓宽城镇化的社会治理路径。

一　媒介参与治理的理论基础

关于治理的定义，治理理论创始人罗森瑙（J. N. Rosenau）、英国学者罗茨（R. Rhode）和斯托克（Gerry Stoker）等都有经典论述。但全球治理委员会的定义更具代表性和权威性，"治理是各种公共的或私人的个人和机构管理其共同事务的诸多方式的总和，它是使相互冲突或不同利益集团得以调和并走向联合的持续性的过程"（比埃尔·德·塞纳克伦斯，1999）。由此可见，治理以获得广泛支持的解决方案或规章制度为目的，它寻求的是一种普遍利益。

现代 "治理理念" 认为，公共治理的主体是多元的，公民社会组织是政府和市场之外的重要治理主体；不同治理主体应合理分工、合作努力，形成一种良性的 "伙伴关系"，达到公共利益最大化的 "善治"（good governance）目标。

而 "媒介治理" 这一概念则是在 2002 年出版的《全球媒介治理引论》一书中首先提出的。爱尔兰学者肖恩认为 "媒介的善治存在于三个层面：媒介对于公民社会的自我治理与完善，媒介对于国家权力机关（政府）的监管与共治，媒介对于超国家机构或组织的跨文化治理" （O'Siochrú, Seán&Girard，2001，pp. 12 – 20）。

当代社会治理领域的权威学者丹尼尔·考夫曼（D. Kaufmann, 2006），在 2006 年出版的《媒介、治理与发展，挑战传统：批判的视角》一书中认为，"随着高度分化的社会及子系统的出现，社会网络联系与作用的复杂性也大大增加，危机的累积和聚集达到某一临界点时，有可能产生无法预计的后果。媒介作为社会的中介系统，是社会由权威控制转向多元治理的核心协调力量"。媒介的治理系统实际上是各种社会生态系统的桥接点，是社会网络协调的中心要素。

在郑恩和杨菁雅（2012）看来，从媒介参与治理的态度上来说，它凸显的媒介主体从自发到自觉的参与意识、与政府政策有切身利害关系或受到政策影响的公民权利和转型期媒体应有的社会责任，是多元形态和社会变迁中媒介发展与成熟、完善自我认知的一个过程。

二　媒介为什么能参与社会治理？

媒介能够参与到新型城镇化的治理中，除了有一定的理论基础，从当前媒介所处的外部环境来看，它也已经具备了参与治理的必要条件。

（一）社会治理模式的转变为媒介参与治理提供了契机

面对新时期出现的社会问题，政府在不断寻求新的管理方式。面对传统的管理模式存在的种种弊端，各国政府都不约而同地选择了参与式治理的模式。参与式治理既能满足日益高涨的公民政治参与的诉求，又能建立一个公开、透明、公正的政府，是实现人类善治和科学发展目标的一种尝试。参与式治理是在治理理论、参与式民主理论和协商理论的基础上发展起来的，它注重利害相关者参与的"决策过程"，重点培育公民社会，促进那些长期处在公共决策之外的个人和群体参与制定与他们生活有关的政策（蒋琳，2014）。帕达基斯在《公民社会、参与式治理和体面工作计划》里强调参与式治理是使公共决策更加透明和审慎的一种运用民主方式的努力，公共事务的运转并非只委托给政府或行政当局，还包括国家和社会团体的合作。随着社会发展的日益多元化和复杂化，当代政府面临着复杂性、动态性、多元性的环境，公共事务的较难治理性和政府独自治理的社会风险让政府根本无法成为唯一的治理者，依靠与公民社会结成伙伴关系共同治理公共事务成为一种必然（蒋琳，2014）。正如安东尼·吉登斯所言："问题不在于是要更大的政府和更小的政府。"用"第三条道路"平衡市场和政治之间的天平，倡导政府的适度干预能够更好地达到其执政目标。对于政府来说，参与式治理在当前社会管理领域的广泛应用能够有效地促进政治民主化，有利于体现公民的个人价值，增强民主意识，其治理主体向社会机构和公众的开放，无形中为媒介参与治理提供了一个契机。

（二）当前媒介化社会的形成和宽松的舆论环境提供了媒介参与治理的土壤

目前，中国媒介化社会正在日益形成。媒介正在逐渐超越信息交流这一最初的功能，开始形成一股强大的力量，影响人们的政治生活、价值观，重构人们的日常生活。人们对媒介的依赖也愈加强烈。一方面，媒介的飞速发展使得不管是社会组织还是公众，从信息交流到文化沟通，各方面都对大众媒介产生了高度的依赖；另一方面，媒介的作用日益渗透到社会生活和社会组织的各个领域，影响着人们生活、工作的方方面面。人们通过互联网、微博、微信等各种渠道表达思想观点和意见诉求，借助媒介放大自己的声音以影响社会舆论，已经成为一种常态。媒介的中介化属性，承担着如同美国哈佛大学校长理查德·雷文提出的"机构公民"（institutional citizen）的责任，阐明利害关系，警示世人，维护社会稳定，特别是对一个将公正性和社会良知作为价值追求的媒体而言，积极地参与公共政策的话题讨论，构建行政管理的媒介话语空间，将使媒介从一个行业、部门、区域的活动变成社会的基石（蒋琳，2014）。

美国著名传播学家施拉姆说过，媒体一经出现，就参与了一切意义重大的社会变革。在新型城镇化的道路上，中国面临着很多新问题、新现象、新的价值观念、思想意识和错综复杂的矛盾，城镇的发展需要传媒不再仅仅将自身看做事件的观察者和报道者，而是社会事件的解读者和谏言者，是政府工作范畴中有效的合作者和协商者（曾姝、杜骏飞，2011）。

三　新型城镇化为何需要媒体参与治理

新型城镇化强调的核心是以人为本，更注重人的生活以及生存状态。城镇化是社会发展的手段，其最终的目的是让人们过上美好、幸福的生活。在新型城镇化建设的过程中，涉及观念、城市文化、道德形象等方面的问题时，通过行政或者法规的手段往往很难达到预期的目的，而作为政府"喉舌"的大众传播媒介却大有可为。

大众传播媒介作为传播速度快、影响范围广的一种传播工具，承担着反映民意、监督舆论、传播思想、服务大局的社会责任。它消除了公众身份上的等级差别，追求新闻自由和公共性，体现了权威和公信力。新媒体的出现，不仅模糊了传统媒体和新媒体之间的界限，而且正在逐渐打破传播媒介的形态差异，使得"媒介"一词的所指突破了固定的专业机构化对象（如报刊、电台、电视、网站等），而成为一个可以指向任意信息传播主体的泛传播概念。尤其是博客、微博、微信的兴起，促成了"人人皆记者"的新型互动传播局面，加速了"公民新闻"的革命，揭开了"自媒体"（wemedia）时代的序幕（曾姝、杜骏飞，2011），为人们参与社会治理扫清了技术上的壁垒。随着技术问题的解决，社会成员的发声和主动参与社会事务的热情越来越高，直接推动着社会文化、政治、经济等各领域产生变化，社会治理环境的变迁随之发生，并且随着社会治理模式的改变，现代治理也更需要社会成员的参与。

对于新型城镇化背景下的社会治理来说，及时做好上情下达、下情上传能有效地维系政府与百姓之间的"鱼水之情"，而民众通过媒介的参与，形成与政府的互动，共同谋划，共同治理，能促进社会和谐和社会发展。在大国治理中，媒介为了保障公民权利，维护公共利益，展现组织（团体）、利益集团等社会群体的主体性，理性地通过正当与合法途径主动或被邀请参与政府公共事务商讨、公共政策的制定，并借以表达社会公众的公共诉求、影响公共决策及引导社会活动的行为是社会治理的一种常见手段。可以说，媒介参与治理是新型城镇化下政府工作中不可忽视的一个合作主体。

四　新型城镇化背景下，媒体参与社会治理的途径

在人类发展史上，媒介与社会政治的发展进步息息相关。在西方，从古罗马时代的公告，到资产阶级革命争取新闻自由的斗争，媒介塑造的信息时空一直致力于追求平等、人权和民主。而在中国，媒介与政治传播的关系更为紧密。一部现代党史和新闻传播史，处处写着党同新闻传媒密不可分的互存、互用和互动关系。到了现代社会，新时期媒介对公共政策的影响已经不仅仅是"传声"了，参与治理凸显了媒介的主体性和自觉性，媒介既能参与决策过程，也能参与政策执行，"协商合作"是媒介参与治理的核心。

（一）设置议程引导公众

议程设置是大众传播重要的社会功能和效果之一。从党中央提出新型城镇化建设以来，各大媒体——从中央到地方，从主流媒体到非主流

媒体，都进行了长期的、系列的、声势浩大的报道。其中有成绩，也有教训；有专家访谈，也有草根发声。媒体通过公共话语平台的建构，促进政府与民众的交流互动，建立共识，实现对话，在良性互动中共求"善治"；在通达社情民意中，引导舆论，将党的主张和人民的心声统一起来。

我们可以看到大众媒介除了能够通过对新城镇化建设的报道和对其发展中出现的各类问题的揭示，指出政府管理中的不足，还能和民意产生积极的互动并扩大民意的影响，敦促政策议程的创建，潜移默化地参与到社会治理的事务中来。

（二）公开、深入的全方位报道

媒介参与社会治理很重要的一个方面体现在对事件的公开、深入的全方位报道上。通过媒体的报道，人们的知情权、参与权、表达权、监督权得到了保证。新闻报道中有以短快著称的消息，更有追踪与探求事件发展态势的深度报道，辅助于通讯、专访、新闻评论等方式，通过媒介记者对新闻由点到面、由浅入深的观察和分析，能够实现对某一社会现象全方位的透析。新型城镇化的概念一提出，各媒体对"什么是新型城镇化？""为什么要走新型城镇化的道路？"，以及"如何建设新型城镇化"等相关问题进行了全方位的报道。有些媒体和政府联手，组织了大型的新闻报道活动，如人民日报河南分社上级媒体到新郑市调研新型城镇化建设、全国网络媒体济源行推进新型城镇化建设美丽新济源、郑州媒体对登封新型城镇化建设进行集中采访，等等，充分展示新型城镇化建设的成果，建构了党和政府与社会和民众平等交流的对话平台。

（三）新闻评论的权威引导

评论是新闻传播的灵魂和旗帜。它是一种传播力量，以引导、监督、表态和深化为主要目的。新时期媒介评论传播环境发生了变化，一方面，过去那种居高临下、我打你通的宣传灌输模式，已逐渐为平等相待、交流沟通的意见信息传播模式所取代，观察思考问题也较多地从平民百姓的视角出发，以解惑释疑、探讨问题为主，突出其服务性。另一方面，中国社会的政治文明为传媒评论提供了较好的空间。面对新型城镇化建设中出现的问题，各界专家做客中央媒体探讨新型城镇化发展中出现的问题时各抒己见，而草根网民、各类知识分子的建议和论述通过网络评论更是成为新闻报道的组成部分之一，媒介成为其向政府建言献策的纳言地。就媒体实践来看，现在传媒对多方面观点、意见的吸纳已经成为新闻报道的一种常态，成为公众、媒介、行政三者思想交流和碰撞的有效方式。通过新闻评论的吸纳，媒体得以"借言发声"，提升媒体威信力和权威性的同时达到治理的目的。

五　警惕媒介参与治理的双刃剑

（一）中国进入"媒体治理"时代？

在这些年的公共事件中，媒体的作用可圈可点，甚至有些极端事件一经媒体曝光就可以迅速得到解决，于是出现了"媒治"的说法。事实上，"媒治"的说法并不合理，在现代的社会管理体系中，媒体只是也只能作为社会有机体的一个重要组成部分参与其中，并没有最终的决策权。法律也并没有赋予新闻媒体命令行政或司法部门落实和执行的权力。媒体通过报道的影响力，吸引社会的广泛关注，对报道客体施加精神压力，最后真正解决问题的还是权力阶层。另一方面，舆论监督本身也缺乏法律的保护。在现实中，因为没有明确的法律保护措施，舆论监督常常遭遇阻碍，造成媒体只敢打苍蝇，不敢碰老虎的局面。面对新时期的社会问题，人们耳熟能详的舆论监督事件只是大量社会问题的"冰山一角"。从根本上来说，舆论监督远远没有像法律一样的普世价值（常仙鹤、范以锦，2011）。

1. 媒体治理只是社会监督的形式之一（王传涛，2013）

通过媒体治理社会，或是人们试图期望通过媒体曝光来解决社会问题，从范畴上讲，属于社会监督的范畴。能让草根阶层有效地解决困境，依靠的依旧是领导层的高度重视。"媒体治理"到最后虽然也能实现问题的解决，但这毕竟是小概率事件。

2. "媒治"只是"法治"缺场时的"替补"

"媒治"的出现为很多普通人，尤其是为弱势群体争取了发声的机会，获得了来自社会或国家层面的关注，帮助他们解决实际生活困难，帮助他们捍卫自身合法权益，帮助他们赢得生存空间。从这点看，"媒治"是很大的进步。但是，令人深感忧虑的是，"媒治"越来越受到民众，特别是草根阶层的青睐，出现了宁愿相信媒体也不相信法律的极端思维。无疑，这是对"法治"的严重挑战。依靠"媒治"维护社会公平正义显然夸大了媒体的作用，也违背了国家治理的客观规律。当前"媒治"案件飙升凸显出我国"法治"建设滞后的实际，如果不能及时扭转这种态势，很可能降低民众对政府的信心和信任，更可能对政府执政能力和执政地位构成严重挑战。

3. "媒治"是依附于"人治"的一种变种（曹林，2010）

在舆论压力之下，相关部门不得不连夜处理——可这种处理，看上去是雷厉风行，其实很多时候不过是想转移舆论视线，让地方迅速从媒体中心中解脱出来。也就是说，这种"迅速处理"不过是一种危机公关手段罢了。有些事件中，媒体报道再厉害，相关部门依旧是不理不睬，傲慢地保持沉默，媒体又能拿他们怎么办？"媒治"要起作用，还是寄望于人治发挥作用。"媒治"不是人治与法治的中间状态，而是依附于人治的一种变种。

（二）如何规避媒介参与社会治理的功能性失调

当前，我国的新型城镇化建设处在发展关键时期，处在社会矛盾和意见表达的多发期。面对"以人为本""公平正义"和"善治"的社会要求，如何在"善用媒体"中提高社会治理能力，如何规避媒介在参与社会治理过程中的功能性失调，也成为党和政府新型城镇化背景下提高社会治理能力的新课题和媒介创新观念的新要求。

1. 政府的主导和善用媒体，媒介参与治理才能发挥最大作用

在我国的传媒管理中，一直强调党管媒体，执政党能不能在遵循社会发展规律和新闻传播规律的前提下，有效使用和正确驾驭大众传媒，是衡量其执政能力高低优劣的重要标志。而在社会系统中媒介的功能是以监测环境、协调社会、传承知识、引导舆论为主，不能以制定者、执行者、评判者的身份干涉公共政策正常的运作程序，越权而行。因此，媒体参与治理需要一个外在的路径，那就是政府的参与和主导。政府要引导官方舆论场和主流媒体，在第一时间报道重大事件和增强重大问题话语权，切实提升它们的公信力，增强其对民间舆论场和非主流媒体以及广大民众的亲和力，注意吸纳民间舆论场和非主流媒体的成功经验，提高利用媒介治理社会的水平。只有政府积极的参与和正确的引导，才能将媒介的治理作用发挥到最大，达到媒介"善治"的目的。

2. 提高政府部门的媒介素养，实现三个转变

提高政府利用媒介参与社会治理的水平，必须提高领导干部的媒介素养。习近平总书记在8.19讲话中，要求各党员干部"要加大力量投入，尽快掌握这个舆论战场上的主动权，不能被边缘化了，要解决好'本领恐慌'问题，真正成为运用现代传媒新手段新方法的行家里手"。具体而言，就是要求各级领导干部在新媒体环境下，与时俱进，学会并扮演好"媒体人"的角色，主动掌握新媒体的各种应用，通过对新闻传播及媒体沟通等方面知识的学习，对新媒介平台的应用以及在线交流，提高管理者自身的新媒介素养，从而达到科学管理和合理利用新媒体的要求（梅松，2013）。面对新的媒介环境，政府部门要主动实施和完成三个转变：从信息发布向信息解释的功能转变，从意见表达者向意见平衡者的角色转变，从社会守望者向社会对话组织者的身份转变（童兵，2012）。在"三个转变"中，执政党要善待媒体、善用媒体、善管媒体，提高使用和驾驭大众媒介的水平，积极探索媒介化社会舆论引导机制的改革与完善。

3. 媒介的自我治理

大众媒介作为党和政府的重要执政资源，在政府公共治理体系中，一方面发挥着"上情下达、下情上传"的沟通作用，吸纳、整合社会各界"多种声音"；另一方面作为重要的社会力量，成为民意的代言人。正因为这种独特的治理作用，当媒介参与社会治理的时候，它必须要明确自己在社会生活中的角色和地位，知晓自己应该承担的权利和义务，公正、客观和中立是最基本的专业素质。如果媒体缺乏这样的认识，任意滥用权力，就很容易引发错误的舆论，丧失媒体的公信力，导致出现受众误读现象。媒介背后的权力、资本、压力等外在因素和媒体的刻板印象、轰动效应、夸大事实等本身的局限性，很容易让媒体在参与治理中迷失方向，利用权力制造话语，其结果必然损害媒体公信力和政府的形象（蒋琳，2014）。加强媒介的自我治理，必须坚守大众媒介"公共性"和"公益性"的品质，不断加强媒介的社会责任感；必须整合各种资源，不断改善和优化媒介自我治理结构；必须建立大众传播媒介自我治理的长效机制，自觉规范媒介行为（胡远珍，2013）。大众传播媒介要为社会科学发展提供强有力的思想舆论支持，在社会公共治理中，发挥好治理的主体作用，就必须通过媒介自我治理工程，加强对新闻工作者的职业道德教育，打造媒体的公信力。只有这样，大众传播媒介才能在各种利益诱惑面前保持其应有的媒介品格，在各种复杂的社会危机中，勇于担当，彰显责任情怀，当好建设者，从而推动新型城镇化的全面建设。

综上所述，在媒介参与到新型城镇化的社会治理的过程中，媒介发挥着国家政府与公民社会、公共领域与个人权益有效结合起来的"多元共治"功能。作为现代社会发展的重要组成部分，媒介的参与治理已经成为当下政治体制改革中的一个治理主体，未来的媒介参与治理的走向取决于它能否完成良性的内外部治理，能否有效协调社会各阶层的关系，还取决于媒体在社会治理中的实践探索和中国政治社会环境的变化。

参考文献

比埃尔·德·塞纳克伦斯，1999，《治理与国际调节机制的危机》，《国际社会科学》第
　　1 期。

曹林，2010，《"媒治"其实是个伪命题》，www. ynfzb. cn/Ynfzb/LingFengReYu/
　　20100421800. html，2010 年 4 月 16 日。

常仙鹤、范以锦，2011，《"媒治"真没有，参与可以有——论媒体在社会管理中的角色
　　定位》，《青年记者》第 4 期。

胡远珍，2013，《如何加强媒介治理》，《中国教育报》12 月 20 日。

蒋琳，2014，《转型期媒介参与治理的现实向度——由兰考火灾媒体实践引发的思考》，
　　《新闻界》第 3 期。

梅松，2013，《新媒体时代我国社会治理环境的变迁及其调适与创新》，《湖北行政学院
　　学报》第 6 期。

童兵，2012，《媒介化社会新闻传媒的使用与管理》，《新闻爱好者》第 21 期。

王传涛，2013，《找〈焦点访谈〉帮忙是件挺奢侈的事儿》，http：//
　　opinion. china. com. cn/opinion_ 32_ 84332. html，2013 年 10 月 14 日。

曾姝、杜骏飞，2011，《超越传媒——媒介在社会及社会管理中的新定义》，《青年记者》
　　第 4 期。

郑恩、杨菁雅，2012，《媒介治理：作为善治的传播研究》，《国际新闻界》第 4 期。

《"媒治"盛行，更显"法治"建设紧迫性》，http：//hlj. rednet. cn/c/2012/08/11/
　　2710975. htm，2012 年 8 月 11 日。

O'Siochrú, Seán & Girard, 2001, Global Media Governance, Oxford：Rowman and Littlefield.

Kaufmann, Daniel. , 2006, Media , Governance and Development, Challenging Convention：
　　An Empirical Perspective, The World Bank Institute。

作者简介

刘海霞　女

所属博士后流动站：中国社会科学院社会学所

合作导师：赵一红

在站时间：2013. 12 ~

联系方式：liuhaixiawp@ sina. com

第二部分　社会治理与社会行动

中国社会治理体制创新：主体结构及其运行机制

曾维和

摘　要： 从政策文本的深度挖掘和类比的理论概化看，中国社会治理体制创新提出了一种"链式"主体结构与"扇状"运行机制。"链式"主体结构是由党委、政府、社会组织和居民四大治理主体构成的一种线性关系和制度安排。这种主体结构虽具有较强的理论比较优势，但也存在一定的实践运行限度。"扇状"运行机制是"链式"主体结构的治理功能扩散，它由"扇轴""扇体""扇翼"三个部分构成，包括内核层运行机制、保障层运行机制和任务层运行机制三大机制。这些机制综合作用，形成了社会治理的"扇状"扩散效应。"链式"主体结构及其治理功能扩散下的"扇状"运行机制，在一定意义上构成了社会治理体制创新的中国模式。

关键词： 社会治理体制创新　"链式"主体结构　"扇状"运行机制

治理在本质上是治理主体协同解决公共事务与公共服务问题，实现跨部门共治的一种制度安排与结构设计。1995 年，全球治理委员会在《我们的全球伙伴关系》的研究报告中指出："治理是各种公共的或私人的个人和机构管理其共同事务的诸多方式的总和……它既包括有权迫使人们服从的正式制度和规则，也包括各种人们同意或以为符合其利益的非正式的制度安排。"（全球治理委员会，1995）主体间关系是治理体制创新的一个基本分析视角。那么，十八届三中全会首次提出的中国社会治理体制创新中的主体结构是一种什么样的表现形式？该结构以什么机制运作？这种机制运作是否能够达到预期的社会治理效果？改革开放以来的社会管理与社会治理实践，是否形成了独具特色的中国经验或中国模式？本文将在文本深度挖掘和类比的理论概化基础上对这些问题进行深入回答和系统分析。

一　文献回顾与理论构建方法

自十八届三中全会召开以来，学界围绕创新社会治理体制进行了持续的高度关注，出现了大量的研究成果。归纳起来，这些研究成果对中国社会治理体制创新模式及其未来发展走向，提出了两种截然不同的论断。

一是"终结"论。这种论断认为"社会治理"提出是对过去"社会管理"的终结，标志着理念上的进步和对社会发展规律认识的深化，是中国社会建设理论发展中一个质的飞跃。清华大学李强教授指出，"社会管理"自 2004 年党的十六届四中全会提出一直延续到十八大，是很有创意的，它是这段时间的经验总结，"把管理概念变成了治理概念，可以说，这是在理念上又往前推进了一步"（王拓涵，2014）。民政部部长李立国指出："创新社会治理体制，是马克思主义中国化的又一项最新成果，是我们党对社会发展规律认识和把握的又一个新飞跃。"（李立国，2013）还有学者认为："创新社会治理体制……是我们党深入分析社会发展阶段性特征得出的新结论、引领社会进步的新标志。"（姜照辉，2013）"终结论"充分肯定了社会治理体制创新的理论高度。

二是"过渡"论。这种论断认为"社会治理"的提出虽是对过去"社会管理"的发展，但十八届三中全会提出的创新社会治理体制构想，只是一种走向西方治理意义上的"过渡"模式。例如，郭风英认为，从"国家—社会"视野中社会治理体制创新的视角看，我国现行的社会治理体制依然处于"强国家—弱社会"的发展状态，"强国家—强社会"的国家与社会关系模式是我国未来社会管理体制创新的最佳路径选择（郭风英，2013）。李秀义从国内基层管理创新的典型模式分析中指出，当前"强政府弱社会"下社会治理体制创新有三个阶段的发展路径，即"小政府大社会""强政府强社会"和"好政府好社会"，当前的社会治理体制创新只是达到政府与社会关系的理想状态的一个奠基性阶段（李秀义，2014）。

"过渡论"的一个基本研究预设就是参照西方治理理论来分析中国本土的社会治理体制创新。

这两种论断从两个不同向度对中国社会治理体制创新进行了定性评判，虽具有一定的合理性，但它们的不足之处也较为明显。"终结论"强调了社会治理体制创新相对于社会管理质的飞跃，却忽视了理论创新运用于实践还有一个较长转化过程的问题；"过渡论"则脱离了中国实际，出现了流于借鉴西方治理理论话语体系的形式主义，与中国治理创新的实践相去甚远。除这两个论点外，还有不少研究主要是结合十八届三中全会的政策文本，对创新社会治理体制进行"散点"式的要点解读和"宣讲"式政策普及，这既缺乏对社会治理体制创新主体结构间关系的深度挖掘，也缺乏对社会治理体制创新运行机制的深入分析。

为了克服这些研究不足，本文运用文本分析法对十八届三中全会通过的《中共中央关于全面深化改革若干重大问题的决定》（下文简称《决定》）（中国共产党第十八届中央委员会，2013）这个政策文本进行深度挖掘，并运用类比研究方法，探索性分析《决定》意涵的中国社会治理体制创新的主体结构及其运行机制，并分析其优势及限度。

文本分析法是一种从文本的表层深入到文本的深层，挖掘文本深层内涵的研究方法。文本分析起源于语言学的语义分析研究，之后逐渐扩展到信息科学和社会科学的研究中来。在信息科学中，文本分析法是"在信息科学发展的基础上结合语言学方法形成的一种信息处理工具，在信息处理领域的应用非常普遍"（郝项超、苏之翔，2014）。在社会科学研究中主要是研究政策文本，分析政策文本"有利于从整体上把握某一领域的政策取向和战略走向，从宏观上对该领域政策进行预测和解释"（张镧，2013）。国内外大量的公共政策著作和论文不乏政策文本分析法的穿插运用，但运用文本分析法进行理论构建的研究并不多见。本文运用文本分析法，分析《决定》提出的社会治理主体结构的基本要素及其功能作用和内在关系。

类比研究法是一种探索性科学研究的方法，"探索性是类比方法最显著的特点……运用类比启发思路，促使想象从多方面思考探索的可能性"（马俊峰，1984）。类比研究方法最初用在物理和化学研究的实验上，是一种逻辑推理的方法，后来社会科学研究中也开始运用类比的研究方法，出现了考古学中的民族学类比方法（陈雄飞，2000），地震灾害预测中的模糊贴近类比方法等（黄崇福、徐祥文，1988）。类比研究方法在社会科学中的运用不仅可以深化对变量之间关系的认识，还可以发展一些直观而深刻的理论，如费孝通用"水波"类比出中国社会的"差序结构"理论，库兹涅茨的"倒 U 曲线"经济理论，巴巴拉·明托的"金字塔原理"等都已成为耳熟能详的大理论。类比研究方法用于社会科学进行理论概化，一般包括三个步骤：首先，找寻研究问题在现实中最适合类比的实物原型；然后比较研究问题的变量（要素）与实物原型构成要素及其功能的异同，从而构建出实物原型的理论命题；最后，结合原型的物理或生物特征，分析理论命题的基本特征、运作逻辑及优劣，并提出理论运用于实践的对策建议。本文试图综合运用类比研究方法和文本分析法，对《决定》提出的社会治理主体结构及其运行机制进行理论概化，提炼出本土化的社会治理模式。

二　"链式"主体结构：关系、优势及限度

对于社会治理体制创新的主体间制度安排与结构设计，《决定》在"改进社会治理方式"中进行了明确的阐述："坚持系统治理，加强党委领导，发挥政府主导作用，鼓励和支持社会各方面参与，实现政府治理和社会自我调节、居民自治良性互动。"这段文字表明社会治理体制创新包括党委、政府、社会组织和居民四大治理主体，这四大主体在社会治理中相互作用，就构成了一种"党委领导"下的社会治理"链式"主体结构（见图 1）。

图 1　中国社会治理体制创新的"链式"主体结构

图 1 勾画的"链式"主体结构是一种完整的主体结构间关系模式，是一种"长链"，在实际运作过程中，还会呈现在党委领导下的各种"短链"，如"政府与社会组织之间""社会组织与居民之间""政府与居民之间"等可以形成多种"短链"主体间关系。"链式"主体结构的一个基本特征就是具有"链式"主体间关系，这种结构具有较大的理论比较优势，但在实践运行中也具有一定的限度。

（一）"链式"主体间关系

"链式"主体结构的"链式"主体间关系主要体现在党委、政府、社

会、居民这四大社会治理主体的治理功能上。四大主体之间是一种双向互动的线性功能关系，从"党委"到"居民"是一种"强链"关系，表现为"领导→主导→参与→自治"的"链式"结构设计和制度安排；从"居民"到"党委"是一种"弱链"关系，表现为监督、参与、合作等。

"党委"在社会治理体制创新的主体结构中处于领导地位，这在《决定》中的各个领域都有所体现，整个政策文本中"党委"出现 9 次，除"创新社会治理体制"章节进行了重点论述外，在"推进协商民主广泛多层制度化发展""加强反腐败体制机制创新和制度保障""完善文化管理体制""加强和改善党对全面深化改革的领导"等方面都强调要发挥党委的领导作用和主体责任，尤其是在"加强和改善党对全面深化改革的领导"中进行了充分的表述，提出"全面深化改革必须加强和改善党的领导，充分发挥党总揽全局、协调各方的领导核心作用""各级党委要切实履行对改革的领导责任""发挥党组织领导和把关作用，强化党委（党组）、分管领导和组织部门在干部选拔任用中的权重和干部考察识别的责任"等。这表明，党委在全面深化改革中发挥着领导作用，也就决定了党委在社会治理体制创新的主体作用中要发挥着领导作用。这是由我国当前的政治体制决定的，是历史与国情的选择。中国共产党是中国特色社会主义事业的领导核心，在社会治理主体结构中，党委"统揽全局、协调各方"至关重要。各级党委要集中精力抓住全局性、战略性、前瞻性的重大问题，推动党的路线、方针、政策贯彻落实，同时协调好人大、政府、政协等领导班子的关系，解决多头管理、缺乏合力等问题。

"政府"在社会治理体制创新的主体结构中处于主导地位，这是由政府是党委的执行机构的地位决定的，"政府"在《决定》中高频呈现，共提及了 51 次。发挥政府的主导作用，需要切实转变政府职能，改变过去政府在社会管理中的"越位""缺位"和"错位"的状况，"强化政府研判社会发展趋势、编制社会发展专项规划、制定社会政策法规和统筹社会治理方面的制度性设计、全局性事项管理等职能"（龚维斌，2014），使政府切实地坚持系统治理、依法治理、综合治理和源头治理，在政策法规制定、公平正义维护、公共安全保障、科学民主决策、权力监督等方面发挥社会治理中的主导作用。

"社会组织"在社会治理体制创新的主体结构中处于参与地位，《决定》共提出"社会组织"13 次，在"激发社会组织活力"中提出了具体措施："正确处理政府和社会关系，加快实施政社分开，推进社会组织明确权责、依法自治、发挥作用。适合由社会组织提供的公共服务和解决的事项，交由社会组织承担。支持和发展志愿服务组织。限期实现行业协会商会与行政机关真正脱钩，重点培育和优先发展行业协会商会类、科技类、公益慈善类、城乡社区服务类社会组织，成立时直接依法申请登记。加强对社会组织和在华境外非政府组织的管理，引导它们依法开展活动。"此外，在"加快事业单位分类改革"中也提出"推进有条件的事业单位转为企业或社会组织"，在"推进协商民主广泛多层制度化发展"中提出拓宽"社会组织的协商渠道"。

"居民"在社会治理体制创新的主体结构中处于自治地位，《决定》共提及了7次，主要体现在居民自治、居民收入、人口市民化、居民监督、居民基本养老保险、社区医生与居民契约服务关系构建等多个方面。这在一定程度体现了社会治理体制创新中的公民权利本位，正如美国公共治理专家理德·C.博克斯所言："如果说19世纪至20世纪之交的改革家们倡导建立最大限度的中央控制和高效率的组织结构的话，那么21世纪的改革家们则将今天的创新视为是一个创建以公民为中心的社会治理结构的复兴实验过程。"（理查德·C.博克斯，2013）居民自治既是我国社会治理体制创新与国际社会治理前沿理论和实践接轨的集中表现，也是增强居民在社会治理中主体地位的最佳方式。

（二）理论比较优势

"链式"主体结构不仅与过去社会管理的主体结构具有显著的区别，而且与西方意义上的多中心治理主体结构相比具有明显的理论优势。

首先，与社会管理相比较，"链式"主体结构的主体呈现多元化。社会管理的主体主要是国家与政府，进行的是行政性和强制性管理，而社会治理的主体则趋向多元化，强调国家与政府之外的社会力量、居民的参与，依靠法治、道德、制度等多种方式进行治理。这样，"链式"主体结构更适合中国社会的发展需要，更能够发挥党委、政府、社会组织和居民的各自优势，并促使政府与社会组织、居民形成良性互动关系。

其次，"链式"主体结构并非是西方盛行的多中心治理理论的简单移植，而是一种本土化的治理理论创新。多中心治理理论起源于迈克尔·博兰尼在《自由的逻辑》中提出的"多中心秩序"（迈克尔·麦金尼斯，2000），文森特·奥斯特罗姆在此基础上结合大城市地区地方管辖单位的多样化问题提出"多中心政治体制"（文森特·奥斯特罗姆，2000）。多中心治理的主体间关系是一种地位平行的关系，各主体签订合约，依赖核心机制，在竞争性关系中相互合作，相互重视对方的存在，共同致力于治理公共事务和提供公共服务。我国社会治理体制创新的"链式"主体结构实质上是"单中心"的，即"党委"处于治理体制主体结构中的"领导"地位。这在形式上具有较大的区别，从实质上看，西方社会治理模式是建立在社会和国家对抗的基础上的，其主体间的合作以斗争、竞争为基础，而我国社会治理体制创新是建立在国家利益与人民利益一致，国家与社会合作共赢的基础之上的（郑杭生、邵占鹏，2014）。中西社会治理主体之间具有不同的关系结构，因此也需要不同的主体结构模式。

因此，"链式"主体结构的优势极为明显，它是当代中国社会治理体制创新的最优选择。首先，"链式"主体结构的提出是历史发展的产物。新中国成立后，我国城市实行的是以"单位制"为基础，以街道、居委会为辅的社会管理体制。随着单位制的瓦解与散溃，我国迫切需要建立新的社会管理格局，十六届三中全会提出社会管理的命题之后，虽进行了不少实践创新，较大程度地提高了社会管理水平，但一直没有跳出过去"一管就死，一放就乱"的历史怪圈，因此，十八届三中全会提出了创新社会治理体制改革的新战略，这是对中国社会建设规律认识逐步深化的结果。其次，"链式"主体结构的提出是经验的总结。这是现实的维度，随着中国社会结构性变化，不稳定因素不断增加，社会矛盾日趋复杂，民生问题越来越突出，公共安全问题也时有发生，解决这些问题，需要一种新的社会治理结构，"链式"主体结构正是这些经验的理论提升。最后，"链式"主体结构的提出是国情的选择。有学者指出，"当今中国正在经历一系列结构性巨变，这是现代性全球之旅的长波进程和本土社会转型的特殊脉动两股力量交织扭结而产生的现实结果"（郑杭生、杨敏，2006）。"链式"主体结构的提出契合了当前中国政府治理能力较强而社会组织体系发育程度较低的现实国情，它既关照了本土特质中的"党委领导"和"政府主导"，也关照了全球视野中的"社会参与"和"居民自治"。

（三）实践运行限度

"链式"主体结构在形式上是一种上下互动的结构设计，与我国目前行政管理的层级式组织体制相契合，它有利于政策命令的迅速执行，处理社会治理问题高效有力。但这种结构还不是一种完美的结构，它存在一些限度。第一，这种结构仍具有过去社会管理中的"单向性"管理与控制的特征，带有十八大提出的"党委领导、政府负责、社会协同、公众参与、法治保

障的社会管理体制"的印记,在政策传达过程中容易出现信息沟通中的
"断链"和流失情况,从而出现政策执行阻滞、政策执行偏离等问题。第
二,"链式"主体结构是一种线性的结构设计与制度安排,各主体在社会治
理时合作的幅度较小,信息沟通面较窄,治理任务容易分散。第三,"链
式"主体结构存在任务的指令性和执行性,"尾链"各主体具有被动性,不
太容易调动社会组织和居民参与治理的积极性,在调动社会能动性和激发社
会活力上具有一定的局限。

三　"扇状"运行机制:逻辑架构与扩散效应

为了克服上述弊端,《决定》在社会治理体制主体结构设计的基础上,
对社会治理的运行机制进行了创造性的理论设计,扩展了"链式"主体结
构的运作幅度,增强了各治理主体间的双向互动、网格化协同功能,形成了
一种"扇状"运行机制(见图2)。

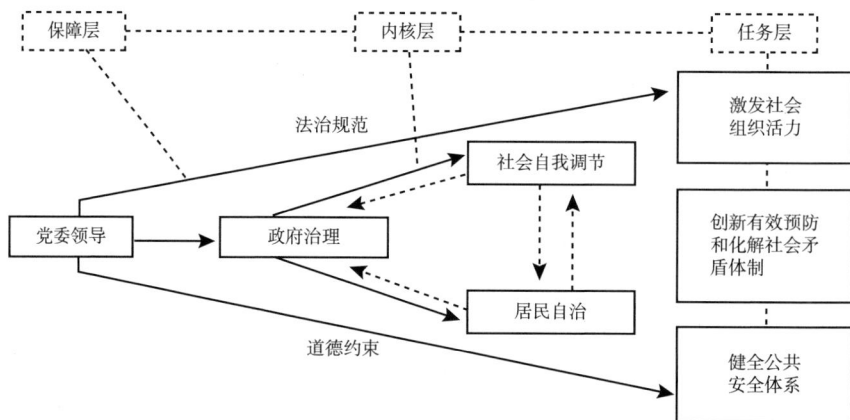

图2　中国社会治理体制创新的"扇状"运行机制

"扇状"运行机制是"链式"主体结构的治理功能扩散,它由"扇轴"
"扇体"和"扇翼"三个部分构成,包括内核层运行机制、保障层运行机制
和任务层运行机制。"扇轴"是党委领导下的政府治理,它是"链式"主体
结构在运行中的精髓呈现;"扇体"由内核层构成"小扇状"和保障层构成
的"大扇状"组成,是一种"扇中扇"的社会治理结构设计;"扇翼"是
指法治和道德两种规范力量。这三者综合作用,良性共治,在运行中呈现一
种"扇状"扩散态势。

（一）内核层运行机制

《决定》提出"政府治理和社会自我调节、居民自治良性互动"的论断表明这三种治理机制不是三方协同运行，而是主要表现为"政府治理和社会自我调节良性互动"与"政府治理和居民自治良性互动"，在此基础上，"社会自我调节"和"居民自治"之间，以及它们与"政府治理"之间也发生一些或强或弱的协同、互动作用。这样，"政府治理和社会自我调节、居民自治"构成了一个双向良性互动的"小扇状"运行机制，成为社会治理体制创新主体结构运行的内核层。内核层是社会治理的执行层次，包括"政府、社会、居民"三种社会治理力量形成的社会治理机制。

（1）政府治理。《决定》指出："科学的宏观调控，有效的政府治理，是发挥社会主义市场经济体制优势的内在要求。必须切实转变政府职能，深化行政体制改革，创新行政管理方式，增强政府公信力和执行力，建设法治政府和服务型政府。"政府治理是指政府作为社会治理的行为主体，与社会组织、企事业单位、居民共同治理社会公共事务，最终实现公共利益最大化。它具有五大基本特征：参与主体多元化、体制多样化、机制法制化、信息公开透明化和绩效考核科学化（董立人，2014）。推进政府治理，首先，要推进政府治理能力现代化，"切实提高政府科学行政、民主行政、依法行政水平，并实现科学行政、民主行政、依法行政的制度化、规范化、程序化"（薄贵利，2014）。其次，政府制定社会治理政策，加强对国内社会组织的监管力度，规范其运营情况，并加强对在华境外非政府组织的管理，引导它们在我国经济、科技、教育、卫生、文化、环保等领域依法开展活动。再次，要改变政府治理方式，从过去公共服务直接提供者转变为公共服务购买者，逐渐加大政府公共服务的购买力度。

（2）社会自我调节。社会自我调节就是要改变过去主要依赖政府干预的管理做法，增强社会的自愈能力，探索一种把社会问题、社会纠纷、社会冲突、社会矛盾解决在基层，消化在社会内部的新机制。社会自我调节在实践中具有多个成功案例，其中，基层司法行政工作创新的人民协调方式在化解社会矛盾、维护社会和谐稳定中做出了巨大贡献。近年来，全国80多万个人民调解组织和400多万名人民调解员充分发挥了职能作用，坚持自我管理、自我服务、自我教育、自我约束，每年化解矛盾纠纷都在900多万件（司法部基层工作指导司，2014）。发挥社会自我调节功能具有多种途径。第一，发挥社会对利益冲突的调节作用。改革开放到了今天，社会上已经形成了多元化和"不均等"的利益格局,出现了不同的利益主体及复杂化的利益问题,需要依托工会、共青团、妇联、基层群众自治组织和各类社会组织开展形式多样、方法灵活的平等对话、相互协商、彼此谈判、规劝疏导,调节不同利益主体之间的冲突,实现社会多元利益协调的"帕累托最优"。第二,发挥社会规范的调节作用,通过行业规范、社会组织章程、村规民约、社区公约等社会规范来协调社会关系、约束社会行为、保障群众利益等。第三,发挥社会道德的调节作用,加强全民思想道德教育,培育良好的社会心态,通过自律、他律、互律等方式,引导人们积极地履行社会责任、自觉地维护社会秩序,使公民、法人和其他组织的行为符合社会共同的行为准则。

(3)居民自治。居民自治就是要发挥居民在社会治理中的主体地位和主人翁精神,《决定》提出了发展基层民主的思路,"建立健全居民、村民监督机制,促进群众在城乡社区治理、基层公共事务和公益事业中依法自我管理、自我服务、自我教育、自我监督"。在操作层面上,居民自治可以通过城市的社区委员会和农村的村民委员会这些居民自治组织发挥作用。到目前为止,全国城市有5751个街道办事处,77431个社区居委会,近40万名社区居委会干部。居民自治组织在协调利益、化解矛盾、排忧解难等方面起着不可或缺的作用(唐爱军,2014)。随着事业单位改革的推进,社区治理已经取代了计划经济时代的单位管理,居民通过参与自治组织,依法治理与自己密切相关的各项社会事务,在一定程度上发挥了基层社会治理中的主体作用。居民自治的核心就是依靠居民进行治理,浙江省诸暨市枫桥镇干部群众探索的"党政动手,依靠群众,预防纠纷,化解矛盾,维护稳定,促进发展"的枫桥经验就是社会治理中居民自治的一个典范,江苏的华西村、北京的蔡家洼、河南的刘庄等地都探索出一种自下而上、各具特色的居民自治模式,也可供实践借鉴与推广。

(二)保障层运行机制

法治和道德两种规范性力量构成保障层运行机制。《决定》提出"坚持依法治理,加强法治保障,运用法治思维和法治方式化解社会矛盾"的同时,也提出"坚持综合治理,强化道德约束,规范社会行为,调节利益关系、协调社会关系,解决社会问题"。这样,就把法治和道德两种规范力量有机地结合起来,形成合力,规范社会治理各主体,确保其在法治和道德的轨道上有序运行。这样,两种规范力量综合作用,构成了一个包括"党委领导"下"政府治理和社会自我调节、居民自治良性互动"的"大扇状"运行机制，成为社会治理体制创新主体结构运行的保障层。

法治和道德这两种规范力量如"扇翼"一样共同保障着"扇状"运行机制功能的有效发挥。发挥法治的规范作用，就要求社会治理主体中的政府、社会组织及其领导干部改变过去依靠行政手段、经济手段解决社会问题的做法，运用法治思维和法治方式化解社会矛盾，规范社会行为、调节社会关系、维护社会秩序，把社会问题和社会矛盾纳入法治轨道，用法治的手段解决；居民也要学法、懂法、遵法和善于用法进行自治。发挥道德约束作用，就要求在社会治理的各个主体中加强思想道德建设，发挥社会主义核心价值观的引领作用，增强诚信自律意识，在道德约束的轨道下进行有效的社会治理。

（三）任务层运行机制

任务层运行机制既是社会治理体制创新的基本任务，也是治理主体结构发挥作用的扩展性机制。社会治理体制创新包括两类任务：一是发展指向性任务，目标是促进社会治理主体的发展壮大；二是问题指向性任务，目标是促进社会治理问题的有效解决。《决定》以社会治理任务为基础，从"组织活力""体制改革""体系建设"等方面扩展了社会体制创新的主体结构运行机制的功能范围。

激发社会组织活力是社会治理体制创新的发展指向性任务，目标是培育和促进社会组织的发展，增强社会治理能力。《决定》提出了多项措施："正确处理政府和社会关系，加快实施政社分开，推进社会组织明确权责、依法自治、发挥作用"；"适合由社会组织提供的公共服务和解决的事项，交由社会组织承担"；"支持和发展志愿服务组织。限期实现行业协会商会与行政机关真正脱钩，重点培育和优先发展行业协会商会类、科技类、公益慈善类、城乡社区服务类社会组织，成立时直接依法申请登记"；"加强对社会组织和在华境外非政府组织的管理，引导它们依法开展活动"。这些措施最重要的一点就是要实行政社分开，处理好政府放权和社会组织接权的关系。此外，《决定》中提出的行政审批制度改革、政府购买公共服务等也是政府放权的有效措施。通过这些措施，"实现国家权力向社会的有序转移与回归，社会力量承接由政府剥离与转移出来的部分公共事务管理的职能，并迅速填补国家权力有序退出的空间"（杨仁忠，2014）。因此，激发社会组织活力的关键是政社分开与政府放权，给社会组织赋能授权。

创新有效预防和化解社会矛盾体制是一种问题指向性任务，目标是预防和化解社会矛盾。《决定》从"健全重大决策社会稳定风险评估机制""建立畅通有序的诉求表达、心理干预、矛盾调处、权益保障机制""健全行政复议案件审理机制""建立调处化解矛盾纠纷综合机制""改革信访工作制度"等方面提出了措施要求。

健全公共安全体系也是种问题指向性任务，目标是保障公共安全。《决定》提出了"完善统一权威的食品药品安全监管机构，建立最严格的覆盖全过程的监管制度""深化安全生产管理体制改革""健全防灾减灾救灾体制""加强社会治安综合治理，创新立体化社会治安防控体系""加大依法管理网络力度，加快完善互联网管理领导体制""设立国家安全委员会"等多种措施。

（四）"扇状"扩散效应

风扇结构具有三个基本的物理功能特征。一是"掌舵功能"。"扇轴"力量越强大，风扇运转起来风力就越大。二是"增幅功能"。"扇体"各构成部分越是质地均匀、共同发力，增加运行幅度，风扇产生的风力也就越大。三是"保障功能"。"扇翼"越是刚劲有力，越是有效地发挥保障作用，风扇产生的风力也就越大。据此，形成如下三个我国社会治理体制创新中主体结构及其运行机制的"扇状"扩散效应理论命题。

（1）"掌舵"效应。党委在社会治理中越是发挥"掌舵"性领导作用，社会治理主体结构及其运行机制就越能发挥有效的社会治理作用；相反，如果党政不分，党委淡化了"掌舵作用"，以党代政，干预政府事务，分散了领导精力，则社会治理主体结构及其运行机制就难以有效地发挥社会治理作用。

（2）"增幅效应"。政府和社会组织、居民三大社会治理主体越是能够良性互动，形成较大的运行幅度，共同致力于社会治理问题的解决，社会治理主体结构及其运行机制就越能够发挥有效的社会治理作用。相反，如果政府和社会组织、居民三大社会治理主体各行其道，推诿扯皮，则难以发挥有效的社会治理作用。

（3）"协同效应"。法治和道德两种规范力量越是协同发力，形成合力，共同致力于规范社会主体的行为，社会治理主体结构及其运行机制就越能够发挥有效的社会治理作用。相反，如果法治和道德"一手软、一手硬"，则社会治理主体结构及其运行机制社会治理作用就会大打折扣；如果法治和道德"两手软"，则容易出现"社会治理失灵"的困境。

"扇状"扩散效应可以出现正功能，也会出现负功能，这关键取决于社会治理体制主体结构及其运行机制是否良性互动，其构成要素是否协同作用，形成社会治理合力。因此，《决定》意涵的社会治理主体机构及其运行机制也有一个逐步完善的过程。

四　结论与讨论

（一）形成了社会治理体制创新的中国模式

十八届三中全会提出的社会治理体制创新的"链式"主体结构及其"扇状"运行机制，构成了一个有机统一的社会治理运行系统，能够有效地完成激发社会组织活力，防治社会矛盾和保障公共安全的任务，与传统的社会治理模式和西方意义上的多中心治理模式比较具有明显的差异，并体现了较大的社会治理优势。"扇状"运行机制能够最大程度地发挥"链式"主体结构的治理功能和有效地克服其局限，把"单向"性链式治理扩展到"扇体"机制中，增加了社会治理"双向互动"的机制，使"政府治理"能够对社会进行管理、服务和控制，"社会参与"也可以对政府进行监督、督促和评议。

总之，"链式"主体结构及其"扇状"运行相互促进、相互补充，共同发挥社会治理功能，与当前及未来较长一段时间内中国社会治理实际高度契合，"链式"主体结构及其"扇状"运行机制既借鉴了西方治理和善治理论的优秀因子，也提升了中国经验，破解了学界争议，形成了改革共识。这在一定意义上形成了社会治理体制创新的中国模式。

（二）有效发挥社会治理的"扇状"扩散效应

发挥"扇状"扩展效应的正功能，防止其负向功能的出现，除了要切实发挥"扇轴"中党委的领导作用，强化"扇翼"中法治和道德的规范约束功能外，还要重点诊断当前社会治理体制创新中的现实误区，并提高社会组织和居民的社会治理能力。

当前社会治理中要重点厘清和避免四大误区："维稳"诉求大于"维权"诉求，导致社会治理体制创新的价值理性迷失；党政包揽替代多元参与，导致社会治理的协同格局难以形成；风险控制重于民生建设，导致社会治理体制创新的路径依赖本末倒置；"即兴式"举措多于制度规范，导致社会治理体制的法治保障不足（姜晓萍，2014）。

我国社会组织发育还很不充分，这要求我们在激发社会组织活力的同时急需培育社会组织的治理能力，加大对社会组织的资金支持，优化社会组织发展的制度环境，建设社会组织的孵化平台等。同时，居民自治能力也比较弱，很多地方的公众素质参差不齐，责任和权利意识较差，具有较低的社会治理参与度，这需要在构建居民权利保障体系的基础上，发挥居委会等自治组织的作用，促进居民依法维权、积极地参与社区治理，也要依托居委会组织法、村委会组织法等法规，开展居民会议、议事协商、民主听证等居民自治实践活动，让居民依法办理和决策自己的事情。

（三）治理主体结构的外延扩展和运行机制的内涵深化

在治理主体结构中，"居民"是一个外延较小的概念，它没有把流动人口、外来务工人员含括在内。在推进新型城镇化过程中，仅仅依靠居民自治，难以发挥流动人口在社会治理中的作用。现实情况是，不少城市的流动人口已经超过 1/3 以上，如截至 2013 年底，北京全市常住人口 2114.8 万，常住外来人口就有 802.7 万（涂露芳，2014）。流动人口的增加，急性"城市病"开始凸显，人口拥挤、治安较差、劳资冲突、资源紧张、生态恶化等问题不断发生。以广东为例，其社会治理要素（对象）很大，且复杂多变（难管），据不完全统计，全省流动人口 3239.7 万，外来务工人员 2306 万，出租屋 1292 万间（套），临住 426 万人次，歌舞娱乐服务场所 8435 家，网站 60 多个，网民 6900 多万人（李春生，2014）。

因此，城镇化过程产生的这些与流动人口相关的问题，在很大程度上还依赖于流动人口"自治"或者"参与治理"才能有效地解决。尤其是对"城乡结合部"的社会问题治理，就更需要流动人口参与自治才能收到较好的效果。最近，不少地方开始了社会治理创新的探索，例如，浙江各市探索了多种外来人口社会治理模式，慈溪市的融合社会组织模式、诸暨店口镇"老乡管老乡"的亲情管理模式、奉化的力邦村模式、嘉兴市的"新居民事务局"模式、义乌市的社会化维权模式等，这些模式都可以作为实施流动人口自治的经验借鉴（吴锦良，2013）。

城镇化的本质是人的城镇化，随着新型城镇化进程的推进，从"居民自治"扩展到"民众自治"，是扩展"链式"主体结构外延和深化"扇状"运行机制内涵的一个基本途径。

参考文献

薄贵利，2014，《推进政府治理现代化》，《中国行政管理》第 5 期。

陈雄飞，2000，《谈考古学中的民族学类比方法》，《华夏考古》第 1 期。

董立人，2014，《政府治理理念的主要特征》，《中国机构改革与管理》第 5 期。

龚维斌，2014，《创新社会治理体制要坚持"四个治理"》，《中国国情国力》第 4 期。

郭风英，2013，《"国家—社会"视野中的社会治理体制创新研究》，《社会主义研究》
第 6 期。

郝项超、苏之翔，2014，《重大风险提示可以降低 IPO 抑价吗？——基于文本分析法的
经验证据》，《财经科学》第 5 期。

黄崇福、徐祥文，1988，《震害预测的模糊贴近类比方法》，《地震工程与工程振动》第
3 期。

姜晓萍，2014，《国家治理现代化进程中的社会治理体制创新》，《中国行政管理》第 2
期。

姜照辉，2013，《创新社会治理体制，解放和增强社会活力》，《理论学习》第 12 期。

李春生，2014，《关于创新完善社会治理体制机制的认识与思考》，《公安研究》第 3 期。

李立国，2013，《创新社会体制》，《求是》第 24 期。

李秀义，2014，《社会治理体制改革创新中政府与社会关系的发展路径探析——基于国
内基层管理创新的典型模式分析》，《中南大学学报》（社会科学版）第 2 期。

理查德·C. 博克斯，2013，《公民治理：引领 21 世纪的美国社区》，北京：中国人民大
学出版社。

马俊峰，1984，《类比方法在科学发现中的作用》，《社会科学》第 7 期。

迈克尔·麦金尼斯，2000，《多中心体制与地方公共经济》，上海：上海三联书店。

全球治理委员会，1995，《我们的全球伙伴关系》，牛津：牛津大学出版社。

司法部基层工作指导司，2014，《创新社会治理体制，服务广大人民群众——以基层司
法行政工作为视角》，《中国司法》第 4 期。

唐爱军，2014，《社会治理体制创新路径探析》，《开放导报》第 1 期。

涂露芳，2014，《北京常住人口规模达 2114.8 万人》，《北京日报》1 月 24 日。

王拓涵，2014，《关于创新社会治理体制的几个问题——专访清华大学社会科学学院院
长李强教授》，《领导文萃》第 4 期。

文森特·奥斯特罗姆，2000，《公共服务的制度建构》，上海：上海三联书店。

吴锦良，2013，《浙江深化社会治理体制改革的思考和建议》，《当代社科视野》第 12
期。

杨仁忠，2014，《社会治理体制创新与社会公共领域参与研究》，《学习论坛》第 2 期。

张镧，2013，《基于文本分析法的湖北省高新技术产业政策演进脉络研究》，《科技进步

与对策》第 17 期。

郑杭生、邵占鹏，2014，《中国社会治理体制改革的视野、举措与意涵——三中全会社
　　会治理体制改革的启示》，《江苏社会科学》第 2 期。

郑杭生、杨敏，2006，《社会实践结构性巨变对理论创新的积极作用——一种社会学分
　　析的新视角》，《中国人民大学学报》第 6 期。

中国共产党第十八届中央委员会，2013，《中共中央关于全面深化改革若干重大问题的决
　　定》，新华网，http：//news. xinhuanet. com/politics/2013 - 11/15/c_ 118164294. htm，
　　最后访问日期：2014 - 5 - 12。

作者简介

　　曾维和　　男

　　所属博士后流动站：中国社会科学院社会学研究所

　　合作导师：张翼

　　在站时间：2013. 12 ~

　　现工作单位：南京信息工程大学公共管理学院

　　联系方式：weihe601@ 163. com

国家政策与社会行动自我调适

——以自然之友大气项目为例*

林 红

摘 要：本文基于案例的过程分析，旨在探讨国家与社会互动关系的维度之一，即国家政策变化与社会行动自我调适的相关过程。抽象的同质化概念"政策"和"社会行动"在本文的分析中被具象化和情境化，呈现文本化政策和动态化社会行动之间的契合。对这一动态过程的分析，则是本文尝试探讨一种国家与社会之间"良性"关系的可能性，以及二者之间"明确"疆域划分的可能性。

关键词：政策 社会行动 自我调适

关于国家与社会关系的讨论，自 20 世纪 90 年代逐渐突破二元对立，进入非零和博弈的多元视角分析。这种多元分析，呈现两个基本路径的分化，即关于国家与社会结果性实体关系的讨论和二者过程性关系生成的分析。前者将国家与社会的关系视为静态的结果予以解剖，而后者则将之看作一个动态的过程。

基于第一种路径，国外学者米格代尔（Joel S. Migdal）、埃文斯（Peter B. Evans）、奥斯特罗姆（ElinorOstrom）、赛奇（Tony Saich）先后提出国家

---

* 本文所选案例全称为"大气污染源信息全面公开推动项目"，为笔者在民间环保组织"自然之友"为期 13 个月的田野调查（2013 年 12 月 ~ 2014 年 12 月）期间所收集整理的多个案例之一，文中所用相关资料均为作者参与观察搜集以及田野调查后期对关键个人访谈所得。

在社会中、国家与社会共治、公私合作、共生等关系形态。而在国内，国家与社会作为一种理论分析框架自 20 世纪 90 年代初引入，经历短暂的"市民社会对抗国家"的路径探索后，迅速以国家和社会良性互动的关系形态为学界接受。早在 1997 年，邓正来就在《国家与社会——中国市民社会研究》① 一文中提出国家与社会之间良性的结构性安排以及这种安排的制度化，即在中国日渐营建市场经济的前提下而逐渐形成国家与社会的二元结构，在国家进行宏观调整或必要干预与社会自主化进程（或称为以市场经济为基础的市民社会的建构进程）间确立制度化的关系模式和明确的疆域。

　　基于第二种路径的研究则更趋多元和个性化，汉尼根（Hannigan J. A）以社会建构的视角分析环境问题的社会建构过程，揭示环境变量建构的社会化机制；而国内学者孙立平则提出了"过程—事件分析"的概念。国内外学者基于此研究路径的共同点在于，引入了行动策略的分析，刻画了行动者的主体性。如果说，第一种路径蕴含一种宏观的、自上而下的视角和静态的结构性分析框架，那么第二种路径在我们看来，则是尝试以一种自下而上的视角构建从微观到宏观的动态化的反结构沟通渠道。

　　本文将尝试综合两种路径的视角，借由第二种路径，基于过程性分析带入社会行动者的主体性，以个案的微观视角揭示一种自下而上的反结构可能性和建构一种宏观视角的国家—社会良性互动的关系模式。我们认为，国家与社会的关系中，理论层面最本质的问题是权力让渡及其向度，而在实践层面，最本质的问题则是国家与社会行动主体的行动疆域划分。理论层面的权力属性只有转化为实践领域的边界，才有可能在国家与社会二者之间建立有效的沟通渠道和机制，实现可操作的良性互动，而通过国家政策建构的政策空间则是构建国家与社会边界的有效方式之一。

　　本文所取个案为自然之友② "大气污染源信息全面公开推动项目"（以下简称大气项目）。这是一个多机构、多组织的一年期合作项目，于 2013 年 11 月正式启动，旨在推动作为首要大气污染源的工业污染物排放信息全面

---

① 邓正来：《国家与社会——中国市民社会研究》，四川人民出版社，1997，第 115 页。

② 自然之友（http://www.fon.org.cn）成立于 1994 年 3 月 31 日，是中国最早注册成立的民间环境保护组织，致力于推动公众参与环境保护，并通过构建各地会员和志愿者网络的方式推动公众关注地域性环境问题。不同于中华环保联合会，自然之友一直被认为是我国真正意义的最早成立的民间环保组织，这是我们选择其为田野点的原因之一；截至 2014 年，自然之友走过了 20 年，这 20 年的发展历程不仅对我国同类组织具有参考意义，而且对我国社会治理存在参考意义，这是我们选择其为田野点的原因之二。

公开。该项目从构想到设计、落地，直至结项，跨度两年（2013 年 2 月 ~ 2014 年 12 月）；项目实施周期一年，分为前后两个阶段，第一阶段从 2013 年 12 月至 2014 年 6 月，第二阶段从 2014 年 7 月至 2014 年 12 月。我们将以此作为本文分析的时间段，通过分析国家政策与社会行动契合的动态过程，探讨该项目全过程中国家政策与社会行动自我调适的过程，以期在实践层面发现一种划分国家与社会"明确"疆域的可能性，从而建构一种国家与社会之间的"良性"关系模式。

一　政策具体化

对于社会行动者而言，政策走向直接影响项目和行动策略的选择。大气项目是我国民间环保组织第一次采用全国性联合行动的方式推动污染源信息全面公开，因而环境信息公开政策走向，是包括自然之友在内的多家环保组织设计这一联合项目的关键考量因素之一，也直接影响了目标设定和行动策略选择。那么，我国环境信息公开政策在历时的过程中呈现了何种走向呢？

从 2000 年 9 月 1 日起执行的《中华人民共和国大气污染防治法》① 第十二条首次提出建立大气污染物相关信息申报制度。2007 年 4 月，国务院发布《中华人民共和国政府信息公开条例》，② 对政府信息公开的范围及进行信息公开的义务进行了界定；同时明确了公民、法人或其他组织向政府部门申请信息公开的权利。紧随其后，环保部发布了《环境信息公开办法（试行）》，③ 首次对"环境信息"予以明确界定。④

2011 年 3 月，全国"两会"发布《中华人民共和国国民经济和社会发展第十二个五年规划纲要》，⑤ 以"绿色发展"的专篇提出建设资源节约型、

① 中华人民共和国中央人民政府，http：//www. gov. cn/ziliao/flfg/2005 - 08/05/content_ 20945. htm。
② 中华人民共和国中央人民政府，http：//www. gov. cn/xxgk/pub/govpublic/tiaoli. html。
③ 国家环境保护总局，http：//www. zhb. gov. cn/info/gw/juling/200704/t20070420_ 102967. htm。
④ 《环境信息公开办法（试行）》第二条将"环境信息"定义为："本办法所称环境信息，包括政府环境信息和企业环境信息。政府环境信息，是指环保部门在履行环境保护职责中制作或者获取的，以一定形式记录、保存的信息。企业环境信息，是指企业以一定形式记录、保存的，与企业经营活动产生的环境影响和企业环境行为有关的信息。"
⑤ 中华人民共和国中央人民政府网 2011 年全国"两会"（2011. 3. 3 - 3. 14）专题，http：// www. gov. cn/2011lh/content_ 1825838. htm。

环境友好型社会。2012 年 10 月，环境保护部等多部门联合下发《重点区域大气污染防治"十二五"规划》，提出实施环境信息公开制度，并制定了具体的实施办法，如重点污染源在线监控装置建设，将自动监控设施的稳定运行情况及其监测数据的有效性水平纳入企业环保信用等级，广泛动员全社会参与大气环境保护等。

2013 年 7 月，环保部下发《关于加强污染源环境监管信息公开工作的通知》，并附第一批《污染源环境监管信息公开目录》。同月，环保部又下发《关于印发〈国家重点监控企业自行监测及信息公开办法（试行）〉和〈国家重点监控企业污染源监督性监测及信息公开办法（试行）〉的通知》，明确了环保部门作为监督性监测信息公开主体和企业作为自行监测性信息公开主体的责任和义务。9 月，国务院下发《大气污染防治行动计划》，被媒体誉为"有史以来考核最为严厉的空气治理行动计划"，再次强调环境信息公开，并提出国家每月公布空气质量最差的10 个城市和最好的 10 个城市的名单，各省（区、市）要公布本行政区域内地级及以上城市空气质量排名，建立重污染行业企业环境信息强制公开制度。

2014 年 4 月 24 日，全国人民代表大会通过修订的《中华人民共和国环境保护法》，以全新的专章"信息公开与公众参与"明确了公民、法人和相关组织向政府申请环境信息公开的权利和政府、企业公开环境信息的义务。随后，国务院办公厅下发《大气污染防治行动计划实施情况考核办法（试行）》，用于对各省（区、市）人民政府《大气污染防治行动计划》实施情况的年度考核和终期考核。年度考核采用评分法，考核指标分为十大项二十九个子指标，其中"环境信息公开"作为该项子指标之一占4 分。随后，环境保护部等多部门联合下发《大气污染防治行动计划实施情况考核办法（试行）实施细则》，要求各省、自治区和直辖市政府组织落实。

从以上环境信息公开相关法规的梳理，我们可以看到一条清晰的脉络：政策走向越来越具体，越来越具有可操作性。从 2000 年《大气污染防治法》首次正式提出建立大气污染物相关信息申报制度，到 2007 年《环境信息公开办法（试行）》首次明确界定"环境信息"，最后到 2014 年《大气污染防治行动计划实施情况考核办法（试行）》及其实施细则出台，政策法规从最初的原则性条款逐步明晰和具体，并最终与行政考评对接，落实到政府部门年度考核的子指标分值，从而赋予了环境信息公开政策以实践层面的可执行性。

那么，政策具体化走向与社会行动之间又存在什么关系呢？

二　社会行动自我调适①

一般认为，政策越具体，社会行动的空间就越小，反之则越大。这种观点忽视了对两种不同类型空间感知者的区分，即政策执行者和社会行动者，而我们尝试提出一种与之相悖的论点。对于政策执行者，政策越不具体，其自由裁量权就越大，其对空间大小的感知取决于自身所拥有自由裁量权限的大小。但对于社会行动者而言，其对行动空间大小的感知则与政策执行者的自由裁量权直接关联，并非与政策的具体化程度直接关联。换而言之，我们认为，政策执行者的自由裁量权越大，社会行动者所感知的制度空间大小就会越小，反之则越大。我们将从以下对自然之友大气项目对环境信息公开政策变化的回应来证实这一点。

2013 年 3 月 28 日，自然之友、公众环境研究中心、阿拉善生态协会等二十几家环保组织、企业家协会共同发起污染源信息全面公开倡

---

① 塔罗（Sydney Tarrow, 1998：4）基于蒂利（Charles Tilly）抗争性政治的视角将"社会运动"定义为：基于共同目的和社会团结而与社会精英、反对者及权威者保持持续性互动的集体抗争。鉴于篇幅所限，我们不欲在此更深入地探讨社会运动相关定义，但认为有必要对之稍作解释以方便读者理解。我们在此没有使用"社会运动"一词而代之以"社会行动"，是基于以下三点考虑：第一，英文中"movement"和"action"均为名词，具有所指；但翻译成中文后，"运动"同时可作为名词和动词使用，但多以名词使用，而"行动"也可同时作为名词和动词使用，但多以动词使用。我们强调名词和动词之分旨在强调作为名词的所指和作为动词的行为二者之间的区分，作为名词的所指蕴含全过程的意义，而动词则强调行为本身的意义。第二，中国语境与西方语境的区别。蒂利认为，自 1750 年在西方（The West）语境发展起来的社会运动（social movement）是由持续性的、旨在向各类权威（authorities）提出集体诉求的各类活动（Campaigns）构成，他将之称为"抗争性政治"（contentious politics）的方式之一。而当下中国的社会运动呈现明显的"激进"与"温和"分化，在我们看来，是无法用"抗争性政治"简单概括的；如果说"激进"的社会运动具有更显著的"抗争性政治"的特征，那么"温和"的社会运动则是弱化了这种特征，而是以一种更加务实的态度尝试寻求更有效的方式解决现实问题，这一类型的社会运动者更愿意自称为社会行动者，用他们自己的话来说就是："我们只是希望通过持续性的行动推动问题的解决，虽然大家都看到了问题，但真正行动起来的人却很少，我们与大多数人的区别就在于我们意识到了问题存在，并行动了起来。"而我们在此所讨论的就是这种"温和"的社会运动，之所以用"社会行动"也旨在强调"行动"作为动词的意义及其作为一种行为的主体性。第三，我们在此讨论的社会行动者具备麦卡锡（McCarthy）所谓的"专业化"（professionalized）特征，但又具有中国情境下的身份敏感性。

议，旨在向解决空气污染首要成因——工业污染问题迈出第一步。① 为使这一倡议真正落实，倡议成员方计划"以小额资助的方式支持各地环保组织或志愿者通过信息公开申请的行动、整体规划的公众倡导活动，利用舆论力量推动倡议内容实现"；并最终决定以联合项目的方式予以执行，命名为"大气污染源信息全面公开推动项目"。该项目设计的行动策略为：信息公开申请—行政复议—行政诉讼，即以向政府和企业申请环境信息公开为第一步，如果政府或企业拒绝公开信息，则有选择地申请行政复议，如果行政复议无法实现项目预期，则以行政诉讼的方式予以推动。

　　项目从倡议（2013 年 3 月）到最终签订项目协议书（2013 年 11 月），历时近 8 个月。这期间，环保部于 2013 年 7 月 12 日下发《关于加强污染源环境监管信息公开工作的通知》并附第一批《污染源环境监管信息公开目录》，2013 年 7 月 30 日下发《关于印发〈国家重点监控企业自行监测及信息公开办法（试行）〉和〈国家重点监控企业污染源监督性监测及信息公开办法（试行）〉的通知》，2013 年 9 月 10 日国务院下发《大气污染防治行动计划》。这两个《通知》的内容和《大气十条》与二十几家环保组织、企业家协会共同发起的污染源信息全面公开倡议高度契合，从而使"大气污染源信息全面公开推动项目"最初设定的项目目标面临滞后于政策形势的风险。② 由此，我们可以看到政策未充分下沉给项目设计埋伏的两个隐患：项目目标设定和策略选择的风险。

　　　　在 2013 年初的时候，几家聚到一起就在谈这个事情，差不多到 6 月份的时候基本确定下来一起做一个项目，由自然之友作为一个类似秘书处的协调机构，来协调整个项目。当初，大家定下来的一个初步的项目目标是推动政府和企业公开一些重要的污染源信息，包括实时监测数据。想通过信息公开申请，一方面推动政府和企业公开这方面的信息，另一方面，如

----

① 该公开倡议提出三条倡议：第一，通过互联网实时发布国控、省控和市控重点污染源企业的在线监测数据，并提供历史数据查询；第二，系统、及时、完整地发布排污企业的行政处罚信息和经确认的投诉举报信息；第三，定期公布企业的污染物排放数据，其范围不应少于环评报告中识别的全部特征污染物。摘引自《SEE 基金会项目建议书》[大气污染源信息全面公开推动项目，自然之友（简称 FON）、公众环境研究中心（简称 IPE）、SEE 基金会（全称为"北京市企业家环保基金会"，简称 SEE）、能源基金会（简称 EF）联合项目（2013~2014）]。

② 该项目最终仍旧冒着滞后于政策发展的风险按照原先设定的目标执行，主要基于两方面考虑：第一，作为一个联合项目，项目书的内容是经过较长时间的机构间协调而确定的；第二，两个《通知》虽然于 2013 年 7 月下发，但是于 2014 年 1 月 1 日起执行，故而对于政策执行力度和效果的未知，让这个项目的目标设定虽然存在滞后于政策的风险，但仍具有一定的现实意义。

果政府和企业不公开，我们通过信息公开申请的途径拿到这些数据后放到已有的污染地图上，通过我们自己的途径来公开。但是，到7月份的时候，国家就出台了这两个信息公开办法，所以，我们这个项目从6月份确定下来，到走程序，11月份正式把合同签下来，整个项目最初设计的目标是明显滞后于政策的。(SEE基金会项目主管，FONZHY20140731)

项目设计之初的行动目标是通过信息公开申请—行政复议—行政诉讼的逻辑方式推动各省公开国家重点监控污染源信息，但对最终获得的公开信息并未形成明确的行动结果目标，而对行动结果不明确的处置方式却在2014年1月1日起执行的两个《通知》中具体化了，即由31个省、自治区、直辖市环保部门建立统一的信息发布平台，统一公开第一批《污染源环境监管信息公开目录》所要求的监督性监测信息和企业自行监测信息。截至2014年2月底，除甘肃、重庆、海南、西藏、新疆，其余各省、自治区、直辖市均已建立了环境信息发布平台。

项目至此，政策具体化的直接结果似乎挤压了社会行动的空间。但是，两个更深层次的问题却让我们对这一看似直接的结果产生了疑问。第一，项目行动目标的设定并不等于政策执行的结果。行动目标只是推动各省国家重点监控污染源信息公开，至于公开的信息项和方式并未明确设定；而《通知》及其附录则明确提出建立省级统一的信息发布平台和必须公开的信息目录。由此，我们可以看到，该项目设计的行动目标相较于政策目标并不明确，甚至存在一定盲目性，而政策设定的明确目标则可以引导项目行动目标清晰化。第二，项目行动策略的设定与政策具体化不存在直接的因果关系。信息公开申请—行政复议—行政诉讼的行动策略在两个《通知》下发之前就已确定。行政复议和行政诉讼虽然是法律框架之内合法的行动方式，但其本质却是建构了一种面向政策执行者的对抗性，而这种对抗性则隐含着针对行动者本身的某种未知不确定性。而对于行动者来说，规避不确定性所蕴含的风险是一种必然的理性选择。但是，在两个《通知》下发之前，不明确的政策边界模糊了社会行动者进行理性选择的可能性，也就是说，政策的具体化赋予了项目行动者更理性选择的可能。于是，该项目尝试第一次行动策略调整。①

---

① 摘自自然之友"大气污染源信息全面公开推动"项目协调人所发"大气污染防治项目"QQ群邮件，2014年2月27日。

关于追踪各省统一信息发布平台，并参照做得好的省份做出评估，是我们周一（2014年2月24日与IPE以及SEE）讨论后的想法。我们之前做信息公开的主要目的是希望各省建立统一的信息发布平台，昨天陕西的伙伴告诉我陕西也有了，那目前就只有甘肃、重庆、海南、西藏还没有，预计近期也应该会有了。情况发生了变化，所以咱们也要与时俱进调整行动方向，那我们就跟进各省的信息平台的建设情况，督促各省进一步改进和完善平台。那么，接下来，我们要做什么呢？

（1）先看信息平台上是否有如下信息：各省国控重点污染企业的名单（企业数量可参照我之前发给大家的全国国控名单中的废气类企业，从第172页开始）、企业基本信息（企业类别、产品、人员数、开工状态、建厂年份、负责人、法人、地址、联系电话）、企业排污信息（污染物种类、排污口地址、排污口数量、排污量、监测时间、信息更新频率、排污历史记录、监测机器运转情况），以及咱们协议中之前请大家向企业申请公开的那几项内容。

如果以上信息都能在信息平台上找到，那这个平台关于排污企业的信息咱们可以评定为完整，如果不完整，咱们就列出来它还缺以上哪些信息。

（2）再看省环保厅的网站上是否能找到咱们协议中之前请大家向政府申请公开的那些项目内容，如果能找到，就不用申请了，如果找不到，那就还需要向政府申请，请大家在做这件事的时候记录下来哪些信息未公开，这可写在我们的评估里。

（3）关于评价政府排污监管信息是否完整，咱们可以环保部2013年7月12日文件《关于加强污染源环境监管信息公开工作的通知》附件之《污染源环境监管信息公开目录（第一批）》（此文件我之前已上传群文件）为参照，获得一个政府排污监管信息公开率（已公开信息项/污染源环境监管信息公开目录项），这个数值就是我们的评价结果。

但是，此次行动策略调整提出的三条内容中最终只有第二条得以实施，第一条和第三条均落空。这一次行动策略调整失败，暴露出项目执行过程中的两个根本性问题：第一，政策形势倒逼和挤压项目行动空间，导致行动目标明显滞后于政策执行进度，如何让行动目标赶上政策执行进度，并获得行动空间？第二，应急式的行动策略调整方案因缺乏系统性设计而不具备可操作性，如何让行动策略调整方案切实落地？

那阵子，我似乎处于一种焦虑状态。地方伙伴们反馈上来的信息，包括各地平台建设进度以及信息公开申请过程中遇到的问题，同时，IPE、SEE也跟我说"现在各地平台都建起来了，咱们得调整一下原有的行动方案了"。我非常清楚，那两个《通知》（2014年1月1日起执行）执行以来，关于平台建设的进度已经远远超出了我们项目原有的预期。但是，如何调整行动策略？朝哪个方向调整？这是让我那阵子感到焦虑的主要原因。（大气项目协调人，自然之友，FONLH20140524）

截至2014年3月底，除海南、新疆、西藏，大陆其他28个省、自治区、直辖市环保部门均建立了统一信息发布平台；同时，大气项目各地合作伙伴申请信息公开的行动基本结束。虽然少数省份的行动者在向政府和企业申请信息公开的过程中遭遇了推诿、拒绝甚至电话威胁，但在政策执行进度和项目目标出现较大落差的情况下，原定行动策略"申请信息公开—行政复议—行政诉讼"已然失去了时效性。换而言之，项目所面临的问题已不是某一步行动的调整，而是整体行动策略和方向的调整。

3月份的时候，各地小伙伴们的信息公开申请工作基本结束，陆续提交了第一份行动报告。这时候我们和IPE、SEE也在讨论接下来项目怎么走。最后几家达成一致：推动平台完善。我们对各省的平台做了一个简单的梳理，发现各省建设的平台参差不齐，个别省份做得比较好，比如山东、浙江，而有的地方平台不是打不开就是打开后只有一个word或PDF文档的超链接，像这种平台，就属于不达标的。所以，我们明确了下一步的行动目标就是推动各省的平台建设完善，也就是项目第二阶段的行动目标。至于具体怎么做，我们和IPE还是有分歧的，其间来来回回沟通了多次，最后坐到一起开会，才决定按照我们设计的表格、纳入IPE的一些指标，对各省平台进行彻底的梳理，并结合上海的案例分析报告，最终形成一封建议信寄往各省环保部门。（大气项目协调人，自然之友，FONLH20140617）

第二次行动策略调整之后，项目的行动逻辑发生了根本性变化，由"申请信息公开—行政复议—行政诉讼"转向"申请信息公开—推动信息公开统一平台完善—推动环境信息公开制度和数据管理制度的完善"。① 这样的行动策略调整，基于政策具体化所确立的目标导向及其赋予项目行动者更加明确的理性选择空间，一方面让原本滞后于政策形势的网络化行动转为对现实的超越，赋予了行动本身以超前性的意义；另一方面，由于第二阶段行动方案纳入了技术性因素（评估表格的设计、案例分析报告），赋予行动以深度和效度；同时，也让作为行动主体的社会组织网络对自身的定位更清晰，即政策落实的推动者和监督者。

政策执行者自由裁量权所构建的政策边界作为社会行动主体身份定位的基本参照系，直接影响行动主体如何界定自身与国家之间的关系。从自然之友大气项目的行动策略调整我们可以看出，在两个《通知》及《大气十条》未发布之前，该项目制定的行动策略与政府、企业存在一定的对抗性；但 2014 年 1 月 1 日起两个《通知》开始实施，直到 2014 年 4 月 30 日国务院办公厅下发《大气污染防治行动计划实施情况考核办法（试行）》，政策的可执行度越来越高，而项目的行动策略也转向温和与技术化，体现出与政策的高度契合。

> 之所以放弃行政复议和行政诉讼，而选择以技术性更强的方式进行平台梳理，首先是考虑项目的最终目标是没有变的，变的只是为实现这个目标而采取的行动策略而已。基于政策实施的现实情况，尤其是 4 月底出台的考核办法，我们看到国家在环境信息公开方面所做的努力和决心，如果我们还是采取原有的行动策略，通过法律手段去推动，可能出现的后果是无法切实有效地推动环境信息公开，同时还有可能给我们自己以及地方伙伴带来不必要的风险。而用技术含量比较高的方式推动平台完善，我们通过彻底梳理平台发现问题，同时又结合案例分析报告提出解决问题的可行性建议，这对地方政府来说，我们是真真实实地在帮它们做事，帮它们挣年终考核的那 4 分。这样一来，我们也用实际行动向政府表达了我们的善意和诚意，同时地方伙伴机构能在这一互动过程中与地方政府良性互动，而不是让人提心吊胆地对抗性互动。（大气项目协调人，自然之友，FONLH20140719）

社会行动主体选择何种行动策略，考量关键在于行动与目标之间的关联性和有效性。政策下沉，具象为环境信息公开的 4 个分值，明确了社会行动

---

① 自然之友"大气污染源信息全面公开推动项目"中期报告，2014 年 6 月 10 日。

的政策空间，赋予了社会行动主体为实现相同的目标更多潜在的有效路径，而基于对当下情境的理性评估，社会行动主体必然选择对自身利益最大化和最有效的行动策略。从大气项目的行动策略调整我们可以看到，第二阶段的行动策略相较于第一阶段，从激烈转向温和，而这种转变则是社会行动主体根据政策变化进行自我调适的结果。

从以上分析我们可以看到，政策具体化看似挤压了社会行动的空间，但实质上却排除了项目设计之初目标和行动策略所蕴含的潜在风险，并通过限定政策执行者的自由裁量权限建立了明确的政策边界，为项目目标的重新设定和行动策略更为理性的选择指明了方向。所以，我们说，政策执行者的自由裁量权越大，社会行动者所感知的政策空间就会越小，反之则越大；而政策具体化过程正是以压缩政策执行者自由裁量权空间、建构政策开放性的过程。政策越具体、可执行性越强，它所赋予社会主体的行动空间就越大。

三　社会行动的主体性建构

大气项目是由多家环保组织共同发起的联合项目，自然之友被确定为该项目的协调和执行机构。按照项目原初构想，作为该联合项目的协调和执行机构，自然之友的主要作用是协调不同机构之间的意见和步调，并对项目活动和协调结果予以执行和落实。如果说，作为项目执行主体的自然之友，其主体性在项目设计中是被忽视的，那么在项目执行过程中，其主体性则从最初的被忽视和无意识的自我忽视逐步走向主体能动性的意识化和自我建构。

根据大气项目执行结构图（图1），我们可以把相关方机构化约为两类：上层支持和在地行动。自然之友作为核心项目执行者，协调各方，最终以联合方式呈现产出。换而言之，项目设计的原旨是通过自然之友落实多机构的共同意志。在项目执行过程中，社会行动的主体性建构过程在这两种类型的相关方力量作用下呈现不同向度。

项目的主体性问题首先在上层支持机构之间凸显。谁的项目？这一问题在项目设计中以"联合项目"之名被忽视了，并在随后的运行初期未引起项目执行者注意。于是，项目推进到三分之一时段处，项目设计中被忽视的执行方主体性和运行初期项目执行者的自我忽视导致项目所属性之争从隐性走向显性。

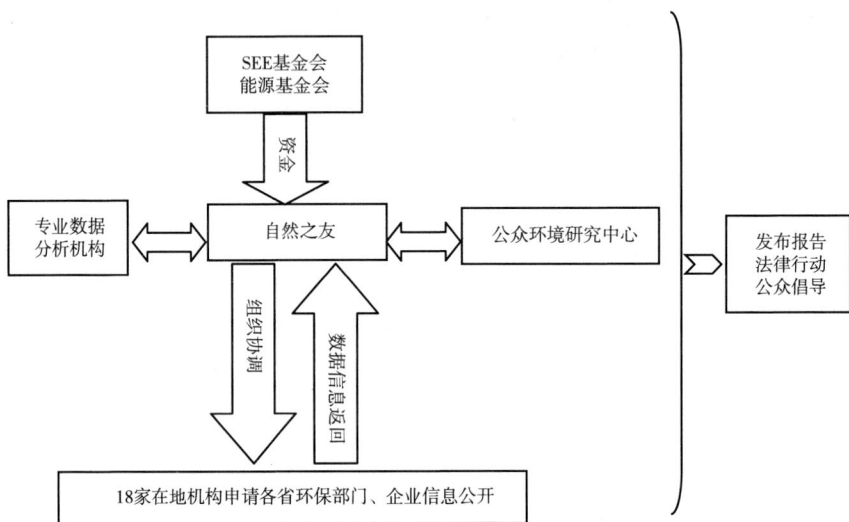

图1 "大气污染源信息全面公开推动项目"执行结构

资料来源:自然之友"大气污染源信息全面公开推动项目"小额资助协议书附件(一)。

当初几家决定一起申请这个项目的时候,是说让自然之友作为一个联络和协调机构,钱拨到我们这里,由我们以小额资助的方式拨给地方伙伴。几家成立一个项目决策委员会,委员会成员由各机构的项目相关负责人组成,对整个项目的执行过程进行监管,项目过程中的任何重要决策都要获得决策委员会的通过。同时,还设立了机构间联席会议机制,希望几家能够定期碰头,了解项目进展以及执行过程中出现的问题。当初的项目设计,就是这样考虑的,项目书上也是说这是我们几家的联合项目。(总干事,自然之友,FONZBJ20140307)

作为一个多机构的联合项目,项目书附件列出了"协调员及决策委员会各方职责",在每一项项目活动之后分别列出了四家核心机构自然之友、公众环境研究中心、SEE 基金会、能源基金会的职责和分工。其中,SEE 基金会和能源基金会的主要职责为:在项目活动 1.1 培训中"确认培训计划",在项目活动 3.3 小额资助中"作为决策委员会成员,确认合作伙伴及资助名单";而自然之友与公众环境研究中心的职责分工则非常类似,自然之友的分工表中只多了一项"协助传播渠道"。也就是说,这两家机构在项目执行过程中承担着类似的协调与监管角色。这种内涵近似的角色设定，模糊了自然之友作为"联络和协调机构"的身份，而决策委员的设置则屏蔽了自然之友自主决策的空间。项目设计中对自然之友身份的设定，与其说是项目执行方，不如说是四家联合机构的秘书处；对其职能的设定"联络和协调"，其实旨屏蔽了其作为一家独立机构所具备的主体性对项目可能产生的影响力，而这势必会引发实际操作中的系列问题。

> 对几家的职责分工最初是如何确定下来的我不是很清楚，但随着项目一步一步执行，我越来越感觉这是个问题。我不是太清楚 IPE 在这个项目中到底承担什么样的工作，他们时不时地找我要各种项目资料，追问项目进展情况，让我感觉 IPE 的角色更像是我们和资金资助方之间的一个第三方，负责监督项目执行的过程，尤其是监督我们。这让我感觉非常不舒服。按照我的理解，拿谁的钱，就对谁负责。IPE 没有从 SEE 拿这个项目的钱，也没有从我们这里拿小额资助的钱，说是 IPE 会出一个关于政府信息公开透明度的分析报告，后来我发现这个报告似乎是他们自己另一个项目的产出，也不能算是我们这个项目的产出。总之，这样的一个角色分工，让我感觉凭空似乎又多了一个监管者。（大气项目协调人，自然之友，FONLH20140413）

项目设计中对"联合项目"的界定是建立在由四家核心机构自然之友、公众环境研究中心、SEE 基金会、能源基金会成立的"决策委员会"之上的。该委员会作为"联合项目"的大脑指挥部在项目执行过程中发出指令，而自然之友的角色则是协调这几家机构的意志、形成统一的指令后传达出去。但是，在实际操作中，这个决策委员会并未实现预期的身份设定。

> 按照当初项目执行的要求，重要的、决策性的项目方案和决定都要经过几家一起讨论，重要邮件都是要同时抄送给四家机构的项目负责人和联络人。但是，项目一开始，我们和能源基金会的有效联系就没有建立起来，刚开始的群发邮件他们也没怎么回应。和 SEE 基金会偶尔会有联系，但这种联系也不深入，没有涉及所谓决策的东西。所以最后，这个决策委员会真正发挥作用的其实就只有自然之友和 IPE 了。我们和 IPE 联系比较频繁，他们很积极地参与了行动网络的沟通、信息公开申请答疑等非常细节的过程。但是，进入项目第二阶段后，IPE 似乎也不

再深度介入了，这个联合项目也就成了自然之友的项目了。（大气项目协调人，自然之友，FONLH20140826）

由于"决策委员会"的失灵，而项目设计中对自然之友和公众环境研究中心两家机构的身份内涵设定又高度相似，于是，问题出现了：所谓"联合项目"能够实现自然之友和公众环境研究中心和谐共治吗？作为两家独立的机构，不同的项目预期、各异的机构定位、差异化的工作方式等诸多因素所建构的是两种差异化的主体性。如何建立两个主体的共存关系，是达成项目主体性的关键。

> 与 IPE 的沟通不畅，具体说是与 L（IPE 大气项目协调人）的沟通不畅。他不断地打电话发信息问我项目进展情况。最后，我跟我们总干事说了，他说会与 IPE 的两位负责人沟通一下，明确 IPE 和 FON 在大气项目上的分工，这在项目之初就没有明确，才导致项目越走双方之间的沟通协调越难。（大气项目协调人，自然之友，FONLH20140414）

> 四月份的时候，关于第二阶段的行动方案，我们和 IPE 那边出现了比较大的分歧，主要还是双方的理念不一样。他们正在做一个政府信息公开透明指数的排名，这个排名是基于一套他们自己制作的指标体系。我们计划第二阶段做省级平台的梳理和评价，我们设计制作了一张表格，也类似一套指标体系。分歧就出在这张表上。IPE 那边认为这个表对于行动伙伴来说填写难度太大，而且他们想用自己的那套平台评价标准，但又不愿和我们分享那套指标体系。其实 IPE 就是希望用他们的那套标准，让地方伙伴对省级平台做评价，这样最后出来的结果他们用起来也比较方便。如果用我们新设计的这套指标，最后出来的东西他们可能没办法用。就这个问题，我们两家沟通了多次也没达成一致，后来我让他们自己在 QQ 群里和地方伙伴沟通看他们的那套标准可行性多大。我看到群里就有伙伴直言不讳地说他们的那套标准定义不太清楚，不好操作，而且建议 IPE 和自然之友沟通制定一个统一的方案出来。（大气项目协调人，自然之友，FONLH20140826）

从上述访谈我们不难发现，自然之友和公众环境研究中心就项目执行存在一种差异化的张力。作为联合项目的共存执行方，两家机构都尝试将自身的主体性带入项目。张力背后是基于机构自身利益的、差异化的项目预期，而这种预期所具有的不可兼容性势必以冲突的方式显现。

　　我们和 IPE 在五月初开了一个会，这是项目开始后双方的第一次面对面的会议，当时还约了 SEE 的人，最后 SEE 的人没来成。会上，双方第一次明确地把问题和想法都摆了出来。后来发现，我们对于信息公开申请的结果其实存在不同的想法。IPE 整体的思路和工作手法还是偏技术性，他们工作的重心是污染地图和指数排名。而我们做信息公开申请的目的则不仅仅是推动污染源信息公开，我们还希望教会小伙伴们使用这一工作手法，并希望能够建立一个行动网络，为以后的项目做铺垫。不仅目标不太一致，工作方式和风格也不太一致。IPE 更偏向企业化的效益管理，而我们还是比较注重人这方面的因素。会上，关于第二阶段的行动方案，我们吸收了 IPE 提出的一些建议，但总体没有大变动，基本是按照我们之前的思路定稿的。那次会议之后，IPE 似乎就没有太多介入项目管理了，只是偶尔会提供一些建议和技术性的帮助。所以，从第二阶段开始，这个项目基本上可以说就是自然之友的项目了。（大气项目协调人，自然之友，FONLH20140826）

　　自然之友和公众环境研究中心关于项目执行中的操作和决策性分歧，其实质为差异化主体性之争。项目设计的"联合项目"从"决策委员会"的失灵到自然之友与公众环境研究中心对项目执行的身份定位不明，直至公众环境研究中心主体性退出，逐步从多主体走向以自然之友为单一项目执行主体。至此，大气项目的执行主体才得以明确。

　　核心机构之间发生主体之争的同时，项目还与研究机构合作进行专业数据解读，以期为在地行动提供专业化的技术支持。但是，这一"专业性分析转化在地行动"的设想在执行过程中并未获得预期的效果。在项目第一阶段的执行过程中，专业机构对政策和数据的分析解读与地方行动之间并未建立紧密的连接，甚至有各行其道的趋势。项目第一阶段共产出三份月报和一份中期报告，分别对中欧美二氧化硫排放标准和污染物排放管控制度、上海二氧化硫控制措施、污染物总量控制和新燃煤火电标准等进行了分析。但这四份报告，不论对项目协调方还是在地行动成员而言都很难转化为有效的支持。而这种脱节，其根源仍旧在于项目执行主体不明确，表现为项目方与报告提供方对研究成果的预期差异。

　　这种预期差异主要体现在两个方面：第一，作为研究的资助方，在自然之友与其合作研究机构签订的协议文本中，只罗列了报告的核心内容和完成期限，并未明确研究报告与网络化在地行动之间的关系；同时，在项目资助方与自然之友签订的合作协议中，也未明确界定。虽然项目设计中赋予"专业数据解读"的定位是为项目推进提供专业化支持，但是这种模糊的界定不论其初衷是否赋予项目执行者更大的自由裁量权，它本身就是导致研究与行动脱节的根源。同时，在与研究机构签订协议时，项目执行者也只是将这种模糊性进行简单带入，而且在项目运行之初也并未意识到这种模糊性所导致的后果。第二，作为报告提供方的研究机构，虽然秉持"拿钱办事"的原则，但在项目执行方对研究成果预期不明的前提下，也只是选择更利于己的、更方便的操作方式而已。所以说，项目研究成果和在地行动之间的脱节，其根源在于项目执行方对研究成果的预期不明。而这种预期不明的背后，一方面是项目设计对"联合项目"多主体设定导致的无主体；另一方面则是自然之友作为项目"联络和协调机构"的主体性被弱化和自我忽视。

> 项目刚开始的时候，按照项目原初的设计，我们一方面以小额资助的方式在全国各地向政府和企业申请信息公开；同时，与专业机构合作，以月报和阶段性报告的方式进行大气污染源相关的政策和数据分析解读，比如我国和欧美二氧化硫排放标准的比较、污染物排放管控制度的差异分析等。刚开始的三份月报，都是从大的方面在谈我国的二氧化硫、氮氧化物的排放标准和控制现状，到了6月份的中期报告，也是在谈大的问题，比如总量控制和新的燃煤标准。我们将这些内容做了两期官方微信发布，后来感觉专业性和技术性太强，就停了；也列入了伙伴培训，但大家的问题是，这些数据和资料如何能转化为我们的在地行动，指导或支持我们的行动。所以，到了项目中期，我们不得不考虑一个非常现实的问题：专业机构出的报告如何与地方伙伴的行动实现有效连接？如果这个问题不解决，我们可能面临的风险就是：钱没有花在刀刃上。（大气项目协调人，自然之友，FONLH20140716）

以上访谈内容证实了一点，项目执行者在项目运行初期只是盲目地按照项目原初的设计予以落实，而并未考虑专业研究向在地行动转化的问题。而在我们看来，这种盲目性的根源则在于项目执行方对自身身份的不确定性，即作为项目"联络和协调机构"的主体性被弱化和自我忽视。但随着项目的推进，作为项目执行者的主体性被越来越多地带入，项目运行之初的盲目性也得到了回应，"研究"与"行动"的关系得以明确。

项目刚开始的时候，我们似乎也没有考虑太多，但是到了三四月份的时候，我们越来越明确一点，就是我们期待通过这个项目，建立一个基于行动网络成员的共同体，让大家感觉到"这是我们的项目"，建立一种"我们"的认同感。基于这一点，我们希望一切的努力包括对政策和数据的专业解读分析都服务于行动，如果研究无法转化为行动，或为行动提供支持，那这样的报告对项目而言是没有多大意义的。（大气项目协调人，自然之友，FONLH20140716）

我们可以看到，伴随项目推进，前期身份设定不明带来的影响主要体现在三个方面：第一，与决策委员会的沟通出现断裂；第二，与具有近似身份内涵的公众环境研究中心之间关于项目进度控制产生了责任之争；第三，与专业数据解读机构的合作目标不明确。项目作为统一的行动主体，上层支持机构的主体性之争直接影响并作用于在地机构，但在地机构的行动力也强化了作为结果的主体性。

自然之友以小额资助①为渠道，联合 18 家环保组织建立了一个全国性"行动网络"。该网络旨在"通过共同参与项目，联合各地机构，建立统一的行动网络和交流平台、机制，为未来可能性的统一合作和行动奠定基础"，② 其成员主要分布在京津冀、长三角、珠三角大气污染防治重点区域，均为各地具备高活跃度的环保机构和组织。而对这一网络的建设、管理和协调，又带来另一个关涉主体之争的问题——谁的网络？

在 3 月 25 日（2014 年）由 SEE 基金会主办的"雾霾工作坊"上，我们第一次正式介绍"大气污染源信息全面公开推动项目"及其进展情况的时候，用了"自然之友行动网络"这个名称，大家都比较接受。有小伙伴后来做自我介绍的时候，就开始自称是自然之友行动网络成员。而 SEE 那边对这个称呼也比较认同，谈起的时候会说"你们的那个行动网络"。如果说，刚开始这样叫的时候还有点忐忑，毕竟是一个

---

① 自然之友"大气污染源信息全面公开推动项目"项目书的经费预算中，小额资助一项占项目总经费预算的 30.3%，占项目活动总经费预算的 39.7%。由此经费分配比例可知，小额资助在整体项目设计中的重要性。但是，这种重要性以及其可能产生的影响在项目设计和执行初期并未被充分认知和评估，而是随着项目执行主体的明确才得以提升到重要地位，并在项目第二阶段得以强化。

② 自然之友"大气污染源信息全面公开推动项目"中期报告，2014 年 6 月 10 日。

联合项目，到后来就似乎理所当然了。（大气项目协调人，自然之友，FONLH20140826）

时间点上，"行动网络"被赋予"自然之友"的标签与上层支持机构关于项目执行主体之争基本一致。虽然上层架构的身份争议并未直接影响到"行动网络"的建立和针对项目目标的在地行动，但主体性问题的解决却赋予了"行动网络"更为丰富的内涵和意义。

> 我们逐渐认识到，这个项目最终要实现的目标，除了项目书上写的推动大气污染源信息全面公开，还有另一个非常重要的目标，就是借大家共同做一个项目的机会，建立以人为核心的行动网络。我们想让小伙伴们有一种感觉，就是"我们虽然分布在全国各地，但我们是在一起的，我们一起做一件事，一起为实现一个共同的目标而努力"。我们以"大气污染防治项目"QQ群讨论组、群邮件、微信等方式作为日常沟通和联络的平台，同时以官方微信推出"大气污染源信息全面公开推动项目行动故事"及伙伴培训会、分享会的方式，尝试建立一种基于行动网络的集体认同。（大气项目协调人，自然之友，FONLH20140414）

如果说项目设计中行动网络的存在是技术性和工具性的，那么在自然之友作为项目执行主体的身份得以明确后，主体性的带入不仅赋予了行动网络以属性标签，同时还为这一行动网络设立了一个自我实现的预期，即"以人为核心的行动网络"以及"一种基于行动网络的集体认同"。而这一预期的设立又与自然之友自身的机构战略密切相关，成为其以人为核心理念的具体化。

> 自然之友最新的机构战略规划明确了三块核心能力。第一块是公众动员与组织，旨在培育绿色公民与自组织；第二块是法律与政策倡导；第三块是环境教育。而这三块内容又是可以相互衔接和补充的。（总干事，自然之友，FONZBJ20140721）
>
> 到目前为止，我们项目的产出，除了在推动大气污染源信息公开方面所做的各种努力，在我看来，更重要的是项目执行过程中每一个人的成长。刚开始，参与行动的大多数小伙伴不知道信息公开申请是

什么，不知道该怎么去做，对于过程中出现的问题也不知如何应对，但走到现在，大家逐渐成长起来了。这其实是一个共同成长的过程。自然之友一直以来关注人，关注绿色公民的培育，而这个项目与自然之友的自赋使命是紧密联系的。（大气项目协调人，自然之友，FONLH20140722）

标签化后的"自然之友行动网络"被赋予了两个层面的意义。第一，项目操作层面的工具性意义，即行动网络建立的直接目的是以统一化的信息公开申请行动推动大气污染源信息公开。第二，价值层面的文化意义，即体现自然之友核心能力的"绿色公民的培育"。如果说前者存在的时间限定取决于项目的阶段性，那么后者的时间限定则取决于自然之友机构战略的延续性。

从以上分析我们可以看到，项目执行者的主体性建构是由两种向度的力量完成的：上层支持机构之间自上而下的控制力和在地行动机构自下而上的支撑力。"决策委员会"各机构之间的身份之争，以 SEE 基金会、能源基金会的主体性退出和公众环境研究中心的主体性弱化结束，明确了自然之友作为项目执行方的主体身份，并使其将这种主体性带入项目执行过程合法化。与此同时，行动网络被赋予"自然之友"的标签，其建设和集体认同感的建构，在强化自然之友作为项目执行方的主体性同时，还为项目赋予了以自然之友机构战略为背景的主体性意义。项目的推进过程，从最初的盲目性逐渐演变为自然之友主体性的具象化过程，其最终目标是将自然之友的机构战略翻译成项目行动，使个体化的项目行动成为机构战略意义的具象存在，从而完成了社会行动的主体性建构。

四　政策与社会行动关系的分析框架

行文至此，我们对政策和社会行动的两个重要向度进行了分析。政策的具体化作为社会行动空间建构的重要路径，是通过限定政策执行者的自由裁量权得以实现的。政策越具体，对于社会行动而言所能建构的政策空间就越大；换言之，政策越下沉，社会行动空间越大，政策越上行，社会行动空间越小。在政策和社会行动的关系框架内，二者的空间大小是此消彼长的关系。政策与社会行动的边界建构，政策执行者的自由裁量权限是关键因素之一，同时还存在另一个关键因素即社会行动者基于主体性的行动策略选择，这直接决定了社会行动自我调适的方向和力度，即社会行动与政策边界的距离尺度。而社会行动的自我调适又受限于两个关键性因素，即政策空间和社会行动的主体性。

综上分析，我们尝试建立政策开放性与社会行动自我调适的基本关系框架（如图2所示）。这种"双向的适度的制衡关系"① 模式提供了一种在实践层面划分国家与社会"明确"疆域的可能性。基于对自然之友大气项目的全过程分析，我们认为，这种可能性的实现需达成如下基本条件。

第一，政策和社会行动具备自主性的内涵，这是探讨二者关系的基础。

第二，政策下沉由面到点，通过界定政策执行者的自由裁量权实现政策空间建构。

第三，社会行动者具备对政策执行者的自由裁量权限进行有效评估的能力。

第四，社会行动者的自我实现预期及其行动策略选择与政策空间大小呈正相关。

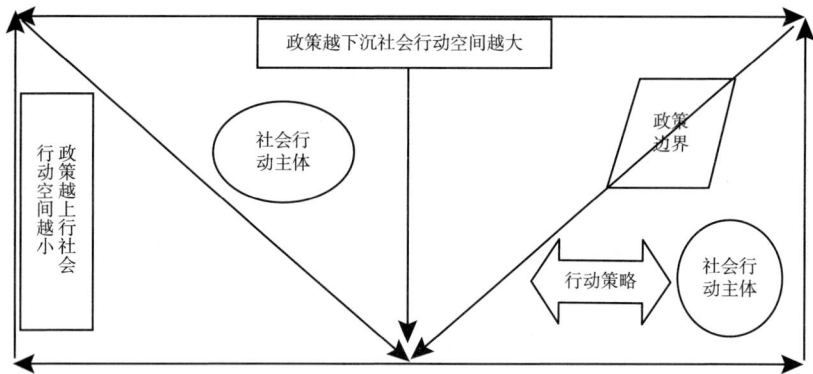

图2　政策开放性与社会行动自我调适的基本分析框架

由于个案分析的情境限定，从微观的过程分析上升到宏观层面关于国家和社会良性互动关系模式的探讨，其中定有缺憾和遗漏。作为一种对话性补充，我们认为有必要对上述分析未能详尽之处予以延展，以供探议。

第一，政策下沉的深度和广度如何界定？将政府法定义务和职责纳入考评体系，建构一种自上而下的压力以限制政策执行者的自由裁量权限，实现

---

① 邓正来，1997，《国家与社会——中国市民社会研究》，成都：四川人民出版社，第13页。

了行政和法治的有效对接，是国家政策在行政体系下沉可以到达的深度，也是最为有效的政策下沉方式。政策下沉，在政府的行政体系之外，还涉及以企业为行为主体的市场和以宪法定义的公民为行为主体的社会，这是政策下沉的广度。但在以政府为主导的国家情境下，政策下沉最有效的方式是实现与行政体系的合理对接。政策法规细化如环境信息公开目录，以穷尽罗列的方式建构了政策执行者自由裁量权的边界，从而建构特定的政策空间。将政策执行与政府考评挂钩，则以系统内动力的方式再次强化了政策的可操作性。

第二，社会行动的自我调适，也存在度的问题，即针对政策空间所做出的自我调适的程度。度的衡量在于社会行动与政策两者之间的关系契合度，其表达为行动策略的类型。自然之友"大气污染源信息全面公开推动项目"行动策略从对抗转向温和的结果，即行动与政策从低契合度转向高契合度。但是，这种高契合度又带来另一个问题：过度的自我调适是否会导致社会行动主体性的丧失？即社会行动及其主体成为政策的附属物而丧失其独立身份。另一方面，自我调适不足则又会强化社会行动主体与政府之间的对抗性。

第三，政策和社会行动形成对话的实质是两种主体性的对话。政策的主体性取决于其下沉的深度和广度，而社会行动的主体性则取决于行动者的自我认同建构、自我实现预期，以及基于二者的行动策略选择。两种主体在实践层面存在相互建构的可能性，而这又取决于政策执行者和社会行动者彼此呼应的行动疆域的边界建构。但是，政策空间与社会行动自我调适之间并非简单的因果关系。政策空间最终需通过政策执行者的主体性予以实现和释放，而社会行动自我调适则是基于其主体性的理性选择。基于二者的独立主体性，政策越具体，社会行动的空间越大，而充分的行动空间则是社会行动者基于实践理性选择适度自我调适的必要条件。

参考文献

李姿姿，2008，《国家与社会互动理论研究述评》，《学术界》第1期。
张一、罗理章，2012年，《超越零和博弈走向正和博弈——国家与社会的二律背反与良性互动》，《西北农林科技大学学报》（社会科学版）第5期。
任剑涛，2012，《在"国家—社会"理论视野中的中国现代国家建构》，《天津社会科学》第4期。
郑杭生、杨敏，2010，《社会与国家关系在当代中国的互构——社会建设的一种新视野》,《南京社会科学》第 1 期。

唐士其,2006,《整体性理解中的国家与社会》,《国际政治研究》第 3 期。

罗红光,2012,《常人民族志——利他行动的道德分析》,《世界民族》第 5 期。

张法,2010,《主体性、公民社会、公共性——中国改革开放以来思想史上的三个重要观念》,《社会科学》第 6 期。

邓正来,1997,《国家与社会——中国市民社会研究》,成都:四川人民出版社。

张静,1998,《国家与社会》,杭州:浙江人民出版社。

孙立平,2000,《"过程—事件分析"与当代中国国家—农民关系的实践形态》,载《清华社会学评论》(特辑),厦门:鹭江出版社。

蒋永福、吴可、岳长龄主编,2000,《东西方哲学大辞典》,南昌:江西人民出版社。

李德顺主编,1994,《价值学大词典》,北京:中国人民大学出版社。

荣格(C. G. Jung)著,吴康译,2009,《心理类型》,上海:上海三联书店。

Suzanne Staggenborg, 2012, *Social Movement* (second edition), Oxford University Press.

Rupert Taylor (Editor), 2010, *Third Sector Research*, Springer.

Theda Skocpol, 1979, *State and Social Revolution*, New York: Cambridge University Press.

作者简介

林红　女

所属博士后流动站:中国社会科学院社会学研究所

合作导师:罗红光

在站时间:2013. 12 ~

联系方式:lin – hong@ cass. org. cn

合法性争夺与行动者的话语形构

——基于反建垃圾站运动的个案分析

卜玉梅

摘　要：本文以一起反对垃圾站选址的集体抗争为例，通过对对抗双方的话语互动过程和博弈图景进行描绘，探索行动者在强势话语空间中进行诉求表达、调动话语资源的策略和方式。文章认为，行动者话语的形构利用了强势话语空间中的机会结构，表现为合法性"缺陷"的存在、利益（话语）共同体的分裂、政府层级间话语的断裂。行动者将话语目标指向对象的合法性，既是正面对抗强势话语的有力途径，又是建构自身行动正当性以保护"家园"的话语前提。

关键词：合法性　话语形构　机会结构

一　引言：正面抵制的话语资源

近年来，城市市政设施和项目开发建设与市民利益之间的张力引发的集体维权和抗议活动日益增多，并发展成为城市社会运动的重要一景。在这种张力形成与崩裂的过程中，政府以及其他主体占据着国家需要、公共利益和服务等价值制高点（陈映芳，2008），而作为被侵蚀一方的维权行动者，一方面在观念意识层面，他们以个人、家庭、社区利益作为对抗理由，具有难以正当化的压力，缺少正面抵制的价值资源和伦理正当性（陈映芳，

2010）；但是学者依然强调"家园"所具有的传统价值和现代价值意涵，及其作为一种正当化资源的合宜性（陈映芳，2010；朱健刚，2011）。另一方面，在制度层面，还面临中国体制下维权抗争的合法性困境（施芸卿，2007）。由此，各种"依法抗争""以法抗争"的阐释框架被用以反衬行动者维护自身权益的正当性（吴长青，2010）。

从理论上来说，社会运动或集体行动的话语在意义和功能上具有两种不同的面向。其一，它是行动者与动员对象发生互动的方式，是为了动员和吸纳参与者和支持者而进行的符号和意义生产。其二，它是行动者与抗争对象（权力系统及其他社会系统）进行互动的方式，是在与对象的博弈中确立自身理据和逻辑的过程。在表现形式上，它呈现为行动者所操持和使用的两种不同文本。第一，是致动员对象（包括邻里、社区以及社会媒体的号召文本）的文本；第二，是致申诉对象或诉求表达对象的文本。实际上，两种文本在内容上虽然存在许多重合之处，但也有着显著的区别。前者所内含的语义，以我们通常所见和感受的"家园"符号为典型。后者除了依法抗争或以法抗争的策略为人所知外，其所涵纳的话语或意义框架则较少被讨论。从理论上来说，既然以个人、家庭、社区利益作为正面对抗的理由在价值资源上存在缺憾，这也便说明，行动者在面对抗争对象时所构建的话语形式和内核与之存在一定的区别，那么，这样一种可以与之进行正面对抗的话语究竟是什么？它是如何构建起来的？这需要我们从对弈双方的互动过程当中，行动者为自己的抵抗行动所做的辩解去发现和证实。在社会运动领域中，话语内涵社会运动的意识形态、参与者的认同、口号或话语策略、行动过程中的突生规范以及塑造运动话语的文化等等（赵鼎新，2005）。国内相关的经验研究聚焦于集体行动的口号或话语策略（何艳玲，2005），以及这种话语策略与中国文化传统和政治意识形态之间的关联（佟新，2006；陈映芳，2010；朱健刚，2011）。总体而言，话语在国内社会运动/集体行动研究中尚未引起足够的重视，且大多研究将话语置于公开的动员系统去理解，而较少在双方的互动和博弈情境中去发现行动者的话语过程和实践逻辑。

赵鼎新指出，许多社会运动的话语过程都是围绕国家的合法性基础而展开的（赵鼎新，2005）。基于"国家"的抽象性以及民众在使用"国家"概念时的具体指涉（施芸卿，2013），这样一种合法性更多指向的是政府（地方政府）及其权力运作的合法性，在实践层面，表现为公共利益旗号下，以专家的论证以及资本和技术为依托共同支撑的正当性。在许多城市建设和开发项目中，呈现为以政府、企业和评价机构所构建的利益共同体共同裹挟的各种项目的衍生和推进。行动者与抗争对象的博弈也因而演化为一场行动者与多方主体的博弈实践。本文以一起反对餐厨垃圾站选址的维权运动为案例，将政府、企业和环评机构自身的话语实践纳入研究视野，从而探索在这些主体一贯的既定的话语框架中，行动者自身话语建构和运作的过程与逻辑、所构建话语的内核及其所具有的正当化力量。

二　案例概述与资料来源

X①住宅区是一个由 LXX 小区、BY 小区等组成的大型居住社区。2011年9月30日，中国污水处理工程网上发布了《X 餐厨垃圾相对集中资源化处理站项目配套污水处理设施》的公告，提出要在 X 地区建造占地近 2 万平方米、日处理量为 200 吨的餐厨垃圾处理中心。居民小区与垃圾站的选址距离最近的约 250 米，且大部分处于下风向。2011 年 11 月初，消息传播开来引起业主的愤慨和反抗，大批业主参与到抵制垃圾站的"散步"抗议活动中。随后的多次上访和公开申诉也让责任部门压力重重。2012 年 5 月"重新选址"消息的公布，让抗议活动告一段落。

重新选址的决定，是抗争、对弈以及协商等多种复杂因素和程式综合作用的结果。基于对案例过程的追踪和各种资料的把握，本文将焦点置于话语维护、生产的相关问题上。因为从整个抗争历程来看，首先，多元主体的出场及其与业主的正面和侧面交锋引人注目。政府部门以及环评机构多次直面业主，进行相关问题的解释和澄清。作为项目的运营方，J 公司也面向公众进行了演示和释疑。其次，每一次的出场和交锋都是一种语言的论辩和议题的商讨，不管是从公开的陈词中还是隐蔽的文本中，都可以发现一种意义逻辑：这样一种持续的互动和抗争博弈，实际上是一场力量的角逐和话语的争夺。

本研究的经验资料来自笔者对该案例约半年的持续在线参与观察以及线下走访与访谈，所搜集的线上资料包括反垃圾 QQ 群消息记录（2011 年 11 月 25 日至 2012 年 5 月 30 日）以及 QQ 空间的相关文档和图片，抗议网站（youmth.com）的文本资料（2011 年 11 月 11 日至 2012 年 5 月 10 日），LXX 小区业主论坛和微博的相关资料，以及对 18 位（不包括拒访的人数）

---

①　按照学术惯例，本文对所涉及的人名和地名都进行了匿名化处理。

业主的在线访谈（如 QQ 对话、微访谈等）资料。线下的走访以 LXX 小区为焦点，对 11 位业主进行了访谈，其中 1 位进行了二次访谈。本文将所收集的资料作为一种话语实践分析的文本，力图在文本与话语过程之间建立起联系。

三　行动者话语形构的基点与脉络

（一）对弈政府部门：规制话语的实践及解构

1. 规划说辞 vs 程序之疑

根据《B 市中心城控制性详细规划》（2006 版），拟建项目用地为绿地，规划为体育公园。B 市规划委员会在【2011 规函市政字 0035 号】文件中将其调整为市政设施用地，用于建设餐厨垃圾处理站。也就是说，这一项目属于土地利用性质变更。根据政府方面的解释，这种变更是出于垃圾处理的急迫形势等多方面因素的考虑。

> 市政市容规划面临着经济、人口快速发展导致的垃圾处理需求上的困难，要权衡利弊。H 区 430 平方公里，200 万常住人口，加上流动人口共约 300 万，每天产生生活垃圾 2500 吨，餐厨垃圾 600 吨，粪便 800 吨，以及污水等。按 B 市制定的原则，垃圾哪产生哪处理。H 区垃圾处理规划布局，原则上空间布局合理，集中处理与相对集中处理相结合。……H 区的选址非常困难，依据《B 市城市发展总体规划》的规定，不能选址的地域包括水源保护带、重点设施、项目周边、耕地等，城市绿地就成了主要考虑的选址地点。（周主任，2011年 11 月 18 日）

以城市发展和规划作为改造土地和空间性质的理由，以符合规定和原则作为挤占土地和空间的正当性理据，在当下中国的城市建设大潮中已经不足为奇。对此，业主表示："我们支持政府科学化处理城市垃圾，对垃圾相对集中资源化项目的建设没有任何异议，也了解政府在集中垃圾场垃圾站选址上的困难。"但是程序上"可资诉病"成为业主不依不饶的第一个焦点，要求在程序上进行更正也成为业主的主要诉求。

　　该项目的建设从规划到测评再到施工涉及的具体行政行为，都和业主们的自身利益息息相关。根据相关行政法律法规，业主们作为该项具体行政行为涉及的利益相关方，有权利对该项目的建设发表自己的意见，同时要求行政机关对该项目的合法合规合民意性进行论证。实际上，此项目已经进入环评阶段，业主们并未从行政正规渠道得知这一消息，因此该行政行为在该阶段具有程序上的瑕疵。如果我们的反对意见不予以采纳，我们将保留在项目建成之后，对该项目的审批等具体行政行为提起相关行政诉讼的权利。（《关于反对"X 餐厨垃圾相对集中资源化处理站项目"的公开信》，2011 年 11 月 17 日）

　　可见，"利益相关方"的新型身份为行动者的权利主张提供了基础和条件，紧抠不放的程序问题以及程序所带来的权利没有得到尊重的问题成为抵制垃圾站的重要依据，由此开启了行动者与各利益相关方的话语争夺实践。

2. 责任归咎 vs "会同"违规

　　从 2011 年 11 月 7 日到 12 月 5 日，在近一个月的时间内，业主相继到达 9 个部门进行信访。然而，在市级部门所获得的答复如出一辙："目前项目还没有正式上报到规划委"，"该项目的环保审批权在区环保局，不在市环保局，不过他们会将意见转达区政府、区市政市容委员会"，"需要向法定职责政府工作部门（区市政市容委）或其上级政府部门（区政府）提出具体的、最好是书面的信访请求，要求信访政府部门给予书面的告知、答复"。总体来说旨在强调，选址是由区级政府决定的，市级政府目前尚不承担相关责任。这与官方在其他场合的回答也基本一致，"选址的问题，是经过区委、区政府研究决定的。为什么在 X 地区，考虑了所有周边的位置，备选了很多位置"。（郑主任，2012 年 12 月 15 日）然而，在一份市规委发回的书面信访回复意见中，业主发现了另一真相。

　　《答复意见》第二段中明确表明：是市规委根据……的相关规定，我委会同 H 区人民政府相关部门开展了两项工作，即公示的相关工作，征求周边居民意见。这不就表明是市规委和 H 区共同干了一件违反程序的工作吗？没什么可以怀疑的。……既然是 B 市规划委员会会同 H 区相关部门做的我们上访内容中提到的相关违规工作，之前上访时 B 市规划委员会就应该在当时给予我们明确的答复，可是当时他们却还装着跟不知道上访要求的那些事情一样，还这么长时间给出这么不能令人满意的答复，明摆着就是在应付百姓、糊弄百姓。（对《B 市规划委员会"关于对 S 等同志来访的答复意见"的看法和意见》，2012 年 2 月 6 日）

3. "以上制下"

在 2011 年的 12 月 15 日所举行的环评公示现场，业主直接抛出了让其理直气壮的问题："选址的合理合法性依据是什么？"作为官方代表的郑主任的回答是："正在按照手续来明确合法性。"作为其他各部门一致所指向的主要责任部门，区市政市容委已经着手进行二次公示的相关工作。2011 年 11 月 23 日，该部门正式发布了规划更改公示，并规定公众可通过网站向指定地址发送电子邮件，以听取公众意见。对此，一方面，继续按政府规定进行操作是权宜之举，另一方面，2011 年 11 月底，以"白猫"为首的几位业主草拟了《恳请 B 市政府和 B 市规划委员会监督、纠正区市政市容管理委员会的违规公示行为》（下文简称"恳请"）的信访文件。在这份文件中，他们搬出了《B 市城市规划公示管理暂行办法》。其中第二条第（三）项规定，公示地点包括三个，分别为项目建设地点、项目销售地点和其他易于征求意见人意见的显著位置。而区市政市容委仅采取网上公示的方式，显然不符合规定，既排除了不上网的那部分人的意见，也存在暗箱操作的可能。以此为据，业主们提出了"强烈要求 B 市政府、B 市规划委，对区市政市容委的严重违规行为进行监督、纠正和查处，并将纠正、查处结果公告于众"的信访诉求。此举将业主与地方政府之间的博弈推向高潮。

（二）对弈运营企业：技术话语的实践及消融

1. 工艺说辞 vs 对象转移

作为项目的运营方，J 公司在各大媒体和讨论会上展示处理站的效果图，并强调这座餐厨处理站建筑本身在设计上力求美观，与周围环境协调统一，屋顶绿草茵茵，周围绿树环绕。"既不脏，也不臭，在处理时也不会产生噪音。"项目的技术负责人指出，该处理站将采取"复合微生物高温好氧发酵"技术消纳餐厨废弃物。而对于这一工艺，业主们通过网络、讲座等渠道也已经有所了解，也因此存有诸多疑问。但是在广大民众看来，技术的真正问题并不在于技术本身，而在于操作技术的主体。企业盈利的本质原本无可厚非，但是对于风险忧虑的业主来说，这样的项目交给企业，便增加了许多不可知和不可信任的因素。

那个是绿地，不需要成本，建起来以后利润非常大。政府一旦拿到，肯定可以分很多。负责的是 J 公司，如果是政府来搞还好点，但是交给企业，要高温就要多加燃料，要多加燃料就会减少利润，他们肯定不会这么干。技术上如果规范管理，问题还是比较小的……（访谈材料："Asgard Thor"，2012 年 3 月 17 日）

可见，力图以先进技术和完美工艺打动业主的技术话语并没有赢得任何支持，反而被一度搁浅。进而，技术问题的"解释权"被转移给政府，这对于原本对技术具有绝对话语权的企业来说，多少掺杂了某种诙谐的意味。

要对政府提，不要对企业提，企业是商业运作模式，是要求回报的……要求政府公布具体的垃圾处理技术方法和工艺流程，不能用商业机密一言以蔽之。……不能简单地参考商业行为的操作方式。百姓对技术存有怀疑，政府有责任打消疑虑，……一旦将来发生重大事故，这是要政府来埋单的，政府有责任对工艺流程保持谨慎态度。（《座谈会提意见》，2011 年 11 月 12 日）

2. 经验说辞 vs 亲历体验

J 公司对经验的宣称是其技术话语的另一佐证，"目前在 B 市已经应用 8 年，在成都、南京、无锡、广州等城市也已经推广应用，工艺方面比较成熟"。政府也在多种场合给予补充和认可。

这是新技术，完全无任何污染。奥运会期间，这个技术就应用在了奥运村，距离最近的运动员公寓只有 5 米。现在 B 市的 G 地区就已经建成了一个（400T/日），大家可以去实地考察。（郭主任，2011 年 11 月 18 日）

对于政府一直推崇的 G 垃圾站，实际上，早在 11 月 12 日，几位业主已经自行进行了参观。参观前，他们并没通知 G 垃圾站的相关管理人员，来到门口的时候也未履行登记手续，而是跟着其他通行车辆混入了垃圾站。参观结束后，业主在网上发布了一个图文并茂的见闻日志。行文中"味道""不能接受""不舒服"等字眼标示着企业和政府共同构建的技术"神话"在业主那里已经破灭。

……但实际上，我们自由出入非污染区和污染区，并没有发现这个隔离制度的落实。在污染区，也就是卸货区，这里看到地面的遗落还是相当严重的，这里的味道也比较大，属于不能接受的情况。……这个味道是我们整个行程中最不能接受的地方，需要注意的是，这个设备完全是露天摆放，并没有任何的处理设施，味道直接散发到空气中……让人十分不舒服。（《G 垃圾站参观见闻》，2011 年 11 月 13 日）

3. "内定"

Q[①]：运营公司是 J 公司？S 垃圾站 3T 也是 J 公司做的，臭味熏天，为什么不原地扩建？

A：技术采用好氧技术，但是是不是运营企业由 J 公司来做目前还没定。（《2011 年 12 月 15 日居委会公示现场记录》，郑主任，2011 年 12 月 15 日）

一方面，政府在面对公众时多次力挺 J 公司的技术和经验，另一方面又多次欲盖弥彰地说，X 餐厨垃圾站的运营机构还没有确定，可能需要依法招标，不一定就是 J 公司。但业主根据市容委和 J 公司的公开资料，包括 J 公司网站资料以及《B 市日报》和《环球企业家》等新闻宣传，得出了这样一个判断：垃圾站项目的运营机构，早已被内定为 J 公司。

如果不是建设方 H 区市容委将 X 垃圾站的项目细节提前告知 J 公司，J 公司又怎么可能对此项目的所有细节均了如指掌，以至于能够做出相应的内外设计？而且，作为一个公司，J 公司又怎么可能在没有把握拿到项目的时候，愿意花费人力、物力去为一个项目做好所有的内外设计呢。因此，任何稍有头脑的人均不难得出以下结论：H 区市容委早已内定 J 公司为拟建的 X 垃圾站的运营机构！（《J 生物科技有限公司早已被内定为 X 垃圾站的运营公司》，2012 年 1 月 13 日）

（三）对弈环评机构：中立话语的实践及化约

1. 中立说辞 vs 分量之争

作为二次公示的程序，环评机构一方面制定并发布《环境影响评价报

---

① Q 代表提问，A 代表回答。

告书》和《环境影响评价公众意见调查问卷》，另一方面同样作为责任主体与公众面对面沟通。面对为什么要选址 X 地区的诘问，环境评价室的 Z 老师是如此回答的：

> 环评的报告书会给出结论和建议，也会把意见收集报告提交给政府，最终由政府决定是否建设。……地址是由区政府（区长）和市政府选的地方，环评办公室无法做决策。该选择需经过市规划委员会认可，需修改本区块的规划图纸，之后项目才算符合规划。（《业主代表与环评办公室 Z 老师沟通内容》，2011 年 11 月 22 日）

通过撇清责任并澄清与政府部门工作性质的区别，环评机构对自身角色作了清晰的定位。

> 我们做的环境影响评价，不是可行性报告。对决策有一定的作用。环评要公众参与，所以来征求大家的意见。如果有书面的意见，我可以汇总到报告中。……公众问卷调查是按照导则要求做的。我们问卷的目的跟政府不一样，政府是要上这个项目，我们是第三方咨询机构。（《2011 年 12 月 15 日居委会公示现场记录》，2011 年 12 月 15 日）

对于这样一种定位，业主当场反驳："去过环保局、规划委，领导相互推诿，都说全决定于环评报告。"可见，业主已然发现，政府与环评机构在同一问题的解说上存在偏差，只不过都聚焦于一点，即环评报告在项目决策中的分量：政府将环评报告作为决策依据，提升环评报告的重要性；环评机构则一再强调政府的决定性作用，降低环评报告的意义。其实质依然是责任的相互推诿，只是这种推诿已经扩散到了不同类机构和部门之间，同时，也成为业主构建其话语的又一佐料。

2. 规范说辞 vs 纠错指正

回到《环境影响报告书》的具体内容。对于这样一份有数据有依据的报告，业主一方面从数据本身入手，另一方面则从其所援引的法律规范入手，对其进行深层研究和解读。首先，"基础资料、数据失实"在业主看来是一种确定的事实，如 LXX 小区 C 区距离项目的实际距离仅有 200 多米，环评报告却写成 309 米，LX 小区距离 720 米，环评报告写成 1290 米等。另外，从户数、人口数等这样一些基础数据的"纰漏"中可以看出，"在进行环评的工作过程中，完全没有按照相关规定到现场进行过实地勘察"。对报告所引用法规的核查，也让业主找到了推翻环评的依据。

> B市规划委员〔2011规函市政字0035号〕文件并非一个提出了具体规划要求的文件，而是对H区发改委询问函的答复，其内容仅仅是同意H区相关部门按照规定流程上报与垃圾站建设有关的规划变更申请。……经查《市政办发〔2011〕47号》中明确提道："在餐饮街等餐饮服务单位集中的地区建设餐厨垃圾相对集中处理设施。"现X垃圾站选址周边全是居民区，几乎无大型餐馆，更不是餐饮街，该站根本不是"相对集中"处理设施，没有领会47号文定义。(《恳请B市环境保护局及H区环境保护局重视、并全面、认真审查"X餐厨垃圾相对集中资源化处理站"项目环评报告》，2011年12月23日)

3. 诉"资质"

所有的驳斥最终指向环评室的资质问题。环评室是受区市政市容管理委员会委托，承担垃圾站的环境影响评价工作。在环评公示现场，资质问题第一次被提出来。

> Q[①]：环评单位到底有没有环评资质？
> A：单位有资质。资质证书就在学校的校长办公室放着，在环保部的网站上有，我们就是XX大学的评价机构。
> Q：环评单位是XX大学的企业？
> A：单位的法定负责人是YY（XX大学校长）。
> Q：环评除了简本能否出全本？能否介绍整个环评的团队。我们希望10天内出示全本，展示具体的计算过程。
> A：（沉默）

这样的质疑并无中生有。在与相关部门直面沟通之前，一些业主已经翻出2005年《B市现代商报》发布的一则《XX大学环境影响评价室限期整改》的新闻。新闻披露了环评室因工作中的纰漏被责令进行三个月限期整改的事实。根据所指出的环评报告书中存在的与政府精神和环保部相关规定

---

① Q代表提问，A代表回答。

相违背的内容，在致环保部 5600 余字的檄文中，业主在向市环保部上访的同时，向环保部提出了吊销其环评资质证书的诉求。

> 我们强烈要求环保部立即对 XX 大学环境影响评价室的弄虚作假、颠倒黑白、严重不负责任等违法违规行为立案调查，并依据上述法律法规严肃查处。考虑到其在 2005 年已经因类似的不轨行为遭到过环保部的处分，现在依然没有任何的改正表现，因此，我们强烈要求环保部对其违法违规、严重不负责任的行为查证属实后吊销其环评资质证书……（《强烈要求国家环保部严肃查处 XX 大学环境影响评价室的违法违规行为》，2011 年 12 月 20 日）

四　行动者的话语内核及其形构的机会结构

由上述可见，政府力图表现其服务公共利益的意志，将自身的权力运作合法化，以主导对具体政策和事件的解释。专家作为知识精英垄断着风险的评判权力和资源，致力于从专业技术角度来编织一个至善至美、无懈可击的安全光环来驱散社会公众的担心和恐惧。而作为运作方的企业，则以其宣称所掌握的先进技术为支撑。正如贝克所言，由政治、经济和知识精英结成的社会强势群体不仅有强大的社会资源吸附能量，还具有相当大的知识和话语的建构能量，掌握着风险的辨识、定义和转嫁的论述权力，为社会制造关于社会风险的主导型话语，从而使这种资源财富和风险分配的反向逻辑不断地合法化（乌尔里希·贝克尔，2004）。在本案例中，政治、经济和知识精英分别以其所演示和实践的"规制话语""技术话语"和"科学话语"来维护自身的合法性宣称。可以看到，各责任主体虽然各自有着自身特殊的利益考量，占据着不同的位置和资源，却在合作与共谋的过程中形成一个相对稳固的利益共同体，并朝着希翼主宰社会公共话语的方向发展。

作为维权方的行动者，面对强势的利益集团和权力链条，他们所能做的便是在这一已经被挤占的话语空间中开拓出属于自身的话语空间，并在其中建构出一种新的现实，从而形成对抗争对象的挑战甚至威慑。面对政府的规划和多部门决策的说辞，行动者转向的是对程序和职责的质疑，并最终以其对责任部门的"违规"之诉，彻底解构规制话语。面对企业的工艺和经验说辞，行动者以转移对象和亲历体验的方式，以及对"内定"这样一种不合法的利益输送关系的揭露，将企业的技术话语消融。面对环评机构的中立和规范说辞，行动者则以环评报告的分量以及数据事实来消解其正当性，并以"资质"问题形成对其科学话语的进一步摧毁。

在与权力系统的话语博弈中，行动者从自身内在的对风险的焦虑、对保护"家园"的欲求表达，转向对抗争对象合法性的质疑和挑衅，甚至在这一过程中，形成对"家园"符号的隐匿以及对"合理合法"问题的突显。对合法性的质疑表现为两个方面，一是对规范层面合法性的质疑，表现为各种规章条例之间的不一致，其二是对经验层面合法性的质疑，包括操作上的各种异议以及运作经验的"不堪入目"。对行动者而言，他们的逻辑既简单又理直气壮：既然你们认为你们是合法合理的，那我们就拿出证据用各种方式说明你们是不合理不合法的。如果是不合理不合法的，就算是零风险、无危害，我们也不可能接受。这种话语策略既构建了自身行动的合法性，又形成了对权力系统及其他利益关联系统的有力挑战，还在一定程度上能够引起社会公众的同情和支持。那么，这样一种旨在解构对方合法性的话语是如何得以构建起来的？根据前文的论述，我们可以从以下几个方面予以分析。

（1）责任主体的合法性"缺陷"

政府方面，一直解释不清的是程序问题。不管是一次公示中利益相关方的不知情，还是二次公示中的"违规"行为，让政府自身不曾质疑的"合法"理念和架构被一攻即破，并成为众矢之的。环评部门则因一段关于资质的陈年旧事，而被重新质疑和攻讦，虽然措手不及却也无可奈何，因为历史"前科"早已成为其合法性建构过程中不可磨灭的"污点"。对于企业，即便只谈技术，只谈零风险，但是权力资本和商业资本的勾连所建立的利益输送本身已经成为一种"刻板印象"，并让其在不断失却话语权的同时，同样被裹挟到了"不合法"的话语中。

（2）利益（话语）共同体的分裂

政府部门、运营企业和环评机构作为项目立项和建设中的责任主体，它们的联立所形成的话语共同体具有一定的稳定性。但是，由于不同的利益主体践行着不同的行为策略以实现自己的目标，在面对公众的质疑中，却出现了言辞矛盾和抵触的局面。对于项目选址和建设的决定性因素，政府认为环评结果是第一位，建与不建全在于环评报告。而环评机构却一再强调环境评价只是一种决策参考，不具有决定性，关键在于政府的态度。一种可调和的解释是，政府具有决策权，但决策的绝对依据是环评报告。那么，环评机构在这个过程中为什么要弱化自身在其中的地位，并弱化环评报告的政策意义，而政府与环评机构的话语策略异曲同工，不同的是反复强化环评报告的政策意义。对于抗争者而言，这些显然成了一种不可多得的话语机会。同样，在对政府与企业的公开说辞的对比中，抗争者同样努力找寻这样的机会。J公司在座谈会上在网络媒体中多次展示的项目技术和设计图景，已然公开宣称其作为运营机构的稳固地位，政府对其技术的高度评价也宣示了J公司作为运营机构的合法性。然而，在其他的场合，政府却以还没有确定，需要公开招标来重建项目决策程序的合乎规定性。以打消"内定"疑虑来合法化其决议的方式，一方面将企业置于不可退却的尴尬境地，另一方面也使其自身陷入矛盾之中，使抗争者话语的空间得以扩大化。

（3）政府层级及其话语的"断裂"

大型公共项目遵循自上而下的统筹安排，政府掌握着立项审批权。然而，不同层级的政府之间、部门之间存在着一定权力缝隙和不同的利益目标和职责分工，给行动者提供了制造话语的机会空间。由于地方各级政府之间的权力范围和利益出发点不同，行政系统中存在错位和"裂痕"。部门甚至层级之间共同营造的话语一致性，在多方的依据中呈现的却是姿态和说辞的前后矛盾。上下级之间是一种指导和监管的关系，还是共同谋划的关系，对于行动者而言包含着重要的政治意蕴。因为当下级部门违背职能部门规章时，下级部门成为被诉斥的对象的同时，上级则成了解决问题的对象。在本案例中，行动者向市规委诉区市政市容委的违规，则阐释了这样一种关联的意义。然而，最终由行动者所揭示的共谋的利益关系在让行动者警醒的同时，也将其对合法性的质疑进一步推进，并为行动者话语和行动的正当化提供了机会空间。

五　简短的结论

话语是在集体抗争的实践中产生出来的，凝聚了行动者的智慧，彰显了行动者的能动性和主体性，但是另一方面，也是既有的结构性或话语条件所赋予的机会使然。本文在绘写行动者与抗争对象之间话语互动和博弈图景的基础上，探讨了行动者建构抗争话语的逻辑及这种建构所具备的机会结构。行动者在进行话语博弈的过程中变换的框架方式，既是对权力机构的姿态和说辞所进行的直接或间接回应，又是在反应基础上进行的进取式的营造。行动者自身的话语空间在这一过程中被开拓和构建起来，而这种建构的机遇和条件便在于，通过权力和位置而得以侵占社会公共领域的话语空间和话语共同体自身存在各种缺憾，以及在面对公众时其话语实践表现出各种迟滞和不适应。这些表现为行动者所揭示，各主体有"缺陷"的合法性，话语共同体自身难以自圆的现实，以及既作为决策、规范部门又作为诉求对象的政府系统的不贴实。由此我们也看到了，城市开发和建设中"专家论证、政府拍板"的精英决策模式，广为诟病的是其自身话语基础的合法性问题。而行动者以此作为话语目标，形成正面对抗的话语资源的同时，也让保护家园的价值具有更深层的基础。

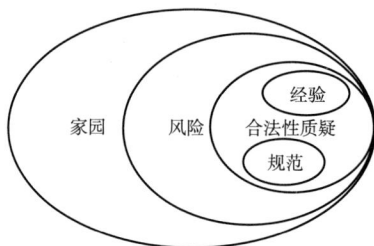

图1   行动者的话语内核及逻辑

在多元、复杂的社会价值规范体系中，与利益群体及社会大众形成心理共鸣的话语表达必然勾连各种公众共享的普遍价值。从本文的分析来看，行动者与权威系统进行正面对抗的价值资源是合法性质疑。而在这样一种质疑甚至否定的基础上，所形成的对健康风险的焦虑甚至放大都成为应然，进而，保护家园的伦理正当性也得以构建起来。基于这样一种阐释的逻辑，消弭双方之间张力的有效途径，则应该是在重新匡正权威系统合法性基础上的协商对话。当然，这需要更深入的探讨和更进一步的研究。

参考文献

陈映芳，2008，《城市开发的正当性危机与合理性空间》，《社会学研究》第3期。
——，2010，《行动者的道德资源动员与中国社会兴起的逻辑》，《社会学研究》第4期。
何艳玲，2005，《后单位制时期街区集体抗争的产生及其逻辑——对一次街区集体抗争事件的实证分析》，《公共管理学报》第3期。
佟新，2006，《延续的社会主义文化传统——一起国有企业工人集体行动的个案分析》，《社会学研究》第1期。
施芸卿，2007，《机会空间的营造——以B市被拆迁居民集团行政诉讼为例》，《社会学研究》第 2 期。

——，2013，《自我边界的"选择性固化"：公民运动与转型期国家—个人关系的重塑》，《社会学研究》第 2 期。

乌尔里希·贝克尔，2004，《风险社会》，何博闻译，南京：译林出版社。

吴长青，2010，《从"策略"到"伦理"：对"依法抗争"的批评性讨论》，《社会》第 2 期。

赵鼎新，2005，《西方社会运动与革命理论发展之述评——站在中国的角度思考》，《社会学研究》第 1 期。

朱健刚，2011，《以理抗争：都市集体行动的策略——以广州南园的业主维权为例》，《社会》第 3 期。

作者简介

卜玉梅　女

所属博士后流动站：厦门大学公共事务学院

合作导师：罗红光

在站时间：2013.10 ~

联系方式：bym719@126.com

从"发现社会"到"找回国家"

—— 商品房业主维权研究范式的局限、反思与转变

刘 威

摘 要："权利范式"和"策略范式"，是"业主维权研究"这一共同议题的两个不同侧面。"权利范式"凸显了业主的主体意识，而"策略范式"则突出了业主的行动过程。二者虽各有侧重，但都是对行动者主体能动性的强调。在"权利范式"和"策略范式"取向的研究者看来，业主为了权利而抗争，展现出可贵的公民智慧和勇气，标志着业主正由传统的臣民意识向现代的公民意识转化，正在构成公民成长和社会生产的一个重要片断。无论是"权利范式"，还是"策略范式"，都有过度推崇行动者"主体性"之嫌。业主维权行动的意义和价值被乐观化、浪漫化处理。恰恰由于"权利范式"和"策略范式"忽视了"国家"在业主权利行动中的影响，才使二者陷入对公民权和公民社会的狂热想象之中而不能自拔。

关键词：业主维权研究 策略范式 权利范式 找回国家

一 商品房社区的权利冲突与业主维权行动

在"居者有其屋"和"居者优其屋"的推拉作用之下，许多人在诸多身份之外又多了一个新的身份——业主。这些有能力购买商品房，并获得了

私有物业服务的人，在购买、装饰、维护和置换房产的繁琐交易程序中，既不断地实践着自己的权利意识和阶层身份，亦持续地强化着自身的参与意愿和行动能力。"绅士化"的楼盘景观、"封闭化"的居住空间、"标准化"的物业服务、"私有化"的公共设施，都在无形之中塑造着居住者的主人公姿态和共同体情怀。从这个意义上言之，"绅士化"的封闭小区，不仅是具有居住生活功能的物理空间，还是具有身份表征功能的社会空间，更是具有情感融合功能的文化空间。

伴随着商品住宅区生活的展开和业主力量的壮大，以往政府与社会、权力与权利、支配与自主、私利与公益、法理与情理等一系列关系边界和互动方式，都在发生深刻变化，并透过地方行政主管部门、社区组织、资本集团、业主团体与个体之间的复杂矛盾和冲突表现出来（孟伟，2007）。这些利益主体内部及相互之间权益冲突所生发的业主维权行动，成为不同社会群体表达利益诉求、凸显都市日常生活问题、塑造基层社会治理格局的特殊"符号"。业主维权的参与人数之多、涉及问题之广、发生频率之高、抗争难度之大，使商品住宅小区成为真正意义上的"权利场"和"诉讼的"社会（孟伟，2007：1）。

一般来说，在商品房住宅社区内部，基本存在三个权利主体，即业主及其选举产生的业主委员会、房地产开发商和物业公司、社区居委会。业主与开发商和物业公司之间是一种服务与被服务的市场关系，这种关系的维护依赖于法律的制约和契约的规范。业主出资聘请物业管理者管理小区物业，维护住宅区内的基本公共环境和生活秩序，受聘物业管理者则按契约规定承担社区公共管理职责，其履职状况和服务质量由业主代表选举产生的业委会监督。业委会可依据物业管理合同，对物业公司的服务进行评估，从而决定继续或中断与物业公司的契约关系。商品住宅区以利益为基核的契约关系，是与产权制度和市场配置方式变革相适应的具体体现，也是公民权益的组织形式与组织单位的鲜明进步（张磊，2005）。

然而，上述这种权利关系形态仅仅是一种逻辑演绎的理想类型，只具有制度文本赋予的形式意义。在信息不对称和规则不合理的现实处境下，实际发生的利益关系对处于这一利益链条最末端的业主来说，更多的时候可能不是自我正当利益的充分实现，而是或明或暗的利益受损或交易"陷阱"，即"资本侵权"（施芸卿，2007；陈鹏，2010）。与强势的房地产开发商和物业服务公司相比，作为"上帝"的住房消费者——广大业主充其量只能算作"弯着腰"的"上帝"（任震宇，2005）。在房地产利益集团的天然强势和购房业主的先天弱势之鲜明对照下，业主维权行动获得了充分的同情和广泛的关注。从此意义上言之，维护业主作为权利主体的合理利益，建立应有之利益相关关系，成为业主自我组织的内在动力和展开行动的真实理由。

正如 Read（2003）所言，中国城市住房制度改革的政治后果，只是最近几年随着新建商品房住宅区业主抗争的出现才表露出来。置身于特定的现实语境和利益关联之中，作为住宅供给者的"房地产开发商"、作为小区专业化管理载体的"物业公司"、作为房屋产权所有人的"业主"、作为业主自治组织的"业主委员会"等权利主体被国家和市场力量"强制"生产出来，在博弈、冲突、协商的过程中，一起推动着各类业主维权与自治活动向组织化、理性化、规范化迈进，引起了社会各界的广泛热议。

业主维权运动与小区自治活动，主要指新型商品住宅小区的业主为保护合法权益、改善服务质量而进行的维权运动（陈鹏，2009）。这一维权行动产生于各个相关利益主体之间的矛盾与冲突，包括业主与开发商的矛盾，诸如房屋面积缩水、建筑质量问题、承诺未能兑现、擅自更改规划、产权证迟迟未办、售后服务堪忧等；业主与前期物业之间的矛盾，涉及物业费定价及收取、物业服务质量、改聘物业、公共空间产权归属等；业主与政府有关部门的矛盾，通常与开发商、物业公司的矛盾相互缠绕纠结，政府偏袒开发商和物业公司、不作为、乱作为或者以行政权力干涉业主自治权利等。广大业主以各种手段和策略维护自身权益，表现出极其强烈的"公民性"特质，构成了当代中国邻里认同孕育、公共精神养成的标志性现象，推动了我国城市居民自治管理、基层社会良性治理的探索性实践。

业主维权运动的风起云涌，给国家、市场和社会之间的既有权力格局带来了强烈冲击，也为城市基层社会新型权力秩序的形成带来了希望和可能；业主委员会的广泛建立和业主自治的现实运作，已经成为普通市民表达利益诉求、参与社区政治、影响社会治理的重要途径，促使街区邻里政治场域的权力互动关系更趋多元化、复杂化和日常化；房地产开发商、物业服务公司和各级政府部门结成的利益同盟关系（张磊，2005），在业主维权运动的"旁敲侧击"和"加码逻辑"（施芸卿，2007；孙湛宁，2009）之下，已不再牢不可破。总而言之，对于业主维权行动过程的分析与透视，有助于我们理解当代中国城市基层政治和社会治理的深度转型，更准确地把握市民日常生活与民主政治走向之间的内在关联。

　　围绕着住房利益和"居住政治"所进行的维权抗争，已成为学术界探讨的焦点议题。学术界普遍认为，业主利益的维护和诉求，业主权利的主张和实践，以及它所带来的公民权利意识的觉醒与公共生活秩序的形成，使业主维权行动拥有了更多利益之外的政治内涵。正是基于此，许多学者乐观地指出，中产业主的维权抗争是一个由"产权"走向"公民权"的过程（毕向阳，2006；沈原，2007；施芸卿，2007；陈鹏，2010；郭于华，2012），新兴崛起的"城堡社区"及其内部"喧嚣"真正奏响了"中国公民社会的先声"（夏建中，2003），将会自下而上（bottom－up）推动公民社会的建造，成为城市基层再造的一个重要领域。甚至有论者指出，业主群体最有可能成为中国第一批真正的公民（陈鹏，2009）。

二　业主维权行动对城市基层权力秩序的重构

　　作为现代城市结构的重要组成部分，城市社区"不仅是一个袖珍的社会，折射出个人与社会以及制度之间的关系，而且真实地展现了一个空间单位、一个社会实体是如何运行的"（沈关宝，2001：23）。在商品房住宅空间不断拓展、日趋成为城市社区重要场域的背景之下，城市基层社会结构与秩序正在发生深刻的变化。"在维权过程中，业主借助法律，重建了自身与市场，特别是与国家的关系，从而把自己变成公民；作为公民，他们要求国家保护自己的各项基本权利，同时也承诺对国家承担自己应尽的义务。"（沈原，2007：348）从此意义上说，商品房社区的业主维权运动不仅反映了国家、市场和社会之间关系的调整和转变，而且有助于基层利益格局与权力秩序的理顺和改善。

　　与此同时，城市新型商品房住宅区的权力冲突，充分展现了城市社会结构变迁的微观过程，是客观理解基层权力秩序转型的切入点。置身于宏观社会转型的历史语境之中，我们不难发现，新型商品房住宅区的业主维权行动，既是城市社会结构变迁在小区居住空间上的投射，也是经济、政治、文化秩序转型在微观邻里实践中的浓缩。城市业主的维权行动，反映的不仅仅是业主对建筑物区分所有权（"物权"）、社区自治权（"治权"）、公民权（"人权"）的诉求和争取（陈鹏，2009），更是对居住活动所衍生的新公共空间和权力秩序的重组和创制。广大业主的维权抗争、业委会的广泛建立、基层政府的策略性运作、房地产利益集团的强势结盟，这些行动者的互动关系和实践过程，打上了社会转型和体制转轨的深刻烙印，折射出时代潮流和改革发展的基本趋势。

因此，商品房社区的业主维权过程，具有时代性、阶层性和社会性。研究城市业主维权现象，探究业主抗争的深层意义，既是对城市社会结构转型与变迁的再认识，也是对基层权力秩序调整和变革的再思考。

和谐社区建设既不是政府的完全退出，也不是业主的绝对自治，而是动态的实践过程，更是社会的多元参与。因而，为了营造和谐、共享、合作的社区公共空间，就必须促进政府角色的有效转变和社会力量的多元参与，实现国家与社会的互动双赢和共同成长。在新型商品房住宅小区，市区物业办、街道办事处、社区居委会、房地产开发商、物业公司、业主、业主委员会等各方权利主体，正在博弈、碰撞、冲突之中孕育新的公共空间，正在对话、沟通、协商之中培植新的权力秩序，努力共同完成公共事务的治理和公共产品的供给。尽管这一过程才刚刚开始，但大幕已经拉开，促进社区参与、实现社区和谐已经成为基层社会的共同愿景。

当国家、市场和社会之间的边界逐渐清晰并趋向合理化，当广大业主的权利意识真正觉醒、合法利益得到维护，那么，中国城市基层的社会秩序将实现由"多元"向"有序"的迈进、由"自发"向"自觉"的转变（刘威，2012：10）；当社区"公共事务成为每个人的普遍事务时，政治职能也就成了每个人的普遍职能"（赵孟营、王思斌，2001），街区邻里生活便实现了政治性与生活性、私人性和公共性的融合，表征着由"解放政治"向"生活政治"（参见安东尼·吉登斯，2003）的回归历程。此亦为考察业主维权行动的题中应有之意。

但是，目前学术界对于业主维权的关注，更多着力于理解和解释这一新兴现象的学术意义和社会价值（夏建中，2003；陈鹏，2009，2010），表现出喜闻乐见、满怀期望、高度憧憬的集体性"狂热情绪"。笔者认为，尽管业主维权行动中的实践创新和民间智慧不断触动着研究者的神经，开启了研究者对公民社会的美好想象，但是学术界对于从"业主维权"到"公民社会"的推演过程存在跳跃、疏离、感性的逻辑风险。当下社会的业主维权抗争并不能直接推动公民社会的形成，它受限于诸多无法抗拒的结构性因素。只有在业主维权实践中，造就独立、自主的中产阶级身份，培育个性、敏锐的中产阶级意识，进而才能推动中国迈向公民社会。同时，对维权抗争过程、手段和策略的关注，亦集中在诉讼、上访、谈判、业委会选举、规则制定等"依法抗争"层面，对业主"法外"或"邻里日常生活"中的抗争手段并没有给予足够重视。

三 业主维权研究的"策略范式"及其局限

目前，学术界关于业主维权的已有研究成果，大多没有囿于西方理论范式的窠臼，而是积极穿梭在中国经验和西方理论之间，开掘着中国社会抗争的本土化经验和理论空间。他们主要将关注的焦点集中在业主如何调动资源、采用何种策略上，取得了颇多发人深思的学术观点，例如，朱健刚（2011）在分析业主集体行动的"较真策略"和"挑战策略"的基础上，提出了"以理抗争"的解释框架；施芸卿（2007）则通过分析行动者如何将客观机会结构转化为维权运动可以利用的机会空间，从而提出了"机会空间的营造"策略；陈鹏（2010）提出了"法权抗争"分析框架，并将之具体化为"上访维权""诉讼维权"和"立法维权"三个基本类型；刘能（2004）认为，"怨恨解释"是都市集体行动框架的一个关键变量。陈晓运（2012）则指出，互联网带来低成本行动的可能及业主对于"有组织"的风险及抗争底线的共享知识，塑造了城市业主维权的"去组织化"策略。

这些研究者通过经验观察和理论提炼，建立了业主维权的"武器组合"和"策略谱系"。笔者称之为业主维权研究的"策略"范式。但是，他们在讨论业主的抗争武器与行动策略时，似乎遗忘了一个更为重要的问题：武器为何有效或为何失效？这个问题追问的不是武器是什么，而是武器运用的动态过程（王金红、黄振辉，2012）。此外，上述研究成果十分强调维权业主作为行动者的行动能力，即对行动资源的动员和转化能力，以及对机会空间的营造和拓展能力。对维权行动者及其行动能力的"偏重"和"厚爱"，使他们发现的处处是"强烈的法权意识、可贵的公民勇气和卓绝的民主训练"，维权实践过程变成了公民"生活智慧"的集中呈现。换句话说，对维权行动策略的过度关注，可能会导致对维权行动意义的放大和高估，目前学术界经由业主维权"想象"公民权和公民社会的路径，就是"策略"范式引出的"后果"。

业主维权研究的"策略"范式，将视线完全聚焦于维权业主的主体意识和经验上，在一定程度上"轻视"了维权业主的直接互动对象——反维权力量的行动和策略，是一种典型的单向度视角。对此，本文第一节已经做了详细评述，"在这一单向度的研究视界中，我们看到的往往是善用谋略、进退有度的维权业主，而反维权力量的反制策略和艺术被冷落和搁置；我们感知的往往是单面向的维权而不是互动中的对抗，经派系结构和实际利益等因素纵横切割的微妙的、彼此渗透的互动关系被模糊化处理。因而，这一单向度的视角，带给我们片面的、不完整的研究体验，失去了灵动的、流变的实践灵感。所以，只有在维权和反维权的对抗情境之中，我们才能更完整地理解业主维权的行动边界，更恰当地解释业主维权行动的社会意义"。

因此，有关业主维权的"策略"分析模式，在过度强调业主行动可选择的"策略"和可运用的"武器"之时，却弱化了具体抗争事件之流的众多复杂特质，它包括行动主体的多元性、行动结构的制约性、行动过程的互动性、行动力量的相互性以及行动体验的伦理性，而且忽视了约束和限制行动的诸种结构性要素，即国家治理制度和政治机会结构、行动者自身所持的道德和伦理观念、社会关系资源和网络、抗争对象的反制资源和策略对业主行动力的塑造和影响，等等。

吴长青（2010）对"依法抗争"的批评性讨论带给笔者很大启示。目前学术界关于"依法抗争"的延伸性研究，仍聚焦于"多方的互动关系及其策略"的论域上，仅停留在"究竟何种抗争策略为主要策略"的争议上。很多研究者"依照不同的方式推进了对'依法抗争'的理解，然而，抗争行动本身的复杂性往往超出了策略范式的解读范围"（吴长青，2010：202）。在他看来，如果把研究视野从"策略"转向"伦理"，那么具体的抗争形式便不是十分重要的，因为在不同的抗争形式中，抗争中所持的伦理往往是相似的。而现有研究，恰恰只关注抗争行动所采用的策略而忽视了抗争过程所产生的伦理。

查尔斯·蒂利、西德尼·塔罗（2010）研究"抗争政治"时所用的"机制—过程"解释框架，也启发着笔者的理论思考，促使笔者重新反思业主维权研究的"策略"范式。他们认为，构成事件之流的机制（mechanisms）与过程（processes）是抗争政治关注的重点（查尔斯·蒂利、西德尼·塔罗，2010：34）。"我们首要关注的是这样的一些机制与过程，它们使得挑战者、其挑战对象、公共权力机构以及像新闻界和公众之类的第三方，卷入一连串的互动之中。"（查尔斯·蒂利、西德尼·塔罗，2010：17）抗争政治的核心机制在于互动性，而抗争互动则有赖于一组限定的机制与过程之引发。换言之，"我们所谓的机制，意指一组被明确限定的事件，在各种不同环境中，以相同或颇为类似的方式，使一系列特定要素之间的关系得以改变。诸机制的组合则形成过程。机制导致了特定要素发生相似（通常也是更为复杂、更具偶然性的）变化，而机制的有规则的组合方式与发生序列便是过程"（查尔斯·蒂利、西德尼·塔罗，2010：36）。

查尔斯·蒂利、西德尼·塔罗的"机制—过程"解释框架表明，丰富的抗争"事件之流"和多样的"策略工具箱"背后，往往存在着相同或类似的"机制"，反之，"机制"的不同组合和发生序列也会塑造事件的形态和行动的过程。而业主维权的"策略"范式仅仅揭示了行动者的理性选择和行为表现，而对"策略"背后的意识形态和实践伦理置若罔闻，但是，这些意识形态和实践伦理是非常重要的，它们也许就是蒂利和塔罗眼中的"相同或类似的机制"。

吴长青从"策略"到"伦理"的研究转向，以及查尔斯·蒂利颇具新意的"机制—过程"解释框架，愈发反衬出"策略"范式的狭隘和局限。笔者认为，必须将"机制""策略""机会""资源"和"伦理"等要素一起纳入业主维权研究的观察视域，在维权行动者及其行动过程与反维权力量（制度结构、意识形态和行动者）的互动之中来考察业主维权。而这就需要一个更包容、更富动感、更有互动特质的解释概念，来涵盖和容纳这些丰富的要素。

四　业主维权研究的"权利范式"及其局限

目前，基于"业主权利意识不断增长"这一事实判断，学术界形成了业主维权研究的"权利范式"和"策略范式"。"权利范式"和"策略范式"虽然循着不同的路径展开，各有所偏重，但是，二者相辅相成、殊途同归，最终都指向了公民社会的建构和公民精神的发育，亦即"社会的生产"。

所谓"权利范式"，是以"公民权利的诉求与承认"作为分析的中心，认为业主维权行动是由"产权"迈向"公民权"的实践过程（沈原，2007），这一范式以清华大学沈原教授为代表。沈原认为，"参与维权的业主们在抗议斗争的现场……用他们的行动……设定了'产权的实践形态'这一命题"，"现实中的产权，并非只是一个标示占有关系及其他关系的抽象符号，而是一个实践的、动态的形态，是一个循环往复的界定过程"（沈原，2007：343）。简而言之，业主维权实践就是对产权的界定和再界定过程。业主们基于产权而组织起来，经由依法维权而走向公民权，创建社区治理的民主机制，从而初步奠定了中产阶级公民社会的微观基础。正因为如此，"业主维权运动就其本质而言可以看成中产阶级缔造公民权的运动"（沈原，2007：348）。

　　讨论"权利范式",离不开它所展开和实践的社会背景。在"权利范式"的倡导者看来,业主维权运动是一种在权力和资本的双重入侵下产生的"社会自我保护运动"。处在转型时期的中国社会,市场和权力的联袂登场使业主群体"不得不做出双向回应:同时反对市场和国家的入侵"(沈原,2007)。"因侵权而维权"是"权利范式"的真实展开过程,无论采取何种手段和形式,业主维权的矛头都直接指向了房地产利益集团缔结的"权力—利益之网"。这一解释逻辑实际上将业主维权放在了国家(市场)—社会的框架之中,也预示着维权行动必将导向国家与社会关系的深度转型。

　　业主筹备业主大会、选举成立业委会、自主选聘物业公司、主动参选居委会委员(管兵,2010;刘子曦,2010;陈鹏,2010)、努力组建小区业委会的联合组织①(沈原,2007;庄文嘉,2011;陈鹏,2010;刘子曦,2010;庄文嘉,2011)、创新小区自治制度(孟伟,2007;刘子曦,2010)、民间立法(陈鹏,2010;庄文嘉,2011)、公民联署、参与和影响法律的制定、修订、颁布和实施过程(陈鹏,2010;刘子曦,2010;庄文嘉,2011)、参与基层人大代表选举(陈鹏,2010;刘子曦,2010)、诉讼和上访维权,等等,都彰显出"强烈的法权意识、可贵的公民勇气和卓绝的民主训练"(陈鹏,2010:37),使物业运作逐渐摆脱权力和资本的殖民,孕育为具有市民社会性质的新公共空间(沈原,2007)。甚至有学者认为,蓬勃的业主维权运动能够以社区民主推动社会民主,对于重塑国家与社会关系、加速政治民主化进程具有重要意义。

　　但是,在中国当下的体制语境中,我们不得不考虑限制性结构对行动过程的约束和排斥。正因为此,维权行动的开展、过程的持续、诉求的达成,更需要参与者尤其是领导者发挥极大的主体能动性。"运动的空间不是现成的、体制给予的,而是行动者自己努力营造出来的"(沈原,2007:184),从这个角度来说,"行动者的主体性在运动空间的建构中具有重要意义"(施芸卿,2007:83)。如此这般,行动者的"主体性"被提升至十分显著的位置。

　　对行动者"主体性"的强调,使研究者将视角切换至"具体的行动者

──────────

　　① 从可以观察到的案例来看,在广州,跨小区的业主联合组织主要有业主委员会联谊会筹备委员会、业主委员会联席会议、和谐社区发展中心等;在北京,则是业主委员会协会申办委员会,简称"业申委"。

的社会行动"这一层面。在复杂、多元的互动情境中,行动者如何运用行动策略、突破结构限制、营造机会空间,成为关注的重点问题。恰如施芸卿所说,"客观机会结构只是维权运动形成的必要条件,要使其真正被营造为机会空间,更有赖于行动者富有策略地积极建构"(施芸卿,2007:97)。至此,有关业主维权研究的"权利范式"自然而然地转换为"策略范式"。如果说"权利范式"的提出,是以国家—社会关系为价值关怀,那么"策略范式"则是以结构—行动关系为参考框架。

可以说,"权利范式"和"策略范式",是"业主维权"这一共同议题的两个不同侧面。"权利范式"凸显了业主的主体意识,而"策略范式"则突出了业主的行动过程。二者虽各有侧重,但都是对行动者主体能动性的强调。在"权利范式"和"策略范式"取向的研究者看来,业主为了权利而抗争,展现出可贵的公民智慧和勇气,标志着业主正由传统的臣民意识向现代的公民意识转化,正在构成公民成长和社会生产的一个重要片断。

无论是"权利范式",还是"策略范式",都有过度推崇行动者"主体性"之嫌。在这两种范式指引的研究中,权利话语成为业主维权的核心理由,追求权利成为业主维权的意识形态,几乎所有的业主维权研究都变成了业主行动策略的案例展示,最终都指向了对市民或公民社会的美好预期。实际上,业主"权利"意识和行动"策略"在业主抗争研究中的无限放大,是过分凸显行动者主体性的自然结果,它使业主维权研究带上了强烈的意识形态色彩。在一些研究中,学者"想象"的意识形态替代了业主"实践"的意识形态,经由业主维权"想象"公民权和公民社会,成为目前学术界的惯常路径。在这种路径下,业主维权行动的意义和价值被乐观化、浪漫化处理。

高估业主维权行动的意义和价值,还会导致"过度政治化"的风险。所谓"过度政治化",是指业主维权研究在"权利范式"和"策略范式"的牵引下"走得太远、拔得太高",带有"强烈的情感介入和价值预设",在政治上过度浪漫化和线性化(申端锋,2010)。在笔者看来,目前很多关于业主维权的研究均分享了一个共同的价值理念和政治关怀,即,对于公民权利的诉求和争取,将会加速公民社会的孕育和形成,并最终指向国家政治的转型与重构。

毋庸置疑的是,研究者对于公民社会的渴望和民主政治的想象,是值得赞许的。尤其是在中国社会的转型语境中,一些学者敢于"运用能动的干预手段,介入真实的社会生活"(沈原,2006:5),在抵御权力和资本的双向入侵中，勇担"保卫社会、生产社会"的双重历史责任（布洛维，2007），其情可嘉、其行可嘉。但令人遗憾的是，其中的一些研究与其说是基于对现实问题的深入理解与把握，不如说是基于对某种道义和意识形态信仰的强烈诉求。诸如夸大以"业申委"为标志的业主跨社区联合的意义，将其视为中产阶级公民社会的"破茧而出"（沈原，2007）；高估业主参选居委会、基层人大代表的意义，将其看作转型中国"政治权"的一个生长点（刘子曦，2010）；过度放大法律对于维权的意义，天真地以为，"业主群体不仅通过法律（上访、诉讼）进一步界定和明确了政府的行为边界和权力范围，而且，也借助法律（诉讼和立法）重建了公民与国家权力之间的法律契约关系"（陈鹏，2010）；夸大行动者的"生活智慧"和"公民的勇气"，将抗争者对于"机会空间的营造"上升至公民社会的生产和民主生活的建构这一高度（施芸卿，2007）；将小区物业问题"泛政治化"等，均或多或少具有这种倾向。笔者并不否认这类研究的学术灵感和社会价值，却也难免不去质疑其真实品质和客观效果。当然，它的另外一个潜在功能也许还在于制造或放大了某些问题，将需要通过专业化、制度化的持续努力才能解决的问题（例如作为"法律"问题的物业纠纷本身）泛政治化，从而夸大政治效应、误导社会舆论，反过来，"逼退"政府的改革愿望和尝试。

五　范式转移：从"发现社会"到"找回国家"

在某种程度上，"策略范式"和"权利范式"通过业主维权"想象"公民权和公民社会，作为一种理论预期和社会实践的建构性努力，是无可厚非的学术尝试，也是一个积极的方向性目标，然而，如若以此为观察经验的视角或某种先入为主的既定结论，再反过来作为裁量经验的依据，则可能会影响到研究的可靠性。"华中乡土学派"的领军人物吴毅教授对此有深切的体验。"事实上，衡量国家与社会的关系状况，不仅应从制度生成与发展的层面去思考，更为重要的是要对特定关系/事件过程中的互动状态进行考量，只有在流动着的事件与过程中，才能更为准确地完成对变动中的国家与社会及官民关系的考察。"（吴毅，2007：672）

通过考察业主维权的事件与过程，笔者发现，"国家"依然是业主诉求的中心和源泉。国家不仅通过"法治"赋予了业主行动的机会和空间，而且标明了业主行动的位置和界限。在业主的意识世界中，法律只是达成目的的工具，"国家"却是融入骨髓的伦理。"国家"这一抽象的意义象征体，成为中国社会体制下民众抗议活动的合法性来源。从这个角度说，总体性、道德化的"国家"观念以及由此引出的对"国家"的道德期望，成了老百姓抗争行动的意识基础和动力来源。

事实上，许多学者的研究启发了笔者对"权利"、"策略"范式的反思，开启了笔者以"国家"为取向的研究思路。裴宜理深刻地指出，对于权利的理解，必须置于中国历史和文化的语境中，在维权者的意识图像中，"权利被视为由国家认可的、旨在增进国家统一和繁荣的手段，而非自然赋予的、旨在对抗国家干预的保护机制"（裴宜理，2008）。遵守"规则"成为民众抗议的基本传统，他们不仅从未质疑和挑战国家的权威，反而通过维权行动进一步强化了对国家的认同。因而，"规则意识"而非"权利意识"成为当代中国抗议活动的框架模式。裴宜理提出的"规则意识"在某种意义上可以化约为"国家意识"，就伦理、价值、道德等意识层面而言，"国家"成为各种有形或无形规则的"总体"。庄文嘉也发现，业主们提出的权利诉求，不过是倚仗"高阶规则之权威"要求"低阶规则制定者"兑现国家既已赋予的权利而已（庄文嘉，2011）。

正如雅诺斯基（2000：176）所言，"国家结构和体制是形成公民权利的坩埚"，这一经典话语在"经济开放、政体延续"的中国，显得尤其适恰和贴切。在自上而下的权力再分配过程中，国家占有和控制权力资源的意愿依然强烈，"权力边界的收缩是谨慎而缓慢的，甚至是无奈的"（徐琴，2007）。很显然，原子化业主在强势的国家和狡猾的市场面前，可以使用的"武器"十分贫乏，他们不得不向国家靠拢，努力从"作为框架的国家"中寻找维权的合法性资源。反过来说，恰恰由于"权利范式"和"策略范式"忽视了"国家"在业主权利行动中的影响，才使二者陷入对公民权和公民社会的狂热想象之中而不能自拔。

总而言之，如果将业主维权行动置于社会主义新传统的中国经验和后全能主义的时代语境中来考量，我们可以看到，"国家"总是一个绕不过去的总体性因素。进入21世纪以来，一股"回归国家"的潮流在比较社会科学研究领域逐渐兴起并日显声势。无论是被用作解释现象的因子还是作为研究对象本身，作为一个行为主体、一种制度组织或一类意义系统的国家都受到了越来越多的重视。笔者强调业主维权/反维权过程中的"国家"因素，意在凸显"国家的行为主体身份，关注国家如何通过其政策及其与社会集团模式化的关系来影响政治和社会过程"（西达·斯考克波，2009：3），力求在"发现社会"与"找回国家"之间唤起一种学术自觉。

参考文献

安东尼·吉登斯，2003，《现代性的后果》，田禾译，南京：译林出版社。

布洛维，2007，《公共社会学》，沈原等译，北京：社会科学文献出版社。

毕向阳，2006，《从"草民"到"公民"——当代北京都市运动》，清华大学博士论文。

查尔斯·蒂利、西德尼·塔罗，2010，《抗争政治》，李义中译，南京：译林出版社。

陈鹏，2009，《从"产权"走向"公民权"——当前中国城市业主维权研究》，《开放时代》第 4 期。

——，2010，《当代中国城市业主的法权抗争——关于业主维权的一个分析框架》，《社会学研究》第 1 期。

陈晓运，2012，《去组织化：业主集体行动的策略——以 G 市反对垃圾焚烧厂建设事件为例》，《公共管理学报》第 2 期。

管兵，2010，《维权行动和基层民主参与：以 B 市商品房业主为例》，《社会》第 5 期。

郭于华、沈原，2012，《居住的政治——B 市业主维权与社区建设的实证研究》，《开放时代》第 2 期。

刘能，2004，《怨恨解释、动员结构和理性选择——有关中国都市地区集体行动发生可能性的分析》，《开放时代》第 4 期。

刘威，2011，《从"去单位化"到"去社区化"——城市基层社会再整合的"结"与"解"》，《学术论坛》第 6 期。

——，2012，《对抗边界的生产：春城名苑邻里维权与反维权研究》，吉林大学博士论文。

刘子曦，2010，《激励与扩展：B 市业主维权运动中的法律与社会关系》，《社会学研究》第 5 期。

孟伟，2007，《日常生活的政治逻辑：以 1998—2005 年间城市业主维权行动为例》，北京：中国社会科学出版社。

裴宜理，2008，《底层社会与抗争性政治》，阎小骏译，《东南学术》第 3 期。

任震宇，2005，《小区业主，弯着腰的"上帝"》，《常德日报》11 月 27 日。

申端锋，2010，《乡村治权与分类治理：农民上访研究的范式转换》，《开放时代》第 6 期。

沈关宝，2001，《社区研究的地位与领域》，《社会》第 3 期。

沈原，2006，《"强干预"与"弱干预"：社会学干预的两条途径》，《社会学研究》第 5 期。

——，2007a，《市场、阶级与社会：转型社会学的关键议题》，北京：社会科学文献出版社。

——，2007b，《社会的生产》，《社会》第 2 期。

施芸卿，2007，《机会空间的营造——以 B 市被拆迁居民集团行政诉讼为例》，《社会学研究》第 2 期。

孙湛宁，2009，《加码的逻辑——B 市业主诉讼维权的行动策略研究》，清华大学博士论文。

吴长青，2010，《从"策略"到"伦理"——对"依法抗争"的批评性讨论》，《社会》第 2 期。

王金红、黄振辉，2012，《社会抗争研究：西方理论与中国视角述评》，《学术研究》第 2 期。

吴毅，2007，《小镇喧嚣：一个乡镇政治运作的演绎与阐释》，北京：生活·读书·新知·三联书店，2007。

西达·斯考克波，2009，《找回国家：当前研究的战略分析》，载彼得·埃文斯等编著《找回国家》，北京：生活·读书·新知三联书店。

夏建中，2003，《中国公民社会的先声——以业主委员会为例》，《文史哲》第 3 期。

徐琴，2007，《转型社会的权力再分配——对城市业主维权困境的解读》，《学海》第 2 期。

雅诺斯基，2000，《公民与文明社会——自由主义政体、传统政体和社会民主政体下的权利与义务框架》，沈阳：辽宁教育出版社。

朱健刚，2011，《以理抗争：都市集体行动的策略——以广州南园的业主维权为例》，《社会》第 3 期。

张磊，2005，《业主维权运动：产生原因及动员机制——对北京市几个小区个案的考查》，《社会学研究》第 6 期。

——，刘丽敏，2005，《物业运作：从国家中分离出来的新公共空间——国家权力过度化与社会权利不足之间的张力》，《社会》第 1 期。

赵孟营、王思斌，2001，《走向善治与重建社会资本——中国城市社区建设目标模式的理论分析》，《江苏社会科学》第 4 期。

庄文嘉，2011，《跨越国家赋予的权利？——对广州市业主抗争的个案研究》，《社会》第 3 期。

L. B. Read 2003，"Democratizing the Neighborhood? New Private Housing and Homeowner Self – organizationin Urban China"，*The China Journal* 49.

作者简介

刘威　男

所属博士后流动站：中国社会科学院社会学研究所

合作导师：李培林

在站时间：2013.12 ~

现工作单位：吉林大学哲学社会学院

联系方式：liuwei850430@ gmail. com

第三部分　政府职能与公共服务

Web 2.0 时代我国新媒体慈善监督的影响、困境与出路[*]

陈为雷

摘　要：随着 Web 2.0 时代的到来，新媒体成为慈善监督的重要方式，推动了慈善组织和慈善项目的透明化，提高了慈善监督的效率，促进了慈善事业法规政策的修订和出台。新媒体慈善监督存在感性化、情绪化和无序性现象，可能泄露个人信息，侵犯他人隐私，甚至损害他人的名誉，影响慈善事业的公信力。因此，要加强网络法制建设，制定新媒体监督的行为规范，培育公民权利和责任意识，指导新媒体把关人和广大网民加强自律，构建包括新媒体在内的慈善事业整体性监督体系，政府慈善主管部门、慈善组织要加强同广大网民对话和沟通。

关键词：新媒体　慈善监督　影响　困境　路径

近年来，随着 Web 2.0 时代的到来，博客、微博、论坛、SNS、视频分享等新媒体传播媒介和社交工具纷纷出现，它们具有及时性、匿名性、互动性等优势，不仅改变了传统大众媒体的传播模式和内容生产方式，也改变了大众传播中传者和受者之间的关系。新媒体给我国慈善事业发展带来了机遇与挑战。2011 年网上曝光的郭美美炫富事件经广大公众的围观、挖掘和爆

---

　*　本文系教育部人文社会科学研究青年基金项目（项目编号：14YJC840002）和中国博士后科学基金面上资助项目（项目编号：2014M550117）的阶段性成果。

料，已成为慈善事业发展中的一个极具影响性和爆炸性的事件。随后公众和新媒体对慈善组织，特别是"有名"的组织的监督和问责越来越明显，慈善组织对这类监督也从被动应对转变为积极回应。毫无疑问，新媒体慈善监督已经成为 Web 2.0 时代慈善事业监督体制中一个新议题。

一　Web 2.0 时代我国新媒体慈善监督的兴起及其积极影响

（一）Web 2.0 时代我国新媒体慈善监督的兴起

Web 2.0 是一种互联网信息理念，它鼓励用户之间的交互性行为，提倡个人价值和个性的充分表达。Web 2.0 的创始者蒂姆·欧内利认为 Web 2.0 的本质是利用集体智能（胡泳，2008：86），在 Web 2.0 时代，原来自上而下的由少数资源集中控制的体系，转变为自下而上的由广大用户集体主导的体系。与此同时，互联网的主导权渐渐被交还给个人，个人也从"受众"的一分子变成"公众"的一分子（宋石男，2010）。

随着 Web 2.0 的兴起，出现了各种各样的 Web 2.0 媒介，包括博客、微博、SNS（社交网站）论坛、网上讨论组（如豆瓣小组，QQ 群等）、电子邮件、聊天软件系统（如 QQ、MSN 等）、维基百科系统、xml 联合（如 rss 聚合，是一种关于网络内容订阅的服务）、协同出版（国外如 digg 科技新闻网站，国内如译言网站）、视频分享（国外如 YouTube，国内如优酷、土豆）等（宋石男，2010）。上述 Web 2.0 媒介就是所谓的新媒体，新媒体不但是社会传播的重要载体，本身已成为特有的社会符号和景观，与社会政治经济文化生活事件交融重构，成为推动社会前行的重要力量（赵春丽，2012）。新媒体慈善监督是指网民以互联网为平台，利用博客、微博、论坛、视频分享网站等新媒体通过"人肉搜索"、网络爆料、网络围观等方式对个人、慈善组织、政府的慈善行为进行监视、检查、控制和纠偏的各种活动。新媒体慈善监督的主体主要是普通民众，他们利用互联网对慈善行为进行曝光，借助网络无阻碍传播营造社会舆论，从而引发官方及社会的关注与回应。

一方面，新媒体监督成为新的慈善监督形式。随着互联网技术的发展和中国网民队伍的扩大，以互联网为基础的新媒体对中国普通民众的生活发挥着越来越重要的作用和影响。2014 年 1 月 16 日，中国互联网络信息中心（CNNIC）发布《第 33 次中国互联网络发展状况统计报告》。《报告》数据显示，截至 2013 年 12 月底，我国网民规模达 6.18 亿，互联网普及率为 45.8%。我国网民人均每周上网时长达 25.0 个小时。20～29 岁年龄的网民比例为 31.2%，占比最大。高中及以上学历人群中普及率已经达到较高水平。学生、个体户、自由职业者、企业一般职员占 55.5%。月收入 2001～3000 元及 3001～5000 元的上网群体规模最大，在总体网民中占比分别为 17.8% 和 15.8%。500 元以下及无收入群体占比为 20.8%。我国博客和个人空间用户数量为 4.37 亿人，较上年底增长 6359 万人。网民中博客和个人空间用户使用率为 70.7%，较 2012 年底上升 4.6 个百分点。我国微博用户规模为 2.81 亿，网民中微博使用率为 45.5%。我国手机微博用户数为 1.96 亿，手机微博使用率为 39.3%（中国互联网络信息中心，2014）。2013 年 6 月 16 日，互联网实验室等四家机构共同发布了《2012～2013 年微博发展研究报告》，《报告》指出，2012 年，微公益呈现遍地开花的趋势，除了媒体人和学者外，企业家、传统媒体、大学生、中学生、企业白领、草根名人等自发参与到公益活动中去。《报告》认为，民间力量正在推动微公益透明运行。在整个社会公益气候尚未成型的社会大背景下，很多默默耕耘的民间公益组织借助微博的力量，走到前台，甚至走到镁光灯下，他们的一举一动被公众用放大镜检视（赵晔娇，2013）。这些报告显示，我国的网民数量庞大，网民上网时间长，其中年轻人、具有较高的学历、社会阶层地位较低的人占了较大的比例，这一部分人正是新媒体慈善监督的主体，他们利用博客、论坛、微博、手机微博等新媒体工具参与到慈善事业监督中来。

另一方面，以互联网为平台的新媒体监督形式获得政府的认可与支持。2003 年，最高人民检察院开始建立网络举报平台，2005 年 12 月 28 日，中央纪委、监察部首次公布了中央纪委信访室、监察部举报中心的网址。2005 年，中共中央在关于《建立健全教育、制度、监督并重的惩治和预防腐败体系实施纲要》中明确强调，要加强反腐倡廉网络宣传教育，开设反腐倡廉网页、专栏，正确引导网上舆论。2008 年 6 月，时任中共中央总书记胡锦涛在人民日报社考察工作时指出，互联网已成为思想文化信息的集散地和社会舆论的放大器，我们要充分认识以互联网为代表的新兴媒体的社会影响力，高度重视互联网的建设、运用、管理，努力使互联网成为传播社会主义先进文化的前沿阵地、提供公共文化服务的有效平台、促进人们精神生活健康发展的广阔空间（胡锦涛，2008）。中共中央总书记习近平非常重视互联网在社会管理方面的作用，2014 年 2 月 27 日，他在主持召开中央网络安全和信息化领导小组第一次会议上强调，做好网上舆论工作是一项长期任务，要创新改进网上宣传，运用网络传播规律，弘扬主旋律，激发正能量，大力培育和践行社会主义核心价值观，把握好网上舆论引导的时、度、效，使网络空间清朗起来（习近平，2014）。

（二）新媒体慈善监督的积极影响

新媒体提升了人们的权利和责任意识，创新了社会参与的模式和方法，改变着政府决策的行为，改变着社会组织的治理水平。新媒体慈善监督的兴起为中国慈善事业的发展带来了不可忽视的积极影响。

1. 新媒体监督给我国慈善组织健全内部治理机制提供了外在的压力，迫使慈善组织进行信息公开，提高信息的透明度

"郭美美事件"之所以激起民愤，其重要的原因是民众对官办慈善机构商业行为的质疑和信息不公开的不满（文宏，2013）。在"郭美美事件"中中国红十字会首当其冲，面临着极大的压力，随着事件的进展被迫做出各种回应。2011 年 7 月 21 日红十字总会发微博指出，总会向地方红十字会及行业红十字会发出《关于贯彻落实"两公开两透明"承诺的通知》。7 月 22 日总会发布"三公经费"预算和支出情况的说明。7 月 31日总会发布"捐赠信息发布平台"，该平台包括社会捐赠总量、收支数据、援助数目、捐赠查询、项目查询、相关资料等栏目，公众可根据捐赠人姓名或捐赠项目名称查询相关捐赠信息和善款使用情况，同时，通过该平台也可了解中国红十字会总会的捐款管理、救灾流程及监督管理等工作（康晓光、冯利，2012：43）。2012 年 6 月 6 日，中国红十字会首次举行开放日活动。

"郭美美事件"不仅给红十字会带来了压力和动力，也给其他慈善组织带来了压力，一些慈善组织开始了一系列重建公众信任的努力。2011 年 7月 8 日，中国基金会中心网的 35 家发起机构发出了《公益基金会"晒账单"倡议书》，倡议"及时、准确和真实公布年度财务报告、项目审计报告等重要信息，晒出我们的账单；同时充分尊重捐赠者意愿和要求，认真解答捐赠人和社会公众的质询"，"认真接受政府主管部门的监管，自觉接受新闻媒体的监督，主动接受社会的监督，坚决杜绝管理漏洞和不合理开支，严防腐败行为的发生"（基金会中心网，2011）。北京慈弘慈善基金会则将财务信息全部公开，每一个捐助人均可以在财务公开网站上查询到详尽的财务信息，从而了解每一分善款的去处（徐隽，2012）。

2. 新媒体监督推动了慈善项目的透明化运作

近年来我国出现了许多由网友发起的微公益慈善项目，这些慈善项目之所以生存并发展壮大，引起社会的关注，其重要的原因在于新媒体的监督。免费午餐、爱心衣橱、大爱清尘、待用快餐、顺风车等创新项目的每笔捐款，都是在微博用户的监督下实现的，微公益平台为每个项目提供善款的使用情况，每个公益慈善组织发布一条微博，所有参与的捐赠用户均可以收到项目进展信息。微博本身具有的公开传播的特性，更是在机制上实现了公益项目整体社会的监督。这样的透明机制，在很大程度上，能使各类公益慈善项目持续健康发展（曹国伟，2014）。

3. 新媒体监督提高了慈善监督的效率

博客、微博等新媒体具有的个体性、及时性、互动性等特点，在对慈善行为监督中表现得淋漓尽致。在新媒体慈善监督中，广大网民纷纷自愿参与进来，虽然他们大多彼此不相识，但在进行着有效的互动，微博的及时性又大大地降低了新媒体监督的成本，提高了问责的效率。监督主体"大显身手"，甚至从各种专业的角度对相关慈善组织的所作所为进行深度挖掘、分析、报道和评论。通过微博，网友们不仅可以每分每秒关注其他网友的行动，关注媒体的行动，彼此也形成互动的网络，而且，他们还可以通过问责对象的博客或微博，第一时间关注到问责对象的回应，不仅可以快速采取下一步行动，还能快速组织行动。例如，"郭美美事件"发生后，中国红十字总会 7 月 4 日开通了官方微博，截至 8 月 20 日，短短一个半月内，其微博"粉丝"量已达 11 万，其发布的一条微博"中国红十字会秘书长王汝鹏答博友问"，网友评论更是高达 23 万多条。网民通过新媒体进行慈善行为的监督和问责通道畅通，效率高（康晓光、冯利，2012：44）。

4. 新媒体监督提高了政府慈善事业决策的科学化与民主化，促进了慈善事业法规政策修订和出台

政府决策的科学化与民主化是现代政府管理中重要的价值追求，党的十八大强调，要坚持科学决策、民主决策、依法决策，健全决策机制和程序。政府决策的科学化与民主化离不开公众的参与，公众参与决策能够解决政府信息缺失以及信息不对称问题，在降低决策成本的同时还可以提高决策的可接受度。新媒体监督的兴起促使公众参与到政府有关慈善事业的决策过程中，公众通过网络所形成的网络舆论是政府在决策时所需要考虑的重要因素，公民的监督性意见往往能够立竿见影。例如，2011 年以来政府面对慈善领域中"郭美美事件"给慈善事业带来的影响，从不同的方面进行了应对。民政部 2011 年 7 月 15 日发布《中国慈善事业发展指导纲要（2011～2015 年）》，提出推进慈善信息公开制度建设，完善捐赠款物使用的查询、追踪、反馈和公示制度，逐步形成对慈善资金从募集、运作到使用效果的全过程监管机制。建立健全慈善信息统计制度，完善慈善信息统计和公开平台，及时发布慈善数据，定期发布慈善事业发展报告。加强对公益慈善组织的年检和评估工作，重点加强对信息披露、财务报表和重大活动的监管。2011 年 12 月 16 日民政部正式发布《公益慈善捐助信息公开指引》，规定慈善组织及政府部门应在捐赠款物拨付后 1 个月内，向社会披露捐赠物拨付和使用信息。

二　新媒体慈善监督在实践中的困境及其原因

（一）新媒体监督在实践中的困境

Web 2.0 时代新媒体的出现为公众慈善行为监督提供了较为便利和自由的空间，广大网民正在成为监督慈善行为的重要主体。当前的新媒体慈善监督既有监督慈善行为使之公开透明，防止滥用善款和以慈善为名谋取私利的积极作用，也存在着夸大事实、网络侵权等消极的一面。主要的挑战和问题有以下三点。

1. 部分网民在新媒体监督中存在感性化、情绪化和无序性

法国心理学家勒朋在其 1895 年出版的《乌合之众》一书中指出，集群的特征表现为有意识的人格已经消失，无意识的人格占据主导地位，情绪和观念的感染、暗示的影响使集群心理朝着某一方向发展并具有将暗示的观念立即转变为行动的倾向（郑杭生，2003：141）。新媒体慈善监督中的"人肉搜索"、网络爆料、网络围观从本质上说是网友自发的一种慈善监督行为，最初可能是网友为追求正义针对一些以慈善之名谋取私利之人而进行的抗议和谴责。但是在"人肉搜索"、爆料和围观的过程中，由于网民人数众多，缺少监督，网络表达随意性增加，且表达感性化、情绪化，在进一步的发展过程中，受情绪感染作用，其他围观网友理性思考和自我控制的能力减弱甚至消失，并形成心理上暗示，最终导致网民的人肉搜索和网络围观卷入非理性的狂乱之中。这不但没有起到舆论监督的作用，而且有可能产生火上浇油或使问题复杂化的后果（薛霞，2009）。

2. 新媒体监督极易泄露个人信息，侵犯他人的隐私权，甚至损害他人的名誉

个人信息是指那些足以识别一个特定个人的信息，如姓名、性别、身高、血型、住所、职业、财产、电话、身份证号码、婚姻状况甚至虚拟的邮件地址、即时通讯软件号码等。新媒体监督中的"人肉搜索"、网络围观和网络爆料极易泄露他人的个人信息，侵犯他人的隐私权。例如在郭美美微博炫富的随后几天里，她就丧失了大部分隐私：加密的个人博客相册被网友破解；6 月 27 日午夜，她乘飞机赶往北京，尚未登机，她的登机牌信息便出现在了微博上。6 月底，网上流传郭美美和她的母亲要"外逃"澳大利亚，几百个电话打到了澳大利亚大使馆，要求使馆拒绝给郭母女办理签证（杨继斌、夏倩，2011）。此外，一些民众利用新媒体揭露慈善丑闻，为了追求点击率和吸引眼球，容易使用一些极端术语，甚至出现攻击性、煽动性或侮辱性的言论，从而造成当事人名誉受损。丹麦电影《狩猎》就描述了这样一个受害者，这个品行端正的好好先生卢卡斯受到一个名叫卡拉的早熟女孩的诬陷，成为"性侵幼女者"，即使卡拉讲出了真相，卢卡斯仍然难以走出被歧视、凌侮的命运。即使事后证明名誉受损者实际上是无辜的，爆料者承担相应的侵权责任，但损害并不容易消弭（张建伟，2013）。

3. 新媒体传播的负面慈善信息损害了慈善事业的公信力

新媒体监督中的"人肉搜索"和网络爆料往往会抖出一些慈善组织、个人违规或不符合慈善精神的行为或相关信息，在应对网络爆料的过程中，政府、慈善组织对一些网络举报和爆料应对不及时、措施不力，会损害慈善事业的公信力和声誉。"郭美美事件"之后，有人说，重建中国慈善事业的困难在于，中国人已经不再相信慈善组织，更有人说，中国慈善已经垮掉（朱晓萌，2011）。2011 年 3 ~ 5 月，全国慈善组织共接收捐款 62.6 亿元；"郭美美事件"发生后的 6 ~ 8 月，全国慈善组织只接收捐款 8.4 亿元，降幅达 86.6%。2011 年全国接收国内外社会各界的款物捐赠总额约 845 亿元，较 2010 年相比下降 18.1%。其中红十字会接收社会捐赠约占全国捐赠总量的 3.4%，同比减少了 59.39%（卫敏丽，2012）。2012 年全国接收国内外社会各界款物捐赠总额约 817 亿元，较 2011 年下降 3.31%（朱昌俊，2013）。民众"不满"的直接后果导致"用脚投票"的发生；持续"不满"反映到现实层面，就是慈善捐赠数据逐年下滑。

（二）新媒体慈善监督面临困境的原因

新媒体监督可谓是一把双刃剑，在促进慈善事业的健康发展方面发挥了重要的作用，然而我们也不能无视新媒体监督在实际中存在的种种问题，新媒体监督之所以存在上述问题，概括来讲，其原因主要有以下几点。

1. 新媒体慈善监督缺乏配套的法律法规

Web 2.0 时代微博等新媒体飞速发展，而目前我国关于新媒体监督的法律法规建设的步伐远远跟不上新媒体的发展速度，公众新媒体监督的法律意识淡薄。例如"人肉搜索"中网民的一些曝光行为及谴责行动游走在法律的边缘。2008 年 8 月 25 日，部分全国人大常委会组成人员在分组审议刑法修正案（七）草案时认为，保护公民个人信息，需要追究网络"人肉搜索"者的刑事责任。有委员指出，"网上通缉"、"人肉搜索"泄露公民姓名、家庭住址、个人电话等基本信息，同样是严重侵犯公民基本权益的行为，其造成的危害甚至比出售公民个人信息更为严重，因此建议将"人肉搜索"行为在刑法中予以规范（宋识径，2008）。2009 年 2 月 28 日，全国人大常委会通过的刑法修正案（七）对维护公民的信息安全作了一些修改和补充，同时将擅自侵入计算机信息网络，从中获取信息的行为入罪，但对于"人肉搜索"并未做出明确规定。再如 2010 年 7 月 1 日施行的《中华人民共和国侵权责任法》虽然明确规定网络用户、网络服务提供者利用网络侵害他人民事权益的，应当承担侵权责任，但是按照民法的"谁举报谁举证"的原则在"人肉搜索"如此之快的搜寻周期内，"被人肉者"实际上很难在实施侵权之前提起诉讼或者向网络服务提供商提出抗议。加之网络匿名性的现状没有改变，法律的可执行性大打折扣，本质上只是起到了"指导"和"威慑"的作用（王程韡，2011）。

2. 我国新媒体慈善监督机制还很不完善

新媒体监督是慈善事业监督的重要方式，但是对新媒体的慈善监督行为也需要进行管理，由于目前我国新媒体监督体制机制还不完善，给新媒体监督行为的管理带来了难度。在传统媒体中，信息把关人一般受过专业训练，负责审核把关，在新媒体中，缺乏严格意义上的信息把关人。对虚假的新闻和信息的甄别和防范措施不力，加上网络的匿名性造成网民身份的虚拟化，在某种程度上弱化了网民的道德意识和责任意识，如果一些别有用心的人在网络上传播虚假信息或者散播谣言，就容易对网民进行误导，造成恶劣影响，这也大大降低了新媒体监督的效力。另外，目前受理新媒体信息的平台还不完善，舆情处理能力有待提高，受制于技术的限制以及网络信息浩如烟海等因素的影响，新媒体监督受理机构往往不能及时关注和处理网民传播的信息（宋超，2013）。

3. 政府和官办慈善机构仍习惯于自上而下地进行集权治理，不能及时应对慈善爆料或慈善丑闻

新媒体具有无中心化、高度互动性的特点，信息中心不再是一元的，而是多元的，信息不再被垄断于个人或机构。但政府和一些官办慈善机构由于其庞大的科层体系及对上负责的特点，仍习惯于集权治理，通过集中管理信息和行政命令的方式进行慈善事业和慈善组织治理。一些政府部门仍采用政府包办一切的思维和工作方法进行社会控制与管理，反应迟钝和被动，手段单一，重管制轻服务。一些官员对新媒体监督产生抵触情绪，视新媒体监督为洪水猛兽，采取各种措施和手段抵制和封杀新媒体监督，有的地方官员对新媒体监督置之不理，对公众的意见不作回应，等等。这导致政府和一些官办慈善机构不了解新媒体慈善监督的内容和方式，不能及时应对各种慈善丑闻和慈善事件，反而可能使事件和丑闻愈演愈烈，导致政府、慈善机构及整个慈善事业的公信力降低。

三　有效推进我国新媒体慈善监督制度化建设的路径

面对 Web 2.0 时代新媒体慈善监管所带来的机遇和挑战，为有序推进新媒体慈善监督，促进慈善事业的健康可持续发展，要做好以下几个方面的工作。

（一）加强新媒体监督法制建设，制定 Web 2.0 环境下新媒体慈善监督的行为规范，培育公民权利和责任意识

新媒体监督在当下引起热议，一方面是公众惊讶于其一鸣惊人的巨大威力，另一方面也因其鱼龙混杂，尚不规范。加强网络立法和政府管理是各国互联网管理的发展趋势。当前我国新媒体监督和传播方面的法律法规的效力普遍偏低，并且立法滞后。对此，应不断加强和完善新媒体监督和传播的法律法规，规制与引导新媒体慈善监督行为，促进其良性、健康、有序运行。制定 Web 2.0 环境下大家共同遵守的公共法则和道德准则，增强慈善爆料和围观者的责任感，提升公众的媒介素养，提高对网络爆料的辨别能力。依法追究因新媒体传播的失实信息造成损害相关慈善主体的行为，尤其

是对网络推手借慈善爆料等恶意引导、炮制舆论的行为，应加大依法惩治的力度。

（二）指导新媒体把关人和广大网民加强自律

在"人肉搜索"、网络慈善爆料中，网络论坛版主是主要的把关人，他们负责根据版规对网民的信息进行过滤、筛选，因此，要指导新媒体的把关人进行自律，依法保护个人信息。此外，由于把关人时间和精力有限，也没有足够的法律知识来甄别各类信息，并且这种审查也依赖于他们的自由裁量，因此，新媒体监督也需要广大网民自身的自律。例如有网友自发组织制订"人肉搜索公约 1.0Beta 版"，称是为了加强网络公民的网络道德意识，加深人们对"人肉搜索"正确定义的理解，使"人肉搜索"向正确的方向发展，并不断服务大众。虽然还无法评估该公约的实际约束效果，但这是一个良好的开端。政府应该因势利导，指导网站把关人了解相关的法律法规，合理运用自由裁量，构建筛选过滤机制，同时把自律公约制定得合情合理合法（康良辉，2010）。

（三）构建包括新媒体监督的慈善事业整体性监督体系

对新媒体监督与其他慈善监督机制和方式进行整合并明确新媒体监督的定位是一项非常必要的工作。我国慈善事业涉及不同主体，在慈善事业监督体系中，政府、慈善组织、公民个人都是慈善监督的主体。政府有关部门要起到行政监督的功能；慈善组织一方面要做好内部治理工作，另一方面要进行自律建设，着力提高自身的影响和公信力；捐赠者可以对捐款进行问责，受益者也要明确自己的权利和义务，其他公民个人可利用网络等新形式进行监督，这样，建构一个政府监管、慈善组织内部治理和包括新媒体监督的社会监督体制，并使之形成一个有机的整体，只有这样，新媒体监督才能发挥其应有的功能，才能在促进慈善事业发展中发挥应有的作用。而且从新媒体慈善监督的诸多案例来看，新媒体监督效能并不能单独体现，也就是说，新媒体监督具有依附性，它需要与政府监管体制和慈善事业组织治理进行对接后才能发挥其最大效果。因此，唯有将新媒体监督纳入既定的慈善事业整体性监督体系，将之与现有监督资源进行整合才能最终体现其最大价值，也才能保持新媒体监督的活力和号召力，同时还能以此促进解决政府行政监督机制运转不灵、慈善组织内部治理不良的老毛病。

（四）政府慈善主管部门、慈善组织要加强同广大网民对话和沟通

以互联网论坛、微博互动为代表的对话沟通机制，提供了传统媒体所无法提供的即时对话、沟通与回复机制，在民众中间以及民众与政府之间架起了双向沟通桥梁。一方面，在新媒体力量的倒逼下，慈善主管部门和官办慈善组织信息不公开、行政化的思想和做法日益受到人们的诟病；另一方面，高度互动化、个性化和及时性的新媒体又为网民与政府慈善主管部门、慈善组织进行沟通、消除分歧、误解，树立慈善组织形象提供了良好的沟通环境。因此，应以新媒体慈善监督为契机，真正倾听网络民意，留心慈善爆料、慈善网络围观。慈善事业中的各个主体，一方面要懂得如何运用新媒体和网络树立自身的积极形象，另一方面要及时掌握新媒体环境下慈善网络监督的动向，针对网络监督提出的各种问题及时加以研究和解决。政府有关部门要加强联合，建立类似自然灾害那样的突发事件的即时通报和应对机制，及时针对慈善网络爆料展开调查，及时主动地发布调查结论，主动澄清事实，加强与公众的互动。

参考文献

曹国伟，2014，《新媒体时代的慈善变革》，http：//gongyi. sina. com. cn/gyzx/2014 - 01 -
　　17/122747522. html，1 月 17 日。

胡锦涛，2008，《在人民日报社考察工作时的讲话》，http：//news. xinhuanet. com/politics/
　　2008 - 06/26/content_ 8442547. htm。

胡泳，2008，《众声喧哗：网络时代的个人表达与公共讨论》，桂林：广西师范大学出版
　　社。

民政部，2011，《公益慈善捐助信息公开指引》，http：//www. gov. cn/gzdt/2011 - 12/16/
　　content_ 2022026. htm，12 月 16 日。

基金会中心网，2011，《公益基金会"晒账单"倡议书》，http：//news. foundationcenter.
　　org. cn/html/2011 - 07/28096. html，7 月 18 日。

康良辉，2010，《"人肉搜索"的政府规制》，《兰州学刊》第 4 期。

康晓光、冯利，2012，《2012 中国第三部门观察报告》，北京：社会科学文献出版社。

宋超，2013，《新媒体环境下当代中国网络监督的困境与出路》，《山东大学学报》（哲学
　　社会科学版）第 3 期。

宋识径，2008，《全国人大代表：追究网络"人肉搜索"者的刑事责任》，http：//opinion.
　　people. com. cn/GB/8213/133198/7755436. html，8 月 26 日。

宋石男,2010,《互联网与公共领域构建——以 Web2.0 时代的网络意见领袖为例》,《四川大学学报》(哲学社会科学版)第 3 期。

王程韡,2011,《政策否决的社会建构——以我国几次立法禁止"人肉搜索"的失败为例》,《公共管理学报》第 4 期。

卫敏丽,2012,《去年社会捐赠下降了 18.1%:"郭美美事件"也是原因》,《新华每日电讯》6 月 29 日,第 4 版。

文宏,2013,《从自发到工具——当前网络围观现象的行为逻辑分析》,《公共管理学报》第 3 期。

习近平,2014,《努力把我国建成网络强国》http://www.hn.xinhuanet.com/2014-02/28/c_119543215.htm,2 月 28 日。

徐隽,2012,《慈善,信息公开是信任的基石》,《人民日报》6 月 20 日,第 18 版。

徐晓海,2012,《论新媒体环境下的社会管理创新》,《社会科学战线》第 11 期。

薛霞,2009,《"人肉搜索"现象的社会学思考》,《中国青年研究》第 1 期。

杨继斌、夏倩,2011,《红粉"手雷"郭美美》,《南方周末》7 月 7 日,第 A03 版。

张建伟,2013,《网络爆料的价值与隐忧》,《检察日报》8 月 9 日,第 5 版。

赵春丽,2012,《新媒体时代政府社会管理思维的新转变》,《社会主义研究》第 1 期。

赵晔娇,2013,《微公益搭建社会沟通机制民间力量自发监督微博公益》,http://www.chinanews.com/gn/2013/06-16/4931841.shtml,6 月 16 日。

郑杭生,2003,《社会学概论新修》(第三版),北京:中国人民大学出版社。

中国互联网络信息中心,《第 33 次中国互联网络发展状况统计报告》,http://www.cnnic.net.cn/hlwfzyj/hlwxzbg/。

朱昌俊,2013,《社会捐赠总额下降更值得关注》,《中国商报》9 月 24 日,第 9 版。

朱晓萌,2011,《"后郭美美时代"如何重塑公信力:让慈善归于民间》,《中华工商时报》7 月 19 日,第 9 版。

作者简介

陈为雷　男

所属博士后流动站:中国社会科学院社会学研究所

合作导师:景天魁

在站时间:2013.12~

现工作单位:鲁东大学法学院

联系方式:chweilei123@sina.com

村庄共同体与行政社会制衡下的乡村社会治理

——以 W 县北关村一起强拆事件为例

张文博

摘　要：在现代化、城镇化的进程中，中国的乡村社会日益发生着巨大变化，伴随这一进程的是大量的土地纠纷，越来越多地牵涉到地方政府、村集体、村民及其之间的复杂关系。利益各方也在行政社会和村庄共同体运作逻辑的交互影响中呈现各异的表现。本文通过分析关中西部某平原县城镇一起强拆事件发现，行政社会的运作逻辑借助所谓的"合法性"构筑，通过地方政府与村干部共谋下的权力运作，对农村社会治理施加了一定的影响，但同时也刺激生成了社会的反弹，并在一定程度上强化了村庄对于共同体的体认，带来村庄共同体逻辑对其制衡。

关键词：强拆　行政社会　村庄共同体　乡村社会治理

21 世纪以来的中国城镇化，对于部分乡村地区和大多数城乡结合部而言，大抵是一场充斥着"强拆"的行政社会"运动"。而面对长期以来"城乡分治"的现实社情，乡村社会治理在这场以争夺土地为焦点的城镇化过程中变得尤为复杂，其背后隐现了国家与乡村之间在社会治理上的博弈与制衡，更涌动着村庄内部的权力博弈与权利追逐。

在全面深化改革的历史新时期，对当下倚重土地财政的粗放式城镇化和乡村社会治理过程中出现的问题进行检审与反思，不仅具有学术研究价值，也具有现实指导意义。本文以发生在我国西部地区一个平原县

W 县北关村的一起强拆事件为研究起点，围绕乡村社会内部和外部的权力博弈与村庄秩序，通过微观案例分析行政社会逻辑在乡村的运作及村庄共同体对其的制衡作用，进而对新时期乡村社会治理的可能方向做出初步思考。

一　研究综述

乡村在传统中国社会属于文野之别的"野"的范畴（赵旭东，2008），乡村社会也一直被现代化理论所边缘化，但在现代化进程的裹挟下，20 世纪以来的中国农村发生了巨大且多样的变化，同时也出现了许多问题。以此，成为问题的乡村成就了中国的乡村研究，而作为乡村现代化之核心的乡村社会治理及其变迁则成了乡村研究的重心与焦点，引起诸多学科的持久关注。

有学者将中国乡村治理研究的学术演进大体划分为四个时期（陈潭、罗晓俊，2008）。（1）20 世纪 20~30 年代的乡村建设及乡土社会时期。这一时期掀起了中国乡村研究的第一次高潮，分别形成了以梁漱溟、晏阳初为代表的乡村建设派和以费孝通为代表的学院派，其中，前者开启了对"问题乡村"和"问题民族"的改造，以试图挽救其破败之命运为己任；而后者则是"成为问题的中国乡村研究"（赵旭东，2008）的肇始，从理论上对中国传统乡村社会的结构及其特征进行整体性的描述与概念分析。总体上，此时的乡村治理研究为日后开辟了实践探索与学术研究两条进路。（2）20 世纪 80 年代后期兴起的村民自治时期。这是中国乡村研究的第二次高潮，以张厚安、徐勇等为代表的华中派及其他学者率先对村民自治进行了系统梳理和深入研究，肯定了村民自治作为国家管理手段和基层民主建设的制度意义及其现实成效，通过一种基于"泛制度主义"研究形态的乡村实践，搭建了现代社会乡村治理模式研究的初步框架。（3）20 世纪末 21 世纪初期兴起的乡村治理时期。陈潭等人认为这是华中派"对村民自治的研究领域的扩大和升级"；这种转向也直接引起了国内学者在中国乡村研究上的学术转型，即"从泛制度主义的研究形态转向了微观实证主义"，以乡镇改革、村庄秩序和冲突、权威与势力等为切入点，从事件—过程的视角展开乡村治理研究。（4）与乡村治理几乎同期的新乡村建设时期，其实则可以理解为乡村治理学术研究在现实层面的实践运用（贺雪峰，2003）；它在一定程度上是对 20 世纪 20~30 年代乡村建设的实践理路的回归，但新乡村建设是更积极、更健康地看待并提出乡村社会及其治理与发展的要求，以华中派为代表的学者更注重从中国传统乡土社会中发掘理论资源、进行文化建设，从而形成可导引乡民生活的价值观与幸福观，根本上有别于此前以"改造病态农村、创造新文化"的乡村建设。这一研究方向的选择某种程度上也与国家2005年提出新农村建设战略举措密切相关，后来更是发展成一场运动，表现出乡村治理研究从理论向应用的重点转移。

通过相关研究的学术演进路线可以看出，中国乡村治理研究从一开始就有着理论研究和实践应用两种进路；在当前乡村治理趋于复杂，面临新的治理挑战甚至治理危机的新阶段，乡村治理研究的学术关怀与现实关怀有了更紧密的结合。这是当下中国乡村研究的一个特点，也是本文通过一项微观实证研究观照乡村社会治理的缘起。

二 案例：W 县北关村的一起强拆事件

本文以关中地区某平原县城镇北关行政村一户常姓家庭遇到的一起强拆事件为切入。

（一）W 县的城镇化建设

W 县位于关中平原西部，总面积 863 平方公里，常住人口 30 万。从历史文化条件来看，W 县自先秦设县，且地处周、秦文化发祥地带的中心，乡土文化延续性强；从县域面积和人口规模来看，W 县属于中小县，这样的规模在中国北方地区不在少数；从地理区位来看，该县位于西安、宝鸡两个城市之间，易受现代城市文明的直接影响。

历史上，W 县长期承担政治、军事和经济等功能，虽历经千年发展却变化不大，这也是中国很多古老小城镇的常态之一。清末至解放前后，老县城区①仅有东西向的主街一条，全长约 1100 米；主街以南有东西向的小南街、南北向的南街和仁义巷、西巷；以北有南北向的学道巷和北巷；沿街巷有瓦房 250 多间，草房 56 间；城区建筑面积 6100 平方米。

解放后特别是 1980 年代以后，县城面貌发生了较大变化，城区面积增至 3.3 平方公里，较之解放初期增长了 540 倍；截至 2000 年，城区道路发展至东西南北大小纵横 18 条；照明一改此前长期使用菜油灯、煤油灯或汽

---

① 即未拆除城墙和城门之前的县城老城区。

灯的历史，基本实现县城建成区路灯环网化；给排水方面，铺设供水主干管道和雨污排水管道，城区建成自来水厂并投产，供水普及率达到 73.5%。①县城也初步形成了"原旧城区为商业区，城南为行政区，城西为文化区，城东为工业区"的总体规划布局，定位为"发展以支农和农副产品加工为主的小城镇"。

从 2001 年起，W 县以"南扩、东移、北开发"为原则开始调整编制第二轮县城总体规划，城区规划建设用地面积增加到 16 平方公里。在此期间，道路、照明、给排水、燃气与供热、城区主要建筑及文娱设施等重点基础设施建设快速发展，城镇载体功能和建设水平得到极大提高。2008 年以后，按照《宝鸡市城市总体规划（2008~2020）》，W 县县城在宝鸡市域城镇结构中属于县域中心城市，其城建发展定位进一步明确，职能定位为综合型城镇，其工业区为宝鸡市中心城市以外 5 个工业区之一，同时下辖 2 个工业型城镇。截至十一五期末，W 县城区初步形成"四横、七纵"的框架，在实施县城主干街路综合改造、小城镇基础设施、县城污水处理厂、垃圾填埋场、天然气加气站等重大项目②的同时，成功创建为国家级生态示范县，城镇化率达到 43%。

城区建设和县乡环境的上述发展，一方面得益于当地县乡政府的工作，另一方面也与县城镇行政村的贡献密不可分。而在这一过程中，行政村一方面在参与城乡建设、发展的同时从中获益，另一方面也在某种程度上做出了资源和权利的让渡，它们的村庄秩序与行动选择亦相应地被卷入其中。

（二）事件始末

本文关注的强拆事件发生在 W 县政府驻地城关镇的一个行政村——北关村。该村处于县城镇相对中心的位置，自 2000 年以后开始在县城城区的大规模扩张和快速发展建设中流转集体土地。其中，较大一宗流转是 2010

---

① W 县地方志编纂委员会，2000，《W 县志》，西安：陕西人民出版社，第 128 页。
② 全县公路总里程达到 1220 公里，十个乡镇全通三级以上公路，123 个行政村全通四级以上公路，63% 的自然村通水泥路；农业基础设施全面改善，新建及改造供电线路 394 公里，建成户用沼气池 1.5 万口，建成农村安全饮水工程 97 处，改造和新建各类供水设施 1340 座（处），衬砌各类渠道 435 公里，改善和新增灌溉面积 15 万亩，解决了 8.7 万人的饮水问题，农村安全饮水普及率达到 83%；实施了退耕还林、天然林资源保护、三北四期防护林、"绿色眉县"等生态环境建设项目，共完成各项造林任务 15.4 万亩，全县森林覆盖率（Ⅱ）达到 62.5%；城乡居民人均住房面积分别达到 23 平方米和 35 平方米，城镇人均公共绿地面积达到 7.8 平方米。

年县政府规划通过的一个砖机械工业园项目的用地。本起强拆事件就发生在这次统征的土地范围内。

被强拆的是北关村村民常三在自有承包地上所建的养鸡场。2001年，常三在与其二哥（常二）共有的承包地（4.9亩）上开建养鸡场，盖有5间鸡舍、1个育池室、几间仓库和办公室等；蛋鸡饲养规模约在1.5万只（3圈，每圈约5000只鸡）。到2010年，也就是鸡场经营第十年时，W县规划通过砖机械项目，在北关村一次性统征农地800亩，养鸡场就在统征范围以内。不过，由于工业园建设是分批推进，当年并未全面铺开；而当时统征土地除养鸡场外基本全是农田或果园，仅涉及土地征用费和地上附着物如青苗/果木补偿费等，并未明确地面建筑设施的赔偿和安置问题，因此，养鸡场的拆迁安置问题当年就被暂时搁置了。

2012年6月，工业园建设逐渐推进到常三的养鸡场附近，县土地局统征办开始与常三联系，协商养鸡场的赔付及拆迁、安置事宜；后因进展不畅强拆了养鸡场。具体过程如下。

（1）6月：协商之初，县统征办表示愿意负责鸡场的整体搬迁、安置和重建，包括由统征办出面联系一片同等面积的地块，并承担新地块流转及重建养鸡场的所有费用。但在实际操作中，统征办发现，地块不易找，且流转土地和建厂的费用也很难支持。

（2）7~8月份：统征办调整协商内容，退一步表示只负责协助联系新地块、协调鸡场搬迁，并对鸡场进行财产性补偿；重建养鸡场所需的土地、场房等费用则由常三自己承担。常三对此表示接受，但前提是找到一处合适的地方来安置1万多只在圈的蛋鸡。两个月间，县统征办和常三都联系了几个地方，但因各种原因未能最终敲定。

（3）9月10日：在鸡场搬迁选址暂时未果的情况下，县土地局执法大队大队长出具了一份《违法占地限期拆除的通知书》，要求常三在3天内将其养鸡场全部自行拆除完毕。接到通知常三立即回应，表示"还没找到合适的地方，3天时间肯定搬不了"，希望稍微多给些时间加紧联系。对此，县统征办和土地局执法大队并未正面回应。

（4）9月14日：上午十点，村干部打电话告知常大，说接到执法大队通知，下午五点要对养鸡场进行强拆。看到鸡场当天的拆除已不可避免，常家三兄弟共同商议并由常三最终决定放弃15000只鸡，"当天自行拆除养鸡场，不需劳烦执法大队动手"。之后常三联系村干部，让其代向执法大队通传此意；但村干部表示，"已经通知说要强拆了，现在你想自己拆也不行了"。中午，电力局打电话通知常三，称检修变压器需停电几小时。下午五点，县委、县纪检委、土地局执法大队、电力局、司法局、工信局等各路拆迁工作人员到位，鸡场开始现场强拆，先是由电工落了电线，然后拆迁组推倒了办公室、仓库等地面建筑，挖开了场区的水泥路面等，鸡舍因还有3圈鸡所以暂时未动。

（5）9月15～17日：因停电影响了蛋鸡的日常管护，如鸡舍的温控、通风，鸡的饮水、喂食、清便等正常作业，所以，在对鸡场实施强拆之后的第二天，县执法大队/拆迁组又找来发电机重新通水通电，维持到9月17日。在这三天期间，拆迁组分批拉走了3圈鸡，暂时安置在周边某村镇一个废弃的养鸡场内。

（6）9月18日：鸡场全部拆除完毕。①

再从事件当事人常三在强拆当天和之后的情况来看。

（1）9月14日：强拆当天，因担心去现场可能引发冲突，常家三兄弟决定"不等事毕（完）不去现场"。常大、常二陪常三待在家里，"（常二）到街道买了几串葡萄，三个人（边）吃葡萄，有一搭没一搭地说着话"。当晚七点多，估计拆得差不多时，常大和常二去现场察看，见道路被铲起、房屋被推倒，判断鸡场"已经没有正常作业的条件"后便离开现场，也未与仍在现场的一部分执法人员有任何接触。

（2）9月15日：经商议，常二前往西安咨询律师，得到反馈：如果要打官司，肯定可以打赢；但顾及以后在当地的正常生活，不建议走法律程序，建议尽可能通过找关系来"说话"。

（3）9月16日：常大、常二前往宝鸡找寻熟人。该人曾在W县政府部门任职，听后认为此事完全是县上执法犯法的"野路子起手"（音，做法），表示会先行打听究竟。

（4）9月18日：强拆完毕后，村、镇两级干部找常三协商此前未尽的补偿事宜。双方最终达成如下协商结果：鸡场财产性补偿（3圈

---

① 访谈整理资料。时间：2014年1月；地点：常家；受访人：常二、常三；访谈人：张文博。

鸡、设备、办公设施等）和安置补偿共 98 万，分两期（2013 年 1 月、5 月）付清。①

至此，强拆事件暂告结束。常三也在事件逐渐平息后的休整中继续寻找合适的地块准备重建养鸡场。最新获知，常三在邻镇租用了一片河滩荒地，目前已办完租用手续开始修路，新的养鸡场正在筹建当中；同时，常三就此提交了农民专业合作社申请，一方面希望能享受相应的优惠，另一方面也希望得到某种程度的保护。

三　个案分析：行政逻辑与共同体逻辑的制衡

上述强拆事件虽不似以往见诸网络新闻报端的那样粗暴惨痛，但这并无损于事件本身的暴力强制性，也不会抹杀事件背后各种逻辑的碰撞与多方力量的博弈。其中，显在的是行政社会与村庄共同体之间的制衡，而隐现的还有村庄共同体内部的权力博弈。

（一）行政社会的实践逻辑

按照学界对于中国社会现实的分析与假设，1949 年以来的中国社会经历了由总体性社会到市场社会再到行政社会的演变，即改革前中国社会属于总体性社会，改革后到 20 世纪 90 年代后期属于市场社会，21 世纪初进入行政社会。② 通过上述强拆事件，我们可借以观察行政社会的一些特征及其实践逻辑。

行政社会，顾名思义即是倚重行政力量与逻辑而运行的社会。它的优势在于可以集中力量（包括动员能力和资本投入等）高效解决问题，体现在

---

① 访谈整理资料。时间：2014 年 1 月；地点：常家；受访人：常二、常三；访谈人：张文博。

② "1949 年以后至改革之前，通过对生产资料的改造和组织重建，国家垄断了绝大部分稀缺资源和结构性的社会活动空间，从而使社会各个部分形成了高度的关联性，社会、市场基本失去了存在的制度性空间。"（孙立平，1993）。这一阶段的中国社会被孙立平概括为总体性社会。改革开放以后，中国社会出现了一个向市场社会的转型，国家的高度垄断与管控逐渐为市场和社会释放出自由空间，市场这只"无形的手"似乎能包揽并解决一切问题，甚至像教育、医疗等基础公共服务也出现了相当程度的市场化。这一阶段的中国社会一般被称为过度倚重市场逻辑的市场社会（孙立平，1993；孙立平等，1994）。而随着"五位一体"的提出，国家力量开始主导社会建设，行政强权开始大量转向社会领域并过度干预社会，因此，在市场社会还没有真正定型和成熟的情况下，中国社会又快速转向一种新的社会形态——行政社会（王春光，2013）。

上述事件中就是在短短几天时间内集中完成了拆迁、搬迁和高额的补偿事宜。但是，这种强制性、高效性是否就有其合理性、合法性？对此是可以质疑的，这往往也正是行政逻辑的问题所在。

从事件的整个过程来看，县乡政府部门：①先主动协商；②协商未果之下，由执法大队出面，发出书面通知（《违法占地限期拆除的通知书》）责令当事人自行拆除；③在当事人收到通知但执行不力的情况下，再由拆迁工作组出面强制执行拆除工作；④众多政府部门工作人员齐聚现场以示公开、透明、公正、合法与有效，如县司法局公证处相关人员的在场；⑤拆除之后积极就后续赔偿事宜进行协商并实际赔付。这一系列行政程序看似合规、有序，也有理有据。但若细察便会发现，在看似有序之下所掩盖的公信不公、执法犯法与行政权力滥用。

可以看到，最初县统征办主动联系常三协商此前未尽的拆迁安置事宜时，事态发展还是良好的、积极的。但在具体推进中，行政力量无法按捺，协商内容一再变动，开始释放出一些不良信号：①协商阶段，政府一方就协商内容一再推诿调整并单方中止协商；②协商未果时，统征办擅自代言司法部门进行"判决"；① ③执法大队在无据可依时出具与事实不符、与情理不合的书面通知，属于执法犯法；④拆迁组在绑架"法律"而无事实法律强制执行依据的情况下对鸡场实施行政强拆；⑤强拆过程中，强令电力局做出本无权随意"停电检修"的举动，过度调拨无关政府工作人员到场"以势压人"等等。这些，都是行政滥权的表现。

回观整个事件，首先，在协商阶段，政府就承担了不该承担的责任。比如，鸡场重建完全可以由常三个人通过市场去选择并解决。政府此时应该做的是：在保证常三财产权等一应权利的前提下做好赔付工作，并在能力范围内适当提供安置优惠政策或协助提供安置渠道；而不分责任的大包大揽，恰恰体现了政府部门对其行政职能的定位和边界并不清楚，表现在其行政能力上也相应低能。也正因此，才会带来协商过程中政府责任的一再退缩与变更，这既是其行政不力的直接表现，同时也削弱了它的公信力。进而，在行政低能的情况下，政府部门又通过绑架"法律"，滥用其行政权力，包括对司法审判的僭越、对执法犯法的无视及监督职能的缺失，却不问其行政基础的合法性。如果一开始县乡政府就摆正位置，在充分保障常三利益的前提下谈赔偿，并在能力范围内提供安置优惠政策，还会有这么一场强拆事件吗？

---

① 正常程序下，如果协商未果，应在法院立案并由法院审判后做出裁决，继而执行审判结果。

这种看上去的"高效"真的如此吗？那么多公职人员的停工参与、先停电停水又找发电机通电通水、承担1万多只鸡的搬迁及其处置的损失……这是政府部门该做的事情吗？这是不是对行政资源和权力的低效使用与浪费？

在行政社会下，一方面，市场的空间和作用被挤压；另一方面，法制尚不健全，法治尚无完全的空间，间接致使政府行政的低能化以及公信力的弱化，也反过来助长了对行政力量和逻辑的倚重与滥用，从而造成行政对社会的过度干预，也给社会治理带来了诸多问题。此次强拆事件之所以看似得以平稳过渡并最终圆满解决，虽与当事人的冷静和积极应对有很大关系，但另一层面，也在很大程度上包含着乡村社会对行政社会的裹挟与制衡。

（二）村庄共同体的实践逻辑

社会是一个不断生成并调整的有机体，其中起作用的，既有社会内生的力量；也有来自外部的力量。社会建设通常指向后者，即对"有问题"的社会的改善。而现实中，我们看到的是"社会"改善既不按官方（指高层决策者）的设想进行，又没有按学者的理念推进，而是按照自己的逻辑在进行和运行（王春光，2013）。这在有其乡土性及乡土资源的村庄共同体中尤为明显。

1. 村庄共同体及其乡土资源话语

尽管共同体自其作为代表"旧的、自然的、同质的"的类型学划分在被提出之日就已面临"不可逆的衰竭"，但其作为一种社会结合团体的社会组织、社会存在和社会经验形式，仍具有结构性的共同体机制（Brint，2001；Calthorpe，1993；Kaitz，1994）和实质性的共同体秩序（Etzioni，2001；Colhaun，1991；Smith，1998，2003）。作为共同体的一种代表，村庄共同体尽管面临市场力量和国家力量同时介入的冲击与瓦解，尽管面临复杂推拉力量和转型陷阱的压力与挑战，但在其经济性和社会性上（尤其是后者），仍然是"正常的现代社会的基本资源"（毛丹，2010），存在其可资运转的乡土资源和话语框架。本文的强拆事件中显然蕴含着这样一些村庄共同体的乡土资源话语。

（1）共享性伦理秩序：家庭（家族）团结

在中国传统社会结构和伦理本位中，家一直都是非常重要且基础的一环；在一定程度上，中国传统的社会机构、政治结构乃至道德伦理结构，都是由家推演出去的。因此，家庭共同体一定程度上可以看作村庄共同体的内核与缩影。乡村家庭的稳固及其纽带的维系一般也会推演到邻里关系和村落社会关系当中，"支持邻人关系及村落共同体的形成和维持并强化村落共同感"（毛丹，2010）。

在本文的强拆事件中，家庭义务与责任在常家三兄弟对危机的应对和处置中表现得尤为突出：事件发生后的理性支持、强拆当天的情感支持，以及强拆之后的各种关系支持，种种表现说明事件的直接当事人常三并不是一个人；在遭遇紧急状态与危机时，个体背后的家庭集体力量就自动自发地显现了出来，并使这种家庭义务式团结与分工协作尽可能发挥最大作用。"如果这种事情放在我们（三兄弟）任谁一个人的身上，那如何走向就难说得很，对他个人的小家庭将会带来的打击就可怕得很了，那种局面很可能会是人想都不敢想，也不想想的……"[1] 作为间接当事人，常二的感慨无疑佐证了个体背后的家庭（家族）的影响和支持。

另一插曲也反面印证了乡村社会与乡民对家庭义务与团结的体认。常大的一个儿媳妇在镇政府某部门上班，拆迁当天她作为相关工作人员也被叫到了现场。虽则常大在现场看到时并未多言，但回家后就发话："明知道这是咱自家人摊上的大事，她咋么想的？还能跑到现场去凑那种热闹？浆水（音，脑子糊涂）得很！"村民事后对此也议论纷纷，"虽说你干了国家工作，但自家碰到这种事情，完全可以找个由头避开么，请假也行么……现在的年轻娃娃越来越不知人事了……"当事人家庭和村民的评判也侧面道出对于这个小媳妇"反叛"家庭的不认同。

（2）共享性道德秩序：无讼

除了对家庭义务与团结及由此推演开的邻里、村庄义务与团结的伦理秩序体认之外，村庄共同体还存在一些共享性的道德秩序。这些软性的道德秩序却对村庄事务与乡民的行动选择有着硬性的约束。

本次强拆案件最初引起关注的地方在于，一场明显能打赢的官司，为什么没有诉诸法律？为什么西安的律师会给出"赢官司效果未必好"的建议，并得到了常家兄弟的集体认可？在前后几次访谈中，常二给出了他们选择不打官司的现实考虑，也多次提到老辈人"赢官司少打"的训导。

这次这个事情前前后后其实很清楚，后果可大可小，单看你怎么应

---

① 访谈资料。时间：2014 年 1 月；地点：常二家；受访人：常二；访谈人：张文博。

对处置。我去西安咨询律师也只是为了让事态更明了，叫咱们自己也对这类事情的法律程序有个了解，无形中也给有些人一些压力。……我始终记得娃他爷在世时说过，"老年人常说'赢官司少打'，有道理得很。不光是少打官司，平日里为人做事都要少跟人家争个啥高下"。放到现在细思量，是真话。不了，为啥人家律师一说赢官司效果未必好，我们马上就明白呢？道理就在这儿。……要是选择了打官司，或许经济上的赔偿不见得比现在多；或许跟村上干部的关系就弄得更紧张了；或许村上邻人就对你有看法、有说法，认为你这人太争竞。这其实都是农村一些不用明说，都知道，也都不会去碰的那些框框。

由此可见，乡村社会中至今仍承袭了类似"无讼""无为而为"等一些共享性的道德秩序，并自成其村庄共同体内部的一套文化系统。在这种文化系统中，伦理道德是对社会生活秩序和个体生命秩序的深层设计。而且，这种深入乡民观念、生活与行动秩序的深层文化，并不会轻易就消失、发生转变，甚至还会进一步演化成一种村庄共同体的"实践理性"逻辑。

2. 村庄共同体内部隐现的张力

除了显在的乡土性资源与话语框架，村庄内部还隐现出一种因权力竞争而带来的权威与秩序生产，它实则又构成了村庄共同体自身的内部张力，潜藏在村庄的日常生活、行动选择的实践逻辑中，进而影响到村庄的团结与合作；有时甚至会将村庄外部世界的力量引入村庄内部的势力竞争中。在这一层意义上，村庄共同体的内部张力不仅存在，还裹挟了村庄外部的行政社会。

在本次强拆事件中，另一个引人关注之处在于，村干部究竟在其中扮演了什么样的角色？他们对此事究竟是怎样一个态度？事件中的一些细节，或许可以提供观察北关村村庄秩序与政治生态的一些线索。比如，拆迁当天，为什么村干部通知的是常大而非常三本人？为什么在常三表示必须拆的话就自行拆除时，村干部却强硬表态强拆已是板上钉钉、势在必行了？为什么强拆现场齐聚县乡政府那么多拆迁组工作人员，却是由村干部去出面找电工，开始强拆的第一步？为什么强拆之后村干部又主动出面联系常三协商赔偿事宜？

在这些为什么背后，其实都潜藏着乡村社会的秩序生成与政治运作。为什么找常大？一方面是要避开风头、尽可能减少与直接当事人的接触；另一方面也是因为常大曾任北关村书记，现任村干部借此事与常大联系是走所谓

"官对官"的途径，既不拉村干部面子，又照顾了常大的身份，也不影响事态的发展，同时也暗含了权威的竞争。为什么强拆并未开始但一定不能叫停？按照村民的说法，"北关村就在县城心心，一次卖800亩地，这么大点儿县城谁不知道？这次强拆又这么大动静，谁不知道？再加上常家的影响力，虽说有担心不能这么弄事的人，但还是少数，多数人都还是看热闹的心态"。① 同为与常家处于竞争地位的村庄精英，村干部自然不能免除看热闹的心态，也不会主动帮忙叫停；甚至在一定程度上，村干部还发挥了居中挑事的作用，这也是他们愿意主动找电工配合拆迁的原因，也与后文将论及的村庄外部社会被裹挟有很大关系。而为什么强拆之后又主动出面联系常三？因为这一场强拆实际上并无热闹可看，甚至直接当事人都没有露面。一切都在政府拆迁组和村干部的单方强拆中偃旗息鼓了，甚至本该手忙脚乱的人变成了他们自身，比如重新给鸡场通水通电、给1万多只鸡想去处……且强拆之后常家去西安进行法律咨询也多少给他们带来了压力。此时仍有协商机会，村干部自当主动作为"带来好消息"的一方出面直接联系常三。

如果不理解乡村社会的运作逻辑，大概很难想象这些看似简单实则复杂的逻辑恰反映了乡民的"实践理性"。在这种实践理性背后涌动的，正是村庄共同体内部一直隐约存在的一种张力，它在一定情境下可以转化为村庄内部不同势力之间的合作，反之也可以转化为竞争。当它表现为合作时，村庄共同体可能会出现共同发展或集体对抗外部压力等情况；而当它表现为竞争时，村庄共同体就可能陷入暂时的冲突和失序状态，并可能（被动或是主动地）引来外部力量的介入。不过，不论是合作还是竞争，只要这种张力还存在，它就会推进固化村庄共同体的纽带。

（三） 两相博弈下的制衡

通过上述分析可以看到，一方面，行政社会的运作逻辑借助所谓的"合法性"构筑，试图实现对乡村社会的强干预和有效治理。但是，在村庄共同体共享性伦理、道德秩序的双重约束作用下，行政逻辑在乡村社会的土壤上显得相对低能和无效，其缺失法治逻辑的合理、合法性基础的弊端也暴露无疑。而另一方面，村庄共同体不仅利用其乡土资源武器积极化解行政逻辑的强干预，尽可能使其影响变得可控并向有利于己的方向发展；更有甚

---

① 随机访谈资料。时间·2014年1月；地点：北关村；受访人：YZ、WJ、CYX、ZY等；访谈人：张文博。

者，村庄共同体将外部的推拉力量内卷入村庄内部的势力较量当中，从侧面也间接印证了行政逻辑在共同体逻辑下的失智、失能。

1. 行政社会的被裹挟

一场始于协商也终于协商的事件，为何中间会出现强拆？了解事件发生的背景及其在乡村社会秩序结构中的位置，对于我们理解事件、事态的发展非常重要。随着对事件的深入跟进我们会发现，此次强拆背后还有另一重交锋，即事件所涉及各方的关系之争。

从直接当事人常三来看，他所在的家族常家是当地老县城里一个较有名望的老户人家，祖上曾有人做过官，后来家道中落，至常三祖辈开始以小贩运起家重建家业，至常三父辈开始回归耕读传家，成为乡村地方士绅。而常家三兄弟中，常大曾担任过十多年的村干部，1990 年代以后兄弟三人亦各自经营着小企业。作为北关村的老户，常家在该村有一定的社会声望和地位，政治资本和经济实力相对较强。较之与一般村民的关系，常家与现任村干部的关系相对紧张一些。一方面，同属村庄精英，他们之间不可避免地处于一种竞争状态。另一方面，面对可见的利益，由于在村庄中的相对优势地位（包括政治、经济和社会地位），村干部比普通村民更易产生反应；所以，在常三因鸡场拆迁可能获利之时，村干部也比普通村民更易激发负面反应，因为常三个人的获益将会挑战村干部在村庄中的相对优势地位。在这种情况下，他们就有可能借机挑事，打压村庄共同体内部的竞争对手。

再来看县乡政府，情况稍显复杂。这里面既有村、镇之间长期关系格局下的本然影响，也有新一任书记到来的偶然因素。一方面，北关村位于 W 县政府驻地镇，近十来年在县城发展中拥有了明显的区位和资源优势，整体实力较强；县城发展也与其直接参与和资源贡献密不可分。在这种格局下，镇一级对村的管控实则有被架空的现象。因此，镇政府对其发展特别是对村庄精英的态度一直比较矛盾，一边离不开他们的发展政绩，一边却也伸不进去"手"。另一方面，近些年 W 县政府在城区和周边地区的基础设施建设和改造，以及对于县城整体产业结构调整等方面投入很多，但在地方财政收入和经济发展方面相对平稳；而县城区中心地带的发展很大程度上有赖于南关、北关村的带动及其与政府的合作，南关村甚至把原来"鬼都不去"的地方改造成了今天的县城中心。而新一任书记的到来，"跃进式"的各种开发在短短一两年内破坏了 W 县此前平稳发展的政治经济生态，人们对其评价也从最初的"硬拳头"变成了"野路子"。作为一个外来的一把手领导，他对 W 县此前维持长期发展的各种平衡关系并不了解；而他的发展雄心（无论是政绩追逐还是经济利益追逐）使其在开发项目遍地开花的情况下，也急于通过"严打典型"来树立威信。此次强拆事件正是在这样的环境下发生的。

　　Q：一开始不是都还在好好地协商吗？怎么会短时间内突然走到了强拆的地步呢？

　　A：这次强拆是县上直接执行的，县委发命令、纪检委组织实施。县委、纪检委、土地局、电力局、司法局公证处、工信局，还有 20 多个穿制服的公安，拆迁现场一共有三十四人。原来很简单的事，协商好了就照办、办不了就继续协商，总能解决么。为啥短短几天县上就决定强拆了？村干部还说不强拆都不行？你可能不知道。"树大招风"你知道吧？……县上现在发展环境比较紧张，上面新书记正想弄成个啥事树立个人威信，下面你随便谁煽乎两声，他不就听进去了吗？叫我看，做法是有些偏激进，但偏偏瞌睡碰上枕头了，你叫人家当成了"地方恶霸"了，当然要严打……

　　Q：这些你们都是怎么知道的？

　　A：这么大点儿县城，强拆这么大事谁不知道？都等着看结果呢。而且事毕了，人也都议论呢，后来不知道的（人）慢慢儿也都知道了。其实是咋么回事儿，人心里都清楚得很。用娃们的话，就是躺枪给人家做炮灰了。……现在这么个结果，县上也不好受。当初满县城都知道县上要强拆，结果哑哑（悄悄儿）地就过去了，县上还得出面自己寻地方、给鸡搬家，该赔偿的还没少赔。就鸡的赔偿这一块可能就多出了几十万……①

　　无疑，在这场强拆事件中，县乡政府有被裹挟的成分，被部分地卷入了村庄内部的权威竞争与秩序生成当中。但是，裹挟何以可能？究其原因，还是行政逻辑在作怪。如果不是政府没有认清自身的职能定位与边界，就不至于不知道应该做什么、应该怎么做；如果不是政府认为行政权力无所不能，也就不会被遮蔽至此。

---

　　① 访谈整理资料。时间：2014 年 1 月；地点：北关村、南关村；受访人：YL、YZ、WJ、MYK 等；访谈人：张文博。

2. 行政逻辑下的反弹与村庄共同体的强化

在这样一种行政逻辑运作下，出问题也是可以预见的。强拆首先在行政部门内部引起了反弹。拆迁后，县电力局局长申请调离该县。坊间流传他说，"这是野路子的起手，一次就够了"。同时，也引起了社会的反弹，W县县城的人们开始反思，究竟能不能这样做事？是不是可以再任其继续这样发展下去？这样的一把手是福是祸？随之而来的还有政府行政低能、公信力低下等风评。政府部门似乎意欲通过所谓的"合法性""行政能力"构建体现其公信力、威慑力和办事能力，但行政力量及其实践的过度干预实则却受到了行政体系内部乃至社会各界的质疑、排斥和抵制；同时也给行政机构自己设陷。

与此同时，乡村社会也出现变化，并在一定程度上强化了村民对于家庭义务、团结、村庄约束、无讼社会等共享性伦理、道德秩序以及村庄政治秩序生成与维系等的体认。一场强拆，让村民看到家庭的义务、互助与团结对于个人抵抗和应对危机的重要性，对于维持小家庭稳定的重要性；也看到村庄社会内部所共有、共享的社会秩序对于保持整个村庄的稳定和谐环境的重要性。经此一事，反倒重塑了一些能够凝聚村庄共同体的"反向推拉力量"（韦伯，2004），可以将个人推向村庄共同体，尤其是当个体在国家、市场力量面前受挫时更有可能转向依赖传统的村落共同体互助（毛丹，2010）。

四　基于村庄共同体的乡村社会治理

在当前中国社会，60万行政村及其所涉及的村庄共同体如何走向、如何治理的问题牵涉全局，"不仅关乎农民，也关乎整个中国市场经济、整个中国社会的将来；在此意义上，每一个村庄及其转型方式，表面上微不足道，本质上兹事体大"（毛丹，2010）。

长期以来，我们的乡村被想象中的"问题乡村"话语所统摄。但与此种刻板描画恰恰相反的是，村庄作为一个完整的社会聚合形态有其自成的一套运行逻辑和文化系统。正如萨林斯所说，这种自成的文化系统不仅不会轻而易举就发生变化或是消失，反而有一种在遭遇外来势力时对其进行转化的能力，或称其为"兼收并蓄"，或称其为"文化涵化"。因此，比之"问题乡村"更为重要的一个方面是，"乡村作为一种文化与社会形态的自身转化能力"（赵旭东，2008）。所以，我们仍能清晰地看到，乡村社会作为一个共同体，即使不断与外部世界互动与碰撞，其内部至今仍有一套秩序，并且仍在这种秩序规范下运转前行。

　　与此同时，村庄处于国家与社会的交叉之处，它的存在为自上而下的国家行政权力与自下而上的农村社会力量提供了持续博弈的公共场域（陈潭、罗晓俊，2008）。就外部环境而言，行政社会虽然过于倚重行政力量与逻辑，但市场力量依旧对其有一定影响，这就使得在当下的行政社会中，传统的社会力量仍有获得再生与发展的空间，在某些方面可以满足人们的自主、互助与合作需要（王春光，2013）。本文的强拆事件中也明显可以看出传统社会力量的作用空间，以及村庄共同体力量对行政力量的裹挟、制衡与反噬。在乡村社会内外力量的博弈中，村庄共同体的实践逻辑形成了对现实行政逻辑的制衡，从而也为行政社会下出现问题的社会治理提供了一种新的可能。当下，乡村社会在社会组织及其力量上已具备一定基础，它所缺乏的是"面对与外部社会多种联结可能性"时的自主权力和发展空间。这是我们在乡村社会治理的理论和实践层面需要深入思考的问题。

　　另外，我们还需进一步思考，在当下社会，法律究竟处于一个什么位置？而它本该处于怎样的位置？它对于社会治理而言意味着什么？在法治社会尚未形成的社会条件下，政府部门往往可能出现以行政力量绑架法律的情况；而乡村社会虽则会借无讼之道德对乡村社会秩序实现软约束，但并不代表乡村社会就不需要法治。因此，法制建设以及向法治社会的转型就尤为关键且迫切——无论是从制度上还是从观念上，无论是面向政府部门还是面向普罗大众。

参考文献

陈潭、罗晓俊，2008，《中国乡村公共治理研究报告（1998～2008）——以 CSSCI 检索论文与主要著作为研究对象》，《公共管理学报》第 4 期。

贺雪峰，2003，《新乡土中国》，桂林：广西师范大学出版社。

毛丹，2010，《村落共同体的当代命运：四个观察维度》，《社会学研究》第 1 期。

孙立平，1993，《"自由流动资源"与"自由活动空间"——论改革过程中中国社会结构的变迁》，《探索》第 1 期。

孙立平等，1994，《改革以来中国社会结构的变迁》，《中国社会科学》第 2 期。

王春光，2012，《从县域实践看中国社会现代化轨迹——基于对太仓的考察》，《探索与争鸣》第 12 期。

——，2013，《城市化中的"撤并村庄"与行政社会的实践逻辑》，《社会学研究》第 3

期。

温铁军，2005，《中国新乡村建设问答》，9 月 25 日检自：广西师范学院三农问题研究会
　　（http：//www2. gxtc. edu. cn/Sannong/lilun/200910/55685. html）。

赵旭东，2008，《乡村成为问题与成为问题的中国乡村研究——围绕"晏阳初模式"的
　　知识社会学反思》，《中国社会科学》第 3 期。

作者简介

张文博　女

所属博士后流动站：中国社会科学院社会学研究所

合作导师：王春光

在站时间：2012. 07 ~ 2014. 11

现工作单位：中国社会科学院社会学研究所

联系方式：zhangwb@ cass. org. cn

农村社会资本、赤脚医生
与社区医患关系[*]

张奎力

摘　要： 本文试图利用社会资本理论的三大基本要素——信任、互惠规范和关系网络来观察和分析赤脚医生时期的农村社区医患关系，研究发现它对于赤脚医生与农村居民之间稳固持久、健康和谐的社区医患关系具有强解释力。赤脚医生时期所形成的本土经验，即社会相似性信任、互惠性社会道德规范和同质性横向关系网络虽然对当代中国具有一定的历史局限性，但是它们对于农村社区医患关系重塑仍具有重大启发。研究结果还初步证明了新医改的成功不仅有赖于体制机制"显性改革"，同时也离不开另一场看不见的"隐性改革"。

关键词： 赤脚医生　信任　互惠规范　关系网络　医患关系

一　引言

赤脚医生是中国农村人民公社时期与合作医疗制度相辅相成、掌握简单医疗卫生常识和技能、具有"半农半医"身份的初级卫生保健服务提供者。赤脚医生是当时旧的合作医疗的一个子系统，是合作医疗制度的实际执行

* 该文已发表在《社会主义研究》2014 年第 6 期。

者。其特征被认为是非集中的、非职业化的、扎根基层的、平等主义的、技术较低的、经济上可行的和文化上适宜的（White，1998：480）。赤脚医生时期的医患关系不仅体现在赤脚医生为农村居民提供医疗保健服务的全过程中，而且涵盖了他们在生产和生活当中所有的接触与往来。这种服务关系双方在时间上并没有截然的起始点，在空间上也没有泾渭分明的界限。① 研究者大都对赤脚医生时期的医患关系持肯定的、正面的、积极的评价。如首都医科大学课题组（2012）在北京村落的调查发现，在医疗环境相对艰苦的赤脚医生时期，虽然赤脚医生医技水平有限，但是他们却以良好的服务态度和医疗作风赢得了村民对其服务的认可；医患之间表现出平等性、相互性、可信性，形成了比较和谐的医患关系。陶海燕（2007）同样认为，赤脚医生与病人之间形成了良好的互动和沟通的医患关系，赤脚医生对病人尽心尽力，按病人实际需要给予治疗，让病人以最低的费用得到了较好的治疗；病人对于赤脚医生也是尊重和信任的，他们认同赤脚医生的贡献，理解赤脚医生的工作。王胜（2011）认为，赤脚医生群体获得广泛的社会认同主要通过和谐、融洽的医患关系以及医患之间的良性互动体现出来，医生"视病人如亲人"，患者觉得"赤脚医生就是好"。赤脚医生时期的医患关系处于"蜜月期"。两者之间表现得如此"温情脉脉"——赤脚医生以一种高度的社会责任感和历史使命感全心全意地呵护着村民的健康，不计得失、不辞劳苦；村民则以一种近乎无原则的态度理解、宽容、认同和支持赤脚医生的服务。赤脚医生和村民相互了解、彼此熟悉，从而形成了一种长期稳固、联系紧密、互动频繁的医患关系。

许多研究者（温益群，2005；杨念群，2006；王胜，2011；梁立智、吕兆丰、王晓燕等，2012）从政治因素、经济因素、社会文化因素及亲情网络等不同方面对赤脚医生时期的医患关系予以解读。虽然这些解读在一定程度上回答了赤脚医生与村民医患关系和谐的成因，但是以上研究视角过于宽泛且研究对象指向性不强，所以有必要寻找一种具有较强解释力的理论框架，以之作为本研究的理论工具，针对赤脚医生和村民医患关系展开探索和挖掘。社会资本是一个具有高度概括力的新解释范式。社会资本可以看作是从社会结构中获取的社会资源，它以互惠规范为内容，以信任为基础，以关

---

① 赤脚医生和村民之间的医患关系不仅仅包括诊疗服务关系，还有以诊疗服务关系为核心的血缘、地缘、情缘等众多关系的综合。因此，本文所指称的医患关系是一种广义上的关系簇，不应作狭义理解。

系网络为载体（姜振华，2008）。三者相互联系、相互加强，共同构成社会资本理论体系。从信任、规范和网络为基本要素的社会资本解释框架研究农村社区医患关系，对于新医改背景下重塑医患关系相信会有所裨益。

二　信任与农村社区医患关系

福山（Fukuyama，1996）指出，所谓信任，是在一个社团之中成员对彼此常态、诚实、合作行为的期待，基础是社团成员共同拥有的规范，以及个体隶属于那个社团的角色。韦伯（Weber，1995）将信任划分为两种类型——特殊型信任和普遍型信任，前者以血缘和地缘关系为基础建立，通过私人关系、家庭及宗族的形式表现出来；后者以共同信仰为基础，通过预警性或惩戒性机制及正式的规范制度来降低社会环境与系统的复杂性。帕特南（Putnam，2001）指出，在社会资本的三个基本构成要素中，信任是社会资本的最关键因素，而互惠规范、公民参与网络能够促进社会信任。社会信任、互惠规范以及公民参与网络是相互加强的，它们对于自愿合作的形成以及集体行动困境的解决都是必不可少的。纽顿（Newton，2000）进一步分析认为，通过互惠和信任，社会资本把个人从缺乏社会良心和社会责任感的、自利的和自我中心主义的算计者，转变成为具有共同利益的、对社会关系有共同假设和共同利益感的共同体的一员而构成了将社会捆绑在一起的黏合剂。可见，高信任度会使人们产生对未来良好的心理预期，使人们基于互惠、互助基础之上的社会团结与合作成为可能，进而创造出一种无障碍的、低交易成本的、高合作度的社会生境。自然，这种社会生境之下的社会关系也应该是和谐的，包括赤脚医生和村民的服务关系。梁立智等（2012）在北京村落的问卷调查表明，在村民对赤脚医生的主要态度中，信任排在第一位，该项调查也揭示出相对于赤脚医生的技术，村民对赤脚医生的人品更为信任。村民对赤脚医生的信任不仅取决于治疗效果的彰显，还取决于对医生本乡本土资格的认定，以及由此引发的口碑和评价。

村民对赤脚医生的信任大致表现为政治信任、"本地人"身份信任，以及文化技术信任等三个方面。在政治信任方面，当时对赤脚医生的选拔条件要求是家庭出身好、政治思想好，尤其优先选拔具备上述条件的贫下中农子女，村民特别是贫下中农对赤脚医生在思想感情上非常信任。在"本地人"身份信任方面，除了医患关系之外，赤脚医生和病人之间还具有其他在共同生活的社区中所形成的多重关系，如乡亲关系、邻居

关系、亲戚关系、熟人朋友关系等。可见，赤脚医生和病人的交往已经
远远超出了医患关系的范畴，形成复杂深厚的人情网络。基于乡土的人
情网络，村民形成了对赤脚医生传统角色和身份的习惯性认同。在文化
技术信任方面，赤脚医生时期的很多农村群众由于自己没有进过学校，
没有读过书，不识字，对医生非常相信，对"公家"选派培训出来的从
医者的能力毫不怀疑。当时农村普通老百姓对医生（哪怕是只受过很短
时间的培训、医术极为低级的人）的相信几乎近于盲目（温益群，
2005）。

厄普霍夫（Uphoff，1992）将集体社会资本分解为结构性
（structural）社会资本和认知性（cognitive）社会资本两个方面。其中，
认知性社会资本是在共同的规范、价值观、态度与信仰的基础上引导人
们采取共同受益的集体行动，它反映的是人们的想法与感觉，因而更为
主观。它内在于个人且驻留于人们的头脑中，故而较难改变。无疑，村
民对于赤脚医生多重维度和较高程度的信任属于认知性社会资本的核心
构成部分，认识到这一点对于理解赤脚医生和村民医患关系的形成至关
重要。

三　规范与农村社区医患关系

规范是人们创造的、用以约束人们相互交流行为的框架。从其构成看，
它包括正式的约束或制度（如政策、规则、法律和宪法），以及非正式的约
束或制度（如价值观念、伦理规范、道德观念、风俗习惯和行为方式）。早
期社会资本的内涵往往被限定在关系和关系网络层面，随着研究的深入，一
些学者认为社会资本还应该包括制度、规则等，把正式制度也纳入社会资本
范畴之中。从关系网络到制度规范，是社会资本研究内涵的一种拓展，也是
人们对社会资本认识的一种深化和发展。由于社会资本研究内涵的扩展，有
学者就把社会资本分为关系型社会资本和制度型社会资本，把规范分为道德
性规范（如舆论、习俗、道德）、契约性规范（如组织规则）和行政性规范
（如法律）三种形式。

"互惠"对于规范社会资本具有核心价值和意义，人们往往用"互惠规
范"代替"规范"进行表述。纽顿（2000）认为，就社会资本而言，互惠
是最重要的形式，是一个恩惠风水轮流转的社会及其公民的一个一般化的特
征，即个体为他人提供便利并不是因为他希望立即并且以对方曾经受益的方

式得到报答。毋宁是说，他将在必要的时候，在不固定的时间被一个不固定的人（很可能完全是一个陌生人）在将来的某个时候报以好处。因此，一般化的互惠，包含着一定程度的不确定性、风险和自愿。埃里克森（Erikson，2003）也认为，社区内部成员通过长期重复的博弈互动，会产生互惠合作的规范，关系紧密的群体内的成员们开发了并保持了一些规范，其内容在于使成员们在相互之间的日常事务中获取的总体福利得以最大化。由此可见，这种互惠规范相当于"恩惠银行"，它意味着在建立了长期互惠关系的人们中存在某种程度的对称性。这种对称性的人际关系不仅有利于抑制人们的利己主义和机会主义的动机和行为，克服社会中的各种社会困境和集体行动问题，更为重要的是，它是人际关系运作中信任产生的社会基础，可以促进"普遍主义信任"观念，遏制和抵消各种狭隘的、封闭的"特殊主义信任"观念。这种道德规范的力量迫使人们把自身的社会行动纳入规范的轨道，促使人们之间普遍信任的形成，最终使得集体行动成为可能。正如科尔曼（Coleman，1999）所言，在某些自治体的村庄、公社以及部落社会中，人们通过共同遵守的规范，限制某些行动，鼓励其他活动。规范的功能是相当于法治社会中法律的作用，社区实施的惩罚相当于在政府职能完善的社会中，由政府实施的合法惩戒行动。

从规范角度观察赤脚医生时期的社区医患关系，不难发现该时期呈现的是一种强道德性规范、弱行政性规范，以及契约性规范付之阙如的规范格局。首先，除了人民公社和生产大队这一类行政型组织外，该时期几乎不存在任何形式的经济型和社会型组织，更遑论由后两类组织制定的规则和与服务对象达成的契约。其次，赤脚医生是中国在社会经济不发达的情况下主要依靠政治动员来解决农村基本卫生保健问题的一次尝试（Zhang and Unschuld，2008：1865）。受政治观念和政治动员的影响，行政性规范主要体现为两种，一是按照政治观念选拔和培养赤脚医生，二是通过媒体宣传和社会表彰来鼓励和制约赤脚医生，使其按照社会对自己的要求来塑造、表现和发展自身。除此之外，社会缺乏对赤脚医生行医条件和行医职责的专门管理规范。与之形成鲜明反照的是，赤脚医生和村民之间由于受到血缘、地缘关系的影响而表现为熟人社会下复杂的藤蔓关系。这种藤蔓关系网中的社会道德制约因素表现得尤为突出。这种道德性规范不仅呈现向度上的相互性特征，而且具有身份上的平等性特征。在这种熟人社会中，赤脚医生的服务不仅获得一种天然的支持系统（村民的配合与理解、大队和家庭的支持），还受到相应的监督与社会道德制约（梁立智等，2012）。由于赤脚医生和村民之间很可能存在某种亲戚关系，二者之间自然也具备了某种相互的亲情与家庭道德情感，这样赤脚医生一方面易于得到亲戚的配合与支持，另一方面其行为也会受到亲戚的监督和大家庭内道德的约束。由于赤脚医生和村民是基于村落地缘的乡亲关系，两者具有共同的语境、文化和道德背景，这样既易于形成建立在具体人格、品性、修养的相信和认可基础上的信任关系，同时也易于受到村落内道德舆论及文化习俗的约束。

四　网络与农村社区医患关系

布迪厄（Bourdieu，1986）指出，社会资本就是实际的或潜在的资源的集合体，那些资源是同对某些持久的网络的占有密不可分的；这一网络是一种体制化的网络，是同某团体的会员制相联系的，它从集体性拥有资本的角度为每个会员提供支持，提供为他们赢得声望的凭证。科尔曼延续这个思路，把关系网络作为社会资本的基本内涵进行研究。这之后的许多学者在研究社会资本时，也都是强调关系网络的意义，只不过有的学者强调正式关系，而另一些学者更加强调非正式关系。正式关系是通过一定的程序、契约等正式的形式在个人或者组织间形成的一种相对稳定的、具有一定约束力的相互联系；非正式关系则是指个人或组织通过一些亲缘、地缘等因素形成的一种相对稳定、不具备强约束力的相互联系。前者是人们为了某些共同的目标、利益和期望自觉构建而成的，而后者则是在人们的生活中自发形成的。但无论是正式关系网络还是非正式关系网络，它们都具有互惠交换、强制信任、价值内化与动态团结这些基本特征，正是这种由于受到理性驱动和文化、规范驱动而形成的不同特征，使得嵌入于关系网络的社会资本的形成具有了特定的基础（姜振华，2008）。

帕特南（2001）认为，关系网络可划分为两大类：横向为主的关系网络和垂直为主的关系网络。横向关系网络把具有相同地位和权力的行为者联系在一起，而垂直关系网络将不平等的行为者结合到不对称的等级和依附关系之中。对共同体而言，横向关系网络越紧密，其公民就越有可能进行为了共同利益的合作，而垂直关系网络无论多么紧密，无论对其参与者多么重要，都无法威胁社会信任和合作。受帕特南的影响，伍尔考克（Woolcock，2004）将社会资本分成紧密型（bonding）、跨越型（bridging）和垂直型（linking）三种类型。紧密型社会资本指家庭成员和其他具有紧密关系的人之间的纽带，跨越型社会资本指不同类型的人之间较弱联系的纽带，而垂直型社会资本指贫困人员与那些对他们具有重要影响的人员之间的纽带。格兰诺维特（Granovetter，1973）根据关系双方的互动时间、感情强度、亲密（相互信任）度以及互惠交换的表现，将人与人之间的关系区分为强关系、弱关系和无关系。他根据劳动力市场中信息传递的过程和特点提出，信息传递的真正桥梁主要是弱关系纽结而非强关系纽结。这是由于弱关系分布范围很广，比强关系更可能充当扩约社会界限的桥梁，弱关系桥梁为人们提供了接近超越所属社会圈子可以利用的信息和资源的通道。林南（Nan Lin，1978）进一步深化了格兰诺维特的弱关系理论，认为弱关系之所以重要，是因为它们在建立异质性关系上更有优越性。异质性关系建立在工具性行动（instrumental action）的基础上，大多经由弱关系达成；而同质性关系建立于情感性行动（expressive action）的基础上，多经由强关系达成。与弱关系理论相对，边燕杰（Bian Yanjie，1997）在中国特定环境下提出了强关系假设，他认为中国人更经常地通过强关系而非弱关系寻找工作渠道，强关系较之于弱关系更能找到工作。

通过关系网络观察赤脚医生和村民之间的关系，会发现该时期的网络关系是一种同质性的、以横向参与网络为主的非正式关系。赤脚医生和村民之间的多重关系——除了医患关系，还有乡亲关系、邻居关系、亲戚关系、熟人朋友关系等——具有先在性、稳定性和无强制约束力。从层次划分来看，这种关系属于个体社会资本，是一种以个人为中心的社会关系网络。费孝通提出的"差序格局"理论，深刻地揭示了我国传统社会关系网络的特征。中国差序格局社会所形成的农村社会网络是一种基于传统血缘、地缘、业缘等初级社会关系的网络体系，主要通过血缘、地缘、家缘、姻亲、宗族、家族等网络进行沟通和互动，中国人能动用的社会资本其实也就是这诸多按亲疏排列的关系集合（马红梅、陈柳钦，2012）。赤脚医生和村民在这种基于血缘和地缘等编织而成的藤蔓关系网中，易于形成医患间的相互信任、包容与协作，促进医患关系的和谐、共识与共荣。此外，由于赤脚医生和村民在身份地位上的相对平等性，他们之间构成了一种横向关系网络。横向关系网络越紧密，人们就越有可能进行为了共同利益的合作。就解决集体行动困境而言，横向网络要比垂直网络的作用大（帕特南，2001：205）。因此，这种具有同质性的横向关系网络为赤脚医生和村民提供了信任和互惠的基础，便于网络内部的合作和协调。

综上，尽管研究者对社会资本的界定和分析层次不尽相同，但是都把信任、规范和关系网络视为社会资本的关键内容。以信任、互惠规范和关系网络三个因素来阐释和分析我国赤脚医生时期的社区医生和居民服务关系，会发现这不仅仅是一个独特的理论视角，而且是一个具有强解释力的理论框架。虽然这一时期的社会资本形式具有封闭性、单一性和同质性特征，是一种较低水平的社会资本形式，但是它在特定的历史时期为稳定、持久、和谐的医患关系作出了一个合理的注脚。

五　赤脚医生时期社区医患关系的经验凝结及局限性

王绍光（2008）指出，中国属于高适应性体制，而适应能力的基础是学习。两大学习源之一即是各个时期、各个地方的实践，包括本国的政策与制度遗产、本国内部各地区不同的实践和外国过往与现实的经验教训。在新医改背景之下，我们发现中国改革的决策者和政策倡导者更倾向于学习外国，尤其是西方发达国家的体制与机制安排，也习惯于从中国各地区的基层实践，尤其是一些改革试点的创新举措中寻找灵感和动力源，却唯独相对忽略了从中国丰富的历史资源中挖掘被尘封的，而至今仍闪耀着不朽光芒的政策与制度"遗产"。近年来，随着医患关系的持续紧张与不断恶化，伤医、弑医案例层出不穷，人们开始怀念赤脚医生时期的医患关系，并反思如何让医患关系回归正常，如何重塑健康、和谐的医患关系。可以肯定地认为，虽然赤脚医生制度及相关制度环境与当前复杂的改革语境千差万别，但是我们仍然可以从中探寻出对当前新医改，尤其是对农村社区医患关系重塑具有重大价值的启发。

（一）社会相似性信任

Zucker（1986）的信任源理论认为，信任产生机制有三种：一是由声誉产生信任——根据对他人过去的行为和声誉的了解而决定是否给予信任；二是由社会相似性产生信任——根据他人与自己在家庭背景、种族、价值观念等方面的相似性多少来决定是否给予信任；三是由法制产生信任——基于非个人性的社会规章制度，如专业资格、科层组织、中介机构及各种法规等的保证而给予信任。利用这个观点来分析赤脚医生时期的信任产生机制，可以发现村民对赤脚医生的政治信任和"本地人"身份信任直接来源于社会相似性信任，而文化技术信任则是由社会相似性信任衍生而来（正是由社会相似性产生的人格性信任，投射到对其所拥有的"技"的技术性信任）。赤脚医生与村民的社会相似性越多，他们之间的信任度也越高。由此可以得出一个基本判断：如果社区医生和居民拥有相似或共同的风俗习惯、伦理道德、社会文化和价值观念，那么他们之间也必然具有较高程度的信任。对这个判断作进一步的引申，社区医生只有脱胎于并内嵌于他们所熟悉的社区，才能获得所在社区居民的习惯性认同和信任，也才能营造并维系一种健康、和谐的医患关系。

显然，由社会相似性所产生的信任也具有以下局限性：①信任半径覆盖狭窄、信任"圈子"相对封闭。在"熟人社会"中，"差序格局"是其社会关系网络最突出的特征。差序格局中的"差序"并不仅仅是由"己→家→家族"所体现的"血缘差序"，也是由交往程度和心理认同程度所体现的"情感差序"。中国乡土社会的信任格局产生于"血缘差序"和"情感差序"两个同样以"己"为中心的"圈子"（王露璐，2013）。同时，乡土社会的人际关系发生在人口密度较小的条件下，是一种"稀薄的人际关系"。这就决定了赤脚医生时期的人际信任辐射半径非常有限，也同样决定了信任只存在于熟人"圈子"之间而不会发生在陌生人之间，信任也很难从最具体的人际信任扩展到对社会客体的更抽象的信任。②信任具有浓重感性（或人格化）特征。张康之（2005）从历史的视野划分出三种类型的信任，它们分别是习俗型信任、契约型信任和合作型信任。这一时期的信任是与习俗一体化的，是一种习俗型的信任。正如费孝通（2011）所说，乡土社会里从熟悉得到信任。乡土社会的信用并不是对契约的重视，而是发生于对一种行为的规矩熟悉到不假思索时的可靠性。因而，这种信任是直觉的、感性的和习俗性的。③信任基础上的非理性合作。信任是合作的前提和基础。由于习俗型信任主要具有浓重的感性特征，因而基于这种信任的合作也具有强烈的情感色彩和出于情感的需要，属于满足情感需要或使情感物化的合作。基于习俗型信任的合作既是非理性的又是极其脆弱的。一旦合作的一方做出失信的行为，合作行动中的另一方会产生被背叛的感觉，信任关系也就随之解体，合作也就走向了对立面（张康之，2005）。

从总体来看，转型期现实生活属于典型的"陌生人社会"，产生于"熟人社会"的社会相似性信任表现出逐渐衰减的趋势。但是，在农村地区，社会相似性信任仍然坚守在人际关系之中，与此同时也出现了与乡村社会新的生产、生活方式及交往方式相对应的若干变化，呈现更为复杂多变的差异性特征（王露璐，2013）。在转型期人际关系复杂多变的情况下如何建立起有效的乡村社会信任机制，更具体而言，如何促使农村社区医生和居民信任关系从"特殊信任"走向"普遍信任"并进而建立起"合作型信任"关系，这一系列新的问题有待我们进一步的探索。

（二）互惠性社会道德规范

费孝通（2011）指出，从社会观点来说，道德是社会对个人行为的制裁力，使他们按合于规定的形式行事，用以维持该社会的生存和绵续。与具有外在限制性的法律不同，道德是社会舆论所维持的，长期浸染于某种道德教化之中的人们会由敬畏而形成合乎规范的"个人习惯"，从而产生传统社会的"礼治秩序"。更进一步，要使某种道德规范成为社会普遍认可和具有稳定性的社会规范，必须要以"互惠"作为人们的基本行为准则。社会系统的稳定性，部分依赖于相互之间可能的满意交换，即作为交换的互惠（Parsons and Shils，1951：207）。既然互惠是构成社会系统稳定性的根本性成因，那么互惠就不仅仅只是一种行为策略，即以合作对合作，以惩罚或威慑对背叛，它更是一种社会伦理和道德规范（黄真，2012）。互惠不是单纯的利益算计，而是信任、情感、义务和算计等要素的混合。互惠也不是为谋求即时的眼前的经济利益，而是为了在长期交往中建立强大的社会网络，并且在需要时得到各种有价资源与无价资源的帮助（田新颖，2004）。正如科尔姆（Kolm，2009）所说，互惠由三种更为根本的要素——社会平衡义务、爱的相互作用、利益的相互性——推动，而这三个要素本身又是由一系列更为基本的心理要素推动的。

由是观之，赤脚医生时期的医患关系是由互惠性社会道德规范来维持的。在这种道德规范模式下，赤脚医生时刻受到来自患者及周边村民的舆论压力，不敢逾规，久而久之逐渐养成了一种自觉的行为习惯，不致逾规。与此同时，赤脚医生也获得了村民们的普遍理解与信任、尊敬与爱戴、支持与合作。这种基于身份平等性的互惠性道德规范不但使医患双方均能够从中受益，而且他们之间情感上的交流与融合事实上也培育出一种"我为人人、人人为我"的平等互助的社区精神，这种精神即使是在法治和制度健全的社会当中仍然不可或缺和难能可贵。

毋庸讳言，赤脚医生与村民形成的互惠性社会道德规范具有消极性、缺乏制度支撑等局限性。在中国传统文化的影响下，绝大多数赤脚医生以道德完善为人生追求，以博得好名声为心理满足。无论是受媒体宣传和社会表彰的"绑架"，还是受父老乡亲明星似的"追捧"，赤脚医生行为的动力来源是外在力量。它促使赤脚医生不得不按照社会对自己的要求来塑造、表现和发展自己，以使自己的表现和社会期望相符合（温益群，2005）。也就是说，赤脚医生是以"己"为出发点、以"不逾规"为基本行为逻辑，它与现代意义上的以"他人权利"为出发点、旨在"增进他人的福祉"的积极性道德规范要求显然不相符合，因而是一种原始朴素的消极道德规范。其次，该时期的道德规范明显缺乏法治和契约等制度性支撑与配合。有研究证明，克服医患关系紧张局面的一个重要途径是促进社区卫生服务机构与居民之间建立长期合同或伙伴关系（签订预约服务），以及居民与团队医生之间的相互信任感（赵德余、梁鸿，2007）。如果说契约性规范在熟人社会中还显得不那么重要，那么随着利益分化时代的来临，契约应该成为构建中国现代互惠规范的基础。法治在各个自由社会中始终被当作维护社会秩序的工具。法治与规范社会资本紧密相连，甚至在广义上被认为是规范的重要构成部分。在法治中国，推动法治建设无疑是培育规范社会资本的必然选择。法治唯有成为一种扎根于民众内心深处的价值追求，才能具备顽强持久的生命力，并使规范社会资本由手段上升为目的，变成一种非人格的至高主宰（周义程，2006）。概括起来讲，社会道德、契约和法治应相互补充、相互支持，从不同层面共同构筑成互惠规范的完整理论体系。

（三）同质性横向关系网络

同质性关系是指处于相似社会位置上的行动者之间的联系，而异质性关系则是处于不同社会位置上的行动者之间的联系。虽然以异质性为基础的弱关系理论在美国或西方世界具有很强的解释力，但是移植到中国来却有很大的局限性或者说"失灵"，这揭示出中国人更经常地运用同质性的强关系来采取行动，以实现他们的自我利益。作为信息和资源流动主要渠道的同质性关系，更有可能是人们最主要的物质和情感支持来源（刘娜，2013）。正是这种同质性的横向关系网络将赤脚医生和农村居民的利益和情感紧紧扭结在一起，使他们双方成为命运共同体，为了维护人们的健康而集体行动。这其中的逻辑关系是，集体情感和集体意识使人们结成横向关系网络，横向关系网络有助于实现社会团结和社会合作，社会团结和社会合作将会最大化共同利益，共同利益的最大化将会充分实现人们的自我利益。这一逻辑推理的结果对于日趋"原子化"和关系疏离的农村社区而言显然具有重大意义。也就是说，共同情感和集体意识对于农村社区建设而言非但没有"过时"，反而应该着力培育和提升，使之成为现代农村社区建设的精神纽带与灵魂。同样，农村社区的医患关系重塑也应以扩大共同利益、培育共同情感、树立共同目标为方向，为实现稳固持久、协作共赢的医患关系而努力。

赤脚医生时期所形成的同质性横向关系网络有两大缺失，即个体意识的缺失和异质性的缺失。中国农村集体经济时期的一个显著标志是个体意识的隐退和集体意识的彰显。如果说在高度同质化的社会中可以依赖强制压抑个人意识从而保持社会一致性，那么在人们利益和观念高度分化的当代中国继续忽视和抹杀个体意识显然不合时宜了，这就需要由尊重不同个体意识的有机团结取而代之。其次，虽然同质性关系网络是农村医患双方获取利益和情感支持的最主要来源，但是不能因此而忽略了异质性关系网络的重要性。理论与实践均已证明，异质性关系比同质性关系在获取资源方面更有优势，行动者社会网络的异质性越高，所获得的社会资源就会越丰富。只是建立异质性关系会面临诸多困难，因而异质性关系被个人利用的机会也比较低。同理，强调赤脚医生和农村居民建立同质性关系网络并不意味着异质性关系网络可有可无。相反，建立以农村社区居民为中心的医疗卫生服务协同服务网络可以更好地进行健康服务。这就表明社区医生虽然是农村社区服务的主体，但是还应整合与协同医疗卫生资源以及社会、社区多方面的资源，拓展包括公共卫生机构、二三级医疗卫生机构在内的整个服务提供体系，以及外部基层行政力量、民办非营利组织等中观组织和宏观社会层面的社会资本（谢春艳、胡善联，2012）。

六　结语

自20世纪80年代以来，随着传统农村合作医疗制度的瓦解，赤脚医生退出历史舞台，转变为乡村医生。这一改变不仅是名称上的，也是实质上的。居于市场转型期的乡村医生表现出典型的个体性特征。农村居民从此失去了赤脚医生对他们健康状况的庇护，乡村医生和村民之间的服务关系呈现典型的短暂性、间断性和脆弱性。农村居民步入了一个漫长而艰辛的盲目自由择医时代，这种状态直到今天仍然没有实质性改观。由于乡村医生的角色已沦为纯粹的牟利者，医患关系间那种信任、互惠、合作、宽容、友爱等价值观逐渐弱化和消失，双方也由过去的合作者、共同体演变成为利益的潜在或显在冲突者，连接医患两头的那根纤细的线绳已然无法承受起任何风吹草动，面临随时可能断裂的风险。

在这样的时代背景下，社会各界开始从不同视角集体反思健康、和谐的医患关系何以可能？显著区别于以往的研究，本文给出的答案是，以社会资本理论工具挖掘赤脚医生制度"遗产"，从中探索对于当代中国具有重要启示的历史经验。研究发现，以信任、规范和网络为基本要素的社会资本对于赤脚医生时期的医患关系具有强解释力。概括来讲，在社会资本理论视角下，以社会相似性信任为核心、以互惠性社会道德规范为基本内容、以同质性横向关系网络为支撑，三者相互依赖、共同塑造出赤脚医生和农村居民健康、和谐的医患关系。虽然它们不可避免地具有一定的历史局限性，但是这并不妨碍我们在新医改进程中学习、借鉴其合理价值理念及有益的本土经验。

进一步拓展开来，可以发现此次探索之旅的价值和意义远不止于此。我们从中获得的重大启发是，改革若要取得成功，除了科学设计和努力推进体制、机制"显性改革"外，还有赖于另一场看不见的"隐性改革"。"隐性改革"的内容和范畴很大程度上涉及社会资本当中的信任、道德规范、关系网络，以及由此所衍生出的平等团结、互爱互助、协同合作等社区精神。"显性改革"与"隐性改革"二者互为表里，也需要相互协作。单纯进行"显性改革"，常常会由于制度和契约的不完善（这在所有的改革中都是不可避免的），以及由于基层组织和民众的策略性配合或不配合导致机会主义行为的发生，而"隐性改革"恰恰弥补了以上之不足。由此可见，"隐性改革"对于"显性改革"成败至关重要。同样，新医改若要取得成功，必然要进行一场远远超出医疗卫生体制改革范畴的、涉及社会体制改革、文化体制改革、伦理道德改革等深层次领域的大规模协同"作战"。以此战略思考化作共同行动纲领，稳固持久、健康和谐的社区医患关系才有望得以建立。

参考文献

费孝通，2011，《乡土中国生育制度乡土重建》，北京：商务印书馆。

弗兰西斯·福山，1998，《信任——社会道德与繁荣的创造》，李宛蓉译，呼和浩特：远方出版社。

黄真，2012，《互惠的道德》，《甘肃理论学刊》第 2 期。

肯尼斯·纽顿，2000，《社会资本与现代欧洲民主》，冯仕政编译，转引自李惠斌、杨雪冬《社会资本与社会发展》，北京：社会科学文献出版社。

梁立智、吕兆丰、王晓燕等，2012，《赤脚医生时期北京村落医患关系内容及特点调查研究》，《中国医学伦理学》第 1 期。

刘娜，2013，《论影响地位获得的社会关系类型——林南异质性关系理论效度分析》，《青海社会科学》第 1 期。

罗伯特·C. 埃里克森，2003，《无需法律的秩序：邻人如何解决纠纷》，苏力译，北京：

中国政法大学出版社。

罗伯特·帕特南，2001，《使民主运转起来：现代意大利的公民传统》，王列、赖海榕译，南昌：江西人民出版社。

马红梅、陈柳钦，2012，《农村社会资本理论及其分析框架》，《经济研究参考》第 22 期。

马克斯·韦伯，1995，《儒教与道教》，王容芬译，北京：商务印书馆。

姜振华，2008，《论社会资本的核心构成要素》，《首都师范大学学报》（社会科学版）第 5 期。

陶海燕，2007，《论赤脚医生时期的医患关系》，《社区医学杂志》第 1 期。

田新颖，2004，《运用社会资本的互惠原则及反思》，《湖北社会科学》第 3 期。

王露璐，2013，《转型期中国乡村社会的人际信任》，《道德与文明》第 4 期。

王绍光，2008，《学习机制与适应能力：中国农村合作医疗制度变迁的启示》，《中国社会科学》第 6 期。

王胜，2011，《赤脚医生群体的社会认同及原因分析——以河北省深泽县为个案》，《中共党史研究》第 1 期。

温益群，2005，《"赤脚医生"产生和存在的社会文化因素》，《云南民族大学学报》（哲学社会科学版）第 2 期。

谢春艳、胡善联，2012，《社会资本理论视角下的家庭医生制度探讨》，《中国卫生政策研究》第 5 期。

杨念群，2006，《再造"病人"——中西医冲突下的空间政治（1832～1985）》，北京：中国人民大学出版社。

詹姆斯·科尔曼，1999，《社会理论的基础（上）》，邓方译，北京：社会科学文献出版社。

张开宁、温益群、梁苹，2002，《从赤脚医生到乡村医生》，昆明：云南人民出版社。

张康之，2005，《在历史坐标中看信任——论信任的三种历史类型》，《社会科学研究》第 1 期。

赵德余、梁鸿，2007，《基本医疗卫生服务供给中的医患关系重构》，《世界经济文汇》第 4 期。

周义程，2006，《社会资本与构建和谐社会的行动逻辑》，《学术探索》第 4 期。

Daqing Zhang and Paul U Unschuld 2008, "China's Barefoot Doctor: Past, Present, and future", *The Lancet*, vol. 372.

Mark Granovetter 1973, "The Strength of Weak Ties", *American Journal of Sociology*, vol. 78, no. 6.

Michael Woolcock 2004, "Why and How Planners Should Take Social Capital Seriously", *Journal of the American Planning Association*, vol. 2.

Nan Lin, Paul Dayton, and Peter Greenwald 1978, "Analysing the Instrumental Use of Relations in the Context of Social Structure", *Sociology Methods Research*, vol. 7.

Norman Uphoff 1992, *Learning from Gal Oya: Possibilities for Participatory Development and*

Post – Newtonian Social Science, Ithaca：Cornell University Press.

Pierre Bourdieu 1986，"The Forms of Social Capital" In John G. Richardson，eds. *Handbook of Theory and Research for the Sociology of Education*，Westport，CT：Greenwood Press.

Serge – Christophe Kolm 2009，*Reciprocity：An Economics of Social Relations*，Cambridge：Cambridge University Press.

Sydney D. White 1998，From "Barefoot Doctor" to "Village Doctor" in Tiger Springs Village：A Case Study of Rural Health Care Transformations in Socialist China. *Human Organization*，vol. 57，no. 4.

Talcott Parsons and Edward Shils 1951，*Toward a General Theory of Action*，Cambridge：Harvard University Press.

Yanjie Bian 1997，"Bring Strong Ties Back in：Indirect Connection，Bridge，and Job Searches in China"，*American Sociological Review*，vol. 62.

Zucker Lynne G. 1986，"Production of Trust：Institutional Sources of Economic Structure，1840 – 1920"，*Research in Organizational Behavior*，vol. 8.

作者简介

张奎力　男

所属博士后流动站：中国社会科学院社会学研究所

合作导师：王延中

在站时间：2010. 12 ~ 2014. 6

现工作单位：河南农业大学

联系方式：zhangkuili@ 163. com

论社会工作与我国基本公共服务体系建设

——兼论社会工作在推进新型城镇化建设中的意义

赵春盛

摘　要：我国基本公共服务体系建设，是回应公民需求的"广义政府体系现代化建设、市场经济体系建设和社会组织体系建设"三者的统一。社会工作与基本公共服务体系建设具有"内容与过程"的一致性。社会工作嵌入我国基本公共服务体系建设有助于改善政策过程和政策绩效。

关键词：社会工作　公共服务　政策过程

我国基本公共服务体系建设，是回应公民需求的"广义政府体系现代化建设、市场经济体系建设和社会组织体系建设"三者的统一。我国基本公共服务体系建设在自身变革和发展中表现为一个上述三者相互促进、相互适应的复杂过程。当前我国的政治改革、经济转轨和社会转型，加剧了我国基本公共服务体系建设的重要性、艰巨性和不确定性，由此伴生、产生和催生了若干社会管理和社会建设问题。社会工作知识和技术系统对解释和解决这些问题兼具社会价值性和政策工具性的意义。我国农村基本公共服务体系建设是统筹城乡发展，推进新型城镇化，改善基层社会治理的重要公共生产生活平台。社会工作理论与实务对"积淀基层社区治理社会资本，提升社会再适应人群的自我发展能力，预防和治疗急剧社会变迁过程中的社会功能失调，发现新型城镇化中的公共问题并积极做出政策调整倡议，改善新型城镇化过程中的政策体验和政策绩效"等都具有十分重要的意义。

一 我国基本公共服务体系建设的领域、战略目标和路径取向

从政治理论的角度看，基本公共服务是连接"政府合法性和公民权利与义务"的纽带。在基本保障和基本均等意义上，基本公共服务应该无差别地面向国家共同体的所有公民。然而，从政治实现的角度讲，或者是公共政策发生了非公共性的偏离，或者是市场化引致了差异化的扩大，基本公共服务均等化成了公共政策特别是社会政策追求的价值目标，现实中往往因为其他原因被置换为理性选择的差异化公共服务供给手段。从政策领域的角度讲，我国基本公共服务体系建设的范围，包括教育、就业、社会保障、医疗卫生、计划生育、住房保障、文化体育等领域，广义上还包括与人民生活环境紧密关联的交通、通信、公用设施、环境保护等领域，以及保障安全需要的公共安全、消费安全和国防安全等领域。从政策规划的角度讲，《国家基本公共服务体系"十二五"规划》明确我国阶段性基本公共服务体系建设的领域包括公共教育、劳动就业服务、社会保障、基本社会服务、医疗卫生、人口计生、住房保障、公共文化等，此外还明确将"基础设施、环境保护"纳入其他"十二五"专项规划中。从舆论热议的角度讲，除了上述领域外，人们还普遍关注基本公共服务供给体制机制、均等化、标准化、质量控制、绩效评估、可及性等公共服务体系构建的重要命题（姜晓萍，2014：3）。上述基本公共服务供给归根到底都要在可及性意义上回应作为社会存在的公民。可见，上述基本公共服务领域可以横跨纯公共产品、准公共产品和保障性私人产品等几个频度，而且在政治身份可及性、城乡供给成本和效率、公共产品的供给方式上都会使得基本公共服务体系建设面临多元性评价。

加快推进我国基本公共服务体系建设是对服务经济时代的组织变革回应，是服务型政府建设的基本要求，是对国计民生关切的公共责任担当。我国基本公共服务体系建设的战略目标就是，加强以保障和改善民生为重点的社会建设，创新以"和谐和活力"为特质的社会管理，实现以基本公共服务均等化为内涵的公民服务，创造以"国家、市场和社会"相适应为根本的治理平台。我国基本公共服务体系建设包括"三体一系"，"三体"即广义政府组织、经济组织和社会组织，"一系"即规约"三体"基于各自功能而合作，面向公民提供均等化基本公共服务的体制、制度和机制。社会建

设、社会管理和社会治理就成了我国基本公共服务体系建设的题中应有之义。

建设服务型政府是一个公共组织范式的变革倡导。这一变革倡导回应了政府管理环境的若干变迁，即适应服务经济时代、克服政府官僚化、引导民主行政浪潮等，在中国还表现为对话民本政治传统、改善发展行政绩效、提升政府政治合法性等。在服务型政府具有提供公共服务职能的前提下，我国基本公共服务体系建设的路径取向有四个，即政策化、事业化、市场化和社会化。政策化路径即指将基本公共服务体系建设植入国家"五年规划"，推动与事权支出责任相适应的国家预算改革，逐步建立支撑事业化、市场化和社会化公共服务变革的政策体系等。事业化路径即指以国家事业单位分类改革为核心的事业单位改革进程，目的是确保并提升公益类公共服务部门的公共服务能力。市场化路径即指以政府职能转换为契机，释放非公益类社会服务部门的市场活力，为我国服务经济奠定实体性基础。社会化路径即指在社团革命浪潮之后，通过社会组织管理体制改革，促进社会组织的成长，为公民制度化参与、政府购买社会服务等提供组织资源和协商治理平台。上述四个路径都围绕政府职能转变这一关键议题而掘进，并在国家治理体系和政府能力现代化、市场经济建设和现代企业制度成长、公民社会培育和社会组织建设三个重要的方面表现出来。随着世界经济生产生活向着服务经济时代飞速演化，"服务型政府建设、基本公共服务体系建设和在市场经济和社会私域复苏公共伦理"将会是三位一体的过程。

二 我国基本公共服务体系建设中的社会工作及其问题索引

20 世纪 60 年代左右的西方社会正处于经济社会和政治文化的困顿期，社会工作正是成熟并规范于这个时代并成为后来社团革命的知识渊源和技术支撑。从某种意义上来说，作为知识系统和职业技术的社会工作产生和发展，是这个时代西方社会问题所激起的知识创新、组织创新和技术创新的表达。经常被人们使用的历史性社会工作定义是，社会工作以个人与其环境互动所形成的社会关系为入手点开展工作，寻求增强个人的社会功能——既包括单独的个人，也包括群体中的个人的社会功能。社会工作的实践作用包括恢复受损的能力、提供个人资源和社会资源及预防社会功能失调。社会工作的基本功能是，恢复社会功能、提供社会服务和预防社会失调（威廉·法利，2010：7~17）。从伦理观念史的角度看，"社会"是一个具有公共指征

的概念，意味着"合群"；"工作"是一个具有事业指征的概念，意味着
"崇高"；马克斯·韦伯甚至还赋予现代社会中的科层职业以宗教的神圣性。
从这个意义而言，推动社会工作领域的发展就是为了专业地解决现代社会中
各种职业存在的人的社会问题。事实上，专业的社会工作在现代社会分工
中，是一种职业化的社会劳动，属于现代服务业的重要组成部分。

　　社会工作的社会服务领域非常宽泛，以至于有不同的归类方式。为了强
调社会工作与我国基本公共服务体系建设的重要关联，可将社会工作的职业
领域类型化为教育社会工作（学校社会工作、青少年社会工作）、企业社会
工作、社区社会工作（城市社会工作、乡村社会工作）、医院社会工作、儿
童社会工作、精神健康社会工作、矫正社会工作、救助社会工作、老年社会
工作、少数族裔社会工作，等等。社会工作机构是社会工作者从业的职业平
台，是提供专业性社会服务的非政府非企业组织。社会工作机构包括各种协
会、基金会和社会工作服务中心等。社会工作实务中一般将社会工作方法分
为个案工作、小组工作和社区工作三种基本方法。上述社会工作的领域、机
构和方法能够嵌入基本公共服务供给的几乎所有环节，发挥整合基本公共服
务中的政策分歧，多样化基本公共服务的供给模式，适应复杂化基本公共服
务对象的需求，改善基本公共服务的供给技术，提高基本公共服务的社会绩
效，升华基本公共服务对象的政策体验等功能，从而提高国家基本公共服务
体系的产品输出能力，并改善国家公共政策的社会资本生成过程。

　　社会管理和社会建设是我国基本公共服务体系建设强调的两个重要方
面。前者指向社会秩序控制，后者指向社会资本养成，两者共同面对同样的
社会问题。社会工作从现代大学知识体系中得以被创设，是为了能专业地、
职业地、技术地解决社会问题。社工机构及其社会工作"以处理生活中的
危机、灾难和人类日常难题为己任"，"在此过程中，人们一起协作，并作
为同一个社会组织的成员，对这个被他/她视为社会现实的世界，逐步形成
共识"，"随着社工、机构和案主三者与其周围的工作现实的互动而被构建"
（马尔科姆·派恩，2008：3～4）。

　　根据社会问题的生成逻辑，当前中国的社会问题在理论上可以分为先致
性社会问题、后致性社会问题和复合型社会问题。先致性社会问题是指在
社会共同体生活中自然生成的社会问题。先致性社会问题经过公众议程后
转换为政策问题，包括家庭问题、人口问题、老龄化问题等。后致性社会
问题是指在社会共同体生活中人为干预产生的社会问题。在国家产生之
后，后致性社会问题主要表现为政策干预的非预期性社会后果，包括环境

问题、流动人口问题、弱势群体问题等。现实中上述社会问题往往表现为两者共生的复合型社会问题，包括异常群体问题、教育问题、医疗卫生问题等。社会问题既是公共政策的问题渊源，也是社会工作的社会场域。先致性社会问题、后致性社会问题和复合型社会问题都是社会工作和公共服务共同面对的问题索引。围绕基本公共服务制定的公共政策天然地包含着社会工作的价值和技术。例如，在交通、教育、医疗卫生等公共服务领域引导资源流向弱势群体时，一方面需要通过公共政策解决固有的市场失败确保公共产品的提供，另一方面需要通过社会工作帮助社会成员能接受到最低保障水平的公共服务。

三　社会工作嵌入我国基本公共服务体系建设的顶层设计

在经济社会发展的时序进化意义上，农业经济、工业经济和服务经济是产业经济学的三个显著阶段。西方先发国家的大学教育、医卫系统、智库建设、社会工作服务等早已发展成为兼及政府、市场和社会三大领域的庞大现代服务经济产业。在英国，所有志愿者一年的工作量相当于 100 万全职人员的工作量，相当于创造了 1000 亿美元的生产总值。1990 年，瑞士社会工作组织创造的产值占该国 GDP 的 2.2%（不包括志愿人员提供的 15 万个义务工作），创造的工作岗位有 14.8 万个，占该国就业岗位的 3%（彭云，2010：6）。公共服务经济，包括社会工作服务是现代服务经济产业的重要组成部分。正如后发国家市政还在把城市环卫看成是表现生产生活成本的城市基础设施时，先发国家市政已把城市垃圾转换为一个拥有庞大产值的产业链；后发国家政府还在把社会工作的很多领域当成社会问题而抱憾时，先发国家政府却已积极地通过社会工作创造知识、技术和岗位来服务于一个社会的健康。这两者都需要通过政策顶层设计在现代社会分工中权威性地重新分配社会价值。在我们这样一个"民本治国、推己及人"的中国社会中，政府制度设计更要在文化自觉中引领社会价值的分配。

社会工作服务是现代服务经济产业中的社会枢纽型高层次产业。第一，社会工作机构等实体成为政府公共服务、市场混合经济和社会志愿服务的伙伴型合作平台；第二，社会工作知识和技术的专业性有助于提升政府公共服务的细分效果；第三，依托社会工作实践的政策咨询系统能够将官僚机制、市场机制和社会机制有机地整合在现代政策过程中；第四，就中国而言，社会工作还能够在社会转型中恢复社会功能，在经济转轨中兼及扶贫济困，在社会变迁中控制社会失范，从而为改革和发展生成并累积稳定的社会资本。在公共服务供给改革方面，一些先发国家的经验可以作为政策学习的对象。英国志愿者组织及社区组织的工作是发展强大的社区和提供更好公共服务的中心。公共机构和这些组织以合作伙伴关系进行协同工作，协助公共机构投入社区工作，提供更多受公众欢迎的、以用户为导向的服务。公共机构和这些组织间达成了合作伙伴关系性质的基础框架协议。该协议适用于英格兰政府各部门，包括各地区政府办公室、各行政机关和非政府部委公共机构（王千华，2010：128）。

现代服务型政府建设即指以"推动政府行动回应公民意识复兴的政治诉求，构筑适合公民公共需求的公共服务体系，以及发展规制市场供给混合产品的服务经济产业"三个方面为核心内容的政府行政范式变革。根据上述现代社会的问题构建，变革社会管理，改善社会治理，发展社会服务，推动社会工作机构化、社会化、职业化，是我国现代服务型政府建设的重要内容。社会工作嵌入我国基本公共服务体系建设的顶层设计，显著地依赖于前文所述我国基本公共服务体系建设的四个路径取向，并表现在我国以政府职能转变为核心的公共服务变革过程中。从政府工具的角度看，上述四个路径取向可以通过下面四个操作化手段，通过共构"公共服务体系建设和社会工作职业嵌入"来实现服务型政府转型。

第一，政策化工具。政策化工具路径，是指社会工作嵌入我国公共服务体系建设必须借助经由顶层设计的政策制定及其执行而得到推动，并在推动过程中不仅重视象征性公共政策过程，更重视实质性公共政策过程，表现为不仅重视政策文本的规范性意义，更重视政府行动产生的实质性改善。政策化，就是政策化政府的过程，强调经由政策过程产生的象征性政策，必须经由"组织创设、事权与财权配置、行政指令和政策评估"等政府过程来践行并产生实质性政策绩效。例如，国家十八部委"联合推进社会工作专业人才队伍建设"的文件，或民政部"关于促进民办社会工作机构发展"的通知等。其中，2009年为充分发挥民办社会工作服务机构的重要载体和阵地作用，推进社会工作及其人才队伍建设深入开展，民政部发出了《关于促进民办社会工作机构发展的通知》（民发〔2009〕145号），文件发至各省、自治区、直辖市民政厅（局），计划单列市民政局，新疆生产建设兵团民政局。5年时间过去了，这个文件执行的效果如何？存在哪些问题？需要怎样的政策调整？一个显著的事实是，有的地方政府实质性地执行了，有的地方政府象征性地执行了。目前负责推动我国社会工作发展的职能部门是民政部，然而推动社会工作过程的法制建设、岗位开发、财政投入等是一个政策网络化的联动机制。如果政策网络中的一个部门出现了行动上的阻滞，无论这种阻滞源自部门利益干预还是行政不作为，都将使整个政策顶层设计坍塌，更不要说在"大国治理"的地方性公共政策系统中完成上述价值预设的公共服务过程。所以，政策化工具，不仅要求完成理性的政策制定，更强调通过政策执行表达政策意志，通过政策评估测量政策绩效，通过政策再审查调整政策内容，最终实现政策过程的社会价值预设。

第二，事业化工具。事业化工具路径，是指基于社会工作与公共服务的价值规范和行动范围上的共同问题索引，在政策化工具路径中通过事业单位改革而实现社会工作嵌入公共服务机构，确保发展型行政中功能性社会工作岗位的开发和履职。就目前事业单位分类改革的设计来说，凡是具备公益性和公共服务特征的事业单位就应该配置相应的社会工作岗位并及时进行岗位功能评价，确保教育社工、医疗社工等社会工作岗位在急剧重塑的医患关系、院社关系、师生关系、家校关系中发挥重要的预防和引导作用。

第三，市场化工具。市场化工具路径，是指在政府职能转变和效率取向的公共服务改革中嵌入社会工作。一方面政府通过事业单位分类改革释放市场生长空间，另一方面通过公共部门和私人部门的合作伙伴关系改善公共产品供给和公共服务提供的方式与途径，这些变革不仅产生积极的经济社会效应，也会产生消极的经济社会效应。为了节约政府管理成本，涵养共同体社会资本，政府可以通过社会性规制和伦理性劝导等途径形塑正在形成中的服务经济，要求在政府购买私人产品和社会服务中嵌入社会工作评标因素，从而消解转轨经济社会市场化变革带来的社会问题。同时，积极倡导市场主体企业通过企业社工筑造现代企业文化，缓解劳资矛盾，治理劳动异化，改善企业社区的生产生活质量。

第四，社会化工具。社会化工具路径，是指在我国社会管理体制改革中通过顶层设计尽快确立蓬勃发展的社会组织的主体性地位，通过改革释放和规制锻造为社会机构提供成长的空间，通过与传统文化对话和与现代社会适应来培育志愿者精神，通过回应和参与我国生产生活方式的急剧变革，生成具有现代公共生活特质的地方性社区。在社会化工具路径中，社会工作机构是社会工作的组织化载体，是社会工作的职业化、专业化和技术性的承载平台。例如，在目前我国的社区建设中，社会工作可以通过以下若干途径嵌入社区公共服务。一是通过购买服务和岗位开发，由社会工作机构承担政府在社区中履行规制性社会管理的职能，由社会工作者入职行政性公共服务岗位；二是回应"社区拥有的政府"变革，在社区自我管理、自我服务的过程中运用社会工作技术培育社区文化、缓解社会矛盾等；三是回应缩短公共服务距离的"政府公共服务可及性变革"，培育民办社会工作和社会服务机构，通过政府购买社区公共服务来提升公共服务的可及性，等等。

四　社会工作在推进我国新型城镇化建设中的意义

在世界历史进程中，从现代城市诞生开始，城市社会问题就一直伴随着城市化的过程。城市化是现代产业经济的过程和后果，但却不一定是现代社会生产生活的必然愿景。先发国家城市化后出现的城市问题，几乎伴随着整个西方工业化进程。后发国家城市化进程中的城市问题接踵而至，且因其被迫性、反功能等发展中特质变得更难以应对。城市具有交通、商业、居住、休闲等主要功能。有人将中国城市化社会发展的基本目标概括为实现集约化经济社会、实现流动化社会、实现市民社会、追求可持续发展的社会（周牧之，2001：28~38）。在中国，从现代化作为一种公共政策开始，城市经济社会问题就一直伴随着中国现代化过程。其中，城镇化就是被称为"中国现代化主旋律"的城市化在"中心—边缘"经济社会结构意义上的表现。

正是在上述意义上，中国城市化进程具有显著的单一经济发展目标导向，即使公共论坛能较多地关注城市化进程的社会发展目标及其问题表达，仍然不可能实质性地改变中国城市化进程中出现的经济社会问题。"经济的安排是'嵌入'社会关系的，而资本主义产生以后，这种关系颠倒了过来，社会关系反而要用经济关系来界定。"开发区空置、"鬼城"、失地农民、"三留"人员、流动人口、农民工、征地拆迁类突发事件等社会定义的问题域已经不能很恰当地表达其背后复杂的政治、经济、社会和文化间的共谋过程。但是，很确切的一点是，正如《村落的终结》中所描述的情况，作为城镇化的城乡结合地带综合地反映了中国城市化进程中的城市问题、三农问题，以及城乡问题。新型城镇化建设就是对上述问题的政策回应（李培林，2004：70）。

新型城镇化建设的对象是农村、农业、农民，是农村社区、农业经济和农民身份在城镇化过程中的社区重建、经济转轨和身份重构。新型城镇化被定义为"城乡统筹、城乡一体、产城互动、节约集约、生态宜居、和谐发展"，核心是通过"实现城乡基础设施一体化和公共服务均等化"来促进经济社会发展，实现共同富裕。从这个意义上来讲，新型城镇化建设中的基本公共服务体系建设应该是新型城镇化的重中之重。如果说，基础设施建设是新型城镇化建设在经济意义上的先行资本，那么基本公共服务体系建设就是新型城镇化建设在社会意义上的先行资本，它担负着更为综合复杂的经济社会使命。例如，从亚文化的视角看，城市文化与乡村文化是异质性的，在"城乡一体"过程中两者涵化必然会导致悬挂在文化之网中的社会个体经历再社会化或再适应问题。从行政生态的视角看，城市经济社会是市场性质的，而乡村社会是互惠性质的，在"城乡统筹"过程中两者对公共产品和公共服务的供给和需求会有诉求差异，甚至对同一种产品或服务有基于上述差异的不同定价逻辑。"人类学家认为，认识地方文化是开展更合适当地发展项目的关键。"（凯蒂·加德纳、大卫·刘易斯，2008：14）在我国新型城镇化过程中，上述公共产品和公共服务的供求均在地方意义上进行，使得社会工作能够成为一个为基本公共服务体系建设提供社会信息、政策建议、技术支持的复合系统。不仅从社会政策学意义上，更是从政策社会学意义上，社会工作者在新型城镇化过程中获得的第一手政策资讯，能通过其政策中介者的身份为新型城镇化政策对象的再社会化或再适应，为基层政府推进城镇化进程的政策再调整或再更新，提供双向流动的政策信息。在新型城镇化进程中，社会工作不仅要通过社会实务为解决这一进程中出现的社会问题提供社会工程意义上的技术支持，更要关注政策倡导，为这一进程中的政策规划提供社会融入意义上的政策意见。

参考文献

姜晓萍等，2014，《国内公共服务体系研究的知识图谱》，《上海行政学院学报》第 3 期。
凯蒂·加德纳、大卫·刘易斯，2008，《人类学、发展与后现代挑战》，北京：中国人民大学出版社。
李培林，2004，《村落的终结》，北京：商务印书馆。
马尔科姆·派恩，2008，《现代社会工作理论》，北京：中国人民大学出版社。
彭云等，2010，《社会工作的开展：公共服务业视野下的需求拉动和供给推动》，《中国地质大学学报》第 6 期。
威廉·法利等，2010，《社会工作概论》，北京：中国人民大学出版社。
王千华等，2010，《公共服务提供机构的改革：中国的任务和英国的经验》，北京：北京大学出版社。

周牧之等，2001，《城市化：中国现代化的主旋律》，长沙：湖南人民出版社。

作者简介

赵春盛　男

所属博士后流动站：中国社会科学院社会学研究所

合作导师：李培林

在站时间：2013.1 ~

现工作单位：云南大学

联系方式：zhaochsh@ ynu. edu. cn

人口老龄化对福建省城镇职工养老保险制度的影响及政策建议

汤兆云

摘　要： 人口老龄化是社会经济发展以及人口平均预期寿命提高的必然产物。福建省业已存在并将继续加重的人口老龄化趋势对城镇职工养老保险制度产生了影响。研究发现，在将来的一段时期内，福建省城镇职工社会养老保险基金收入及支出都呈现快速增长的趋势，但支出会大于收入；社会养老保险基金经过一段时期的平衡后，会出现一定的缺口。可以在以下几个方面对城镇职工社会养老保险制度进行完善：适时制定社会养老保险法，依法征收社会养老保险税；调整各级财政的支出结构并加大财政投入力度，提高社会保险基金在财政支出中的比例；积极探索可控风险的投资渠道，增强社会养老保险基金保值增值的能力；逐步规范和提高退休年龄，降低老年人口赡养率，减轻养老金发放的压力。

关键词： 人口老龄化　城镇职工养老保险　基金收支

一　研究背景

人口老龄化（population aging）是指某一人口总体中老年人口（60 岁及以上或者 65 岁及以上）在总人口中的比例逐渐增大的动态过程，特别是指在年龄结构类型已属于年老型的人口中，老年人口比重继续上升的过程。它是社会经济发展以及人口平均预期寿命提高的必然结果。

2000年"五普"时，我国65岁及以上人口占总人口的比重为6.96%，按照人口老龄化社会的衡量标准，我国已经进入了老年型国家。随着自1980年代初期在全国范围内人口控制政策实施后家庭生育子女数量的减少，我国人口老龄化呈现日益加快的趋势。"六普"数据显示，2010年我国60岁、65岁及以上人口占总人口的比重分别为13.26%、8.87%，比2000年分别上升了2.93、1.91个百分点。全国老龄委办公室在发布的"中国人口老龄化发展趋势预测研究报告"中指出，21世纪我国人口老龄化发展趋势可分为三个阶段：2001~2020年、2021~2050年、2051~2100年分别为快速老龄化、加速老龄化、重度老龄化阶段。到2051年我国老年人口将达到峰值的4.37亿，为少儿人口数量的2倍；2051~2100年我国老年人口总数将稳定在3亿~4亿，老龄化水平超过31%以上，80岁及以上高龄老年人口的比重保持在25%~30%。也就是说，21世纪我国将处于一个"不可逆转"的老龄社会，并表现出老年人口规模巨大、老龄化发展迅速、地区发展不平衡以及老龄化超前于现代化等特点（全国老龄委办公室，2006）。杜鹏、翟振武等对我国21世纪人口老龄化发展趋势的预测结果也说明了这一点，2010~2032年我国老年人口比例增加一倍，达到25%以上，2050年这一比例为31%，2100年进一步提高到34%（杜鹏、翟振武，2005）。联合国教科文组织的预测数据显示，我国2030年、2050年65岁及以上老人的比重分别为15.78%、22.6%（U.N.，1999）。

21世纪不可逆转的人口老龄化业已并将继续对我国社会生活产生重大影响。具体针对我国城镇职工养老保险而言，随着需要抚养的老年人口日益增多，国家和社会为退出劳动岗位的老年人口群体要承担起越来越多的养老保险金。这对建立时间不长、有待进一步完善的我国现有的城镇职工养老保险制度形成了一定冲击。在计划经济时期，我国实施的是传统养老保险制度，即职工本人在职期间不需要缴纳养老保险费用。国家机关、事业单位职工的退休养老金完全来源于国家财政拨款；企业职工来源于企业生产收益并在企业营业外列支；同时，我国传统养老保险制度采取的是现收现付的财务模式，国家机关、事业单位的退休经费列入国家财政年度预算，企业单位职工的退休经费亦构成企业年度经营成本的开支项目，两者均非基金制，也无任何积累。到20世纪80年代中后期，随着经济体制改革深入进行，出现了相当数量企业的破产，动摇了传统养老保险制度的经济基础。在这一背景下，我国对传统养老保险制度进行了改革，逐渐建立并形成了与社会主义市场经济相匹套的"社会统筹＋个人账户"相结合的新型城镇职工养老保险制度，即企业与个人共同缴费，个人缴费部分进入个人账户，以体现个人的责任，增强制度的财政可持续性；企业缴费部分进入社会统筹，以体现国家的集体责任和社会再分配的能力；在社会保险金的筹资方面属于"现收现付＋部分积累"财务模式。

如果以1995年3月1日国务院发布的《关于深化企业养老保险制度改革的通知》确定的，企业职工养老保险实行"社会统筹＋个人账户"相结合的基本模式，作为我国新型城镇职工养老保险制度的开始，至目前只有短短的十几年时间。此前的城镇职工养老保险制度属于现收现付的财务模式，没有任何积累。也就是说，1995年以前退休城镇职工领取的养老保险金属于代际支付，且随着目前及今后一段时间内人口老龄化进程加快导致越来越多退休人员的产生，我国城镇职工养老保险基金将会不堪重负。罗建新（2005）认为，在人口老龄化进程急剧加快的背景下，城镇职工基本养老保险统筹账户基金的即期收支不平衡问题将会导致远期收支的不平衡；其风险指标表现为两方面：①即期收支不平衡的财务风险；②未来基金制度的安全性风险。郑振儒（2007）认为，在实际运行过程中，属于部分积累制财务模式的我国城镇职工养老保险制度由于养老保险费未能实现全额缴纳，统筹账户基金不足以支付现有退休人员的养老金，从而形成个人账户的"空账"现象。张祖平（2012）通过测算认为，到2010年我国养老保险个人账户空账规模已达1.3万亿元，做实相当困难。如果弥补不上，将来用财政资金代替给付，又会使该制度回归到原来的现收现付制。基于这一现实情况，本文以福建省城镇职工养老保险制度运行过程为例，在对福建省人口老龄化现状及其发展趋势分析的基础上，运用社会保险基金平衡理论和保险精算学的理论，构建福建省城镇职工社会养老保险基金的收支平衡模型并对福建省养老保险基金的收支情况进行预测；同时针对福建省城镇职工社会养老保险基金的收支运行情况中存在的问题，提出了若干政策性建议。

二　福建省人口老龄化现状及其发展趋势

（一）福建省人口老龄化现状及其特点

人口老龄化是社会经济发展以及人口平均预期寿命提高的必然产物。1953年福建省65岁及以上老年人口的比重为3.30%，属于人口年轻型社会；随着 20 世纪 70、80 年代人口控制政策实施以来出生人口的减少，1982年、1990 年 65 岁及以上老年人口的比重分别增加到 4.4%、5.0%，过渡到成年型人口社会；2000 年、2010 年这一比例分别达到了 6.7%、7.89%，表明福建省已经进入了人口老龄化社会（见表 1）。

表 1　六次全国人口普查福建省人口年龄结构情况

	2010 年	2000 年	1990 年	1982 年	1964 年	1953 年
百岁老年人口（人）	—	373	143	45	14	16
65 岁及以上人口比重（%）	7.89	6.7	5.0	4.4	3.2	3.3
15~64 岁人口比重（%）	76.65	71.0	63.5	59.1	54.5	60.9
0~14 岁人口比重（%）	15.46	22.3	31.5	36.5	42.3	35.8

资料来源：福建省历次人口普查数据，福建省统计年鉴。

从人口年龄结构变化来看，福建人口老龄化具有以下两个方面的特点：①老年人口增长速度快于总人口的增长速度。2010 年福建省 65 岁及以上老年人口比 1990 年增长 27.6%，年均增长 2.5%，是总人口年均增长速度的 3倍多。②人口老龄化进程呈现加速增长的趋势。2010 年福建省 60 岁及以上人口比重为 11.42%（其中 65 岁及以上人口比重为 7.89%），与 2000 年相比分别上升了 1.87、1.35 个百分点。福建省老年人口绝对数及相对数的增多，提升了老年人口的抚养比。1953 年老年抚养比为 5.4%，1990 年、2010 年分别为 8.0%、10.29%。

（二）2010~2050 年福建省城镇人口老龄化发展趋势

本文利用第六次人口普查福建省有关基础数据，以 2010 年作为预测基年，对 2011~2050 年福建省城镇地区的人口年龄结构变动情况分别进行预测。人口预测参数主要有城镇地区的总和生育率、出生人口平均预期寿命、出生性别比、城镇化水平和净迁入人口规模。预测内容主要包括预测期内福建省总人口变动趋势，城镇人口变动趋势、性别人口变动趋势、0~14 岁人口变动趋势、15~59 岁人口变动趋势、60 岁及以上老年人口变动趋势。

预测结果显示，从总体上来说，2010~2050 年福建省总人口数呈现先缓慢上升再下降的态势。2010~2039 年，福建省总人口处于缓慢上升的过程，2010 年预测基年人口数为 3689 万人，2039 年达到人口增长峰值，峰值人口数为 4067 万人；2039 年以后，福建省总人口呈现逐渐下降的趋势，

2050 年人口为 3898 万人，较 2010 年的总人口只增长 5.6%，年增长率为 0.14%，较 2039 年峰值人口数减少了 4.2%。但是，随着城镇化的日益推进，2010～2050 年福建省城镇地区人口呈现非常缓慢的上升态势，但相对于总人口的上升态势来说，其增长势头较少。另一方面，随着人口老龄化的加快发展，城镇地区 0～14 岁少年儿童人口数呈现减少的趋势，其峰值年份出现在 2015 年左右，峰值人口数为 2931236 人；15～59 岁劳动年龄人口呈现逐年减少的趋势，从 2010 年的 11216353 人下降到 2050 年的 7320193 人，减少了 34.73%；65 岁及以上老年人口数从 2010 年的 1525466 人增加到 2050 年的 5085425 人，增长了 233.37%，年平均增长率为 1.02%（见表 2）。

表2　2010～2050 年福建省城镇人口年龄结构预测情况

单位：人，%

年份	城镇人口总数	0～14 岁		15～64 岁		65 岁及以上	
		人口数	比重	人口数	比重	人口数	比重
2015	15781634	2931236	18.57	10951454	69.39	1898944	12.03
2020	15963832	2751949	17.24	10881565	68.16	2330318	14.60
2025	15917282	2356554	14.81	10621543	66.73	2939185	18.47
2030	15891041	2175313	13.69	10019153	63.05	3696575	23.26
2035	15892484	2310332	14.54	9116691	57.36	4465461	28.10
2040	15751044	2577850	16.37	8251660	52.39	4921534	31.25
2045	15361457	2597105	16.91	7557530	49.20	5206822	33.90
2050	14761884	2356266	15.96	7320193	49.59	5085425	34.45

从 2010～2050 年福建省城镇人口年龄结构变动趋势图（见图 1）中可以发现，城镇的老年人口比重都呈现上升的态势，而 15～59 岁人口比重下降的态势则非常明显，0～14 岁少年儿童人口的比重也呈现下降的趋势，但变化态势不是非常明显。这和前面的分析基本上相吻合。

三　人口老龄化对福建省城镇职工社会养老保险制度的影响

（一）我国城镇职工社会养老保险政策的制度设计

1953 年颁布实施的《劳动保险条例》，初步奠定了我国城镇职工社会

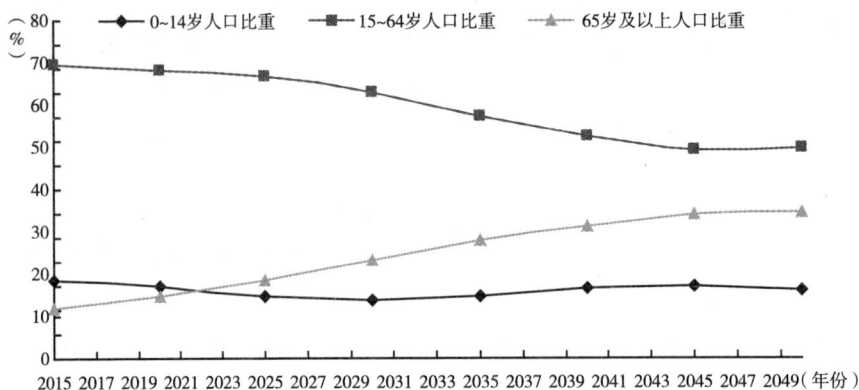

图 1　2010～2050 年城镇人口年龄结构变动趋势

养老保险制度的模式。我国城镇职工的养老保障制度实行的是单位统包、条块分割的现收现支退休工资模式、退休年龄"一刀切"的办法（男性60 岁、女性 55/50 岁）。养老金的缴费由企业和个人共同负担，其中，企业缴纳部分的比例不超过企业工资总额的 20.0%，个人缴纳部分的比例为本人缴费工资的 8.0%，按照个人缴费工资的 11.0% 为职工建立基本养老保险个人账户，个人缴费全部计入个人账户，其他部分从企业缴费中划入。我国传统的城镇职工社会养老保险制度在强调公开权益、增进劳动者的福利以及解除广大城镇职工的养老后顾之忧等方面取得了一定的成绩，但是，因其存在着严重的内在缺陷而不具有可持续性，这种不可持续性不仅使这一制度难以为继，也拖垮了国有企业，最终成为国家的沉重负担（郑成功，2002）。

20 世纪 90 年代以来，随着我国经济改革以及经济形势发生的深刻变化，我国传统的城镇职工基本养老保险制度面临着许多难题。在这一背景下，1995 年国务院发出《关于深化企业职业养老保险制度改革的通知》，确立了社会统筹与个人账户相结合的养老保险新模式。在这一模式下，企业与职工均按照一定的比例承担缴纳养老保险费的义务，其缴费被分解成两个部分，分别记入社会保险经办机构的统筹基金账户和归职工所有的个人账户，职工的退休金则包括来源于社会统筹部分的养老金与个人账户上的积累额。为了统一全国各地不同形式的社会统筹与个人账户，2000 年国务院发出《关于印发完善城镇社会保障体系试点方案的通知》，重点对正在确立中的基本养老保险制度进行了改进，包括分离基本养老保险的社会统筹账户和个人账户，对社会统筹基金与个人账户进行分账管理，并决定做实个人账户，尝试与资本市场对接。之后，养老金的社会化发放工作取得重大进展。

（二）福建省城镇职工社会养老保险基金收支的模型

本文通过构建福建省城镇职工养老保险的需求模型，并利用有关数据对未来一段时期内福建省城镇离退休职工养老保险基金的需求进行预测（张思锋、张文学，2006），以期发现人口老龄化背景下的福建省城镇职工基本养老保险需求的主要问题。

1. 基本假设

第一，福建省城镇职工社会养老保险基金的需求属于总量指标（我国目前实施的城镇职工社会养老保险基金属于"现收现付＋部分积累"这一筹资模式），和养老保险基金计发办法及职工个人基本养老保险基金待遇差别之间没有多大关系。第二，福建省城镇职工主要是指城镇职工社会养老保险制度能够覆盖的所有城镇离退休职工，目前暂不包括流动人口这一块。第三，在现行城镇职工社会养老保险制度的框架内，人口迁移因素对城镇职工基本社会养老保险预期需求不会产生多少影响。目前根据城镇职工社会养老保险制度规定的职工养老金发放办法，城镇离退休职工居住地发生变动以后，仍在原退休地领取养老保险金，城镇离退休职工的迁移对城镇职工基本养老保险基金的预期需求不会产生影响。

2. 模型构建

第一，假设城镇职工基本养老保险需求 D 是离退休职工人数 X、平均养老金 Q 的函数，那么，第 n 年城镇职工基本养老保险总需求 D_n 用公式表示为：$D_n = X_n * Q_n$。前式中，X_n 为第 n 年城镇离退休职工数，Q_n 为第 n 年平均养老金。

第二，离退休职工人数 X 受退休年龄 B、人口死亡率 P、人口迁移 E 的影响，那么，第 n 年城镇离退休职工数 X_n 用公式表示为：$X_n = \sum_{i=B}^{m-1}$ $Z_{i,n} = \sum_{i=B}^{m-1} [Z_{n-1,i-1} * (1 - P_{i-1,n-1})]$。前式中，M 为离退休职工死亡年龄，$Z_{i,n}$ 为第 n 年 i 岁职工数，$P_{i-1,n-1}$ 为 i－1 岁的人在 n－1 年的死亡概率。

第三，平均养老金 Q 是社会平均工资 W、平均工资增长率 R 和平均替代率 T 的函数，那么，平均养老金 Q_n 用公式表示为：$Q_n = W_n * T_n = W_{n-1} (1 + R) * T_n$。前式中，$W_n$ 为第 n 年社会平均工资，T_n 为第 n 年的平均替代率。

第四，综合上述，城镇职工基本养老保险需求的精算模型为：

$$D_n = \sum_{i=B}^{m-1} Z_{i,n*} Q_n = \sum_{i=B}^{m-1} \left[Z_{i-1,n-1} * \left(1 - P_{i-1,n-1} \right) \right] * W_{n-1} \left(1 + R \right) * T_n。$$

3. 2010～2050 年福建省城镇职工社会养老保险基金收支测算情况

福建省统计年鉴数据显示，2001～2010 年十年间，福建省城镇职工参加社会养老保险的人数分别为 305.35 万、350.96 万、364.15 万、378.04 万、409.55 万、455.56 万、512.84 万、557.23 万、585.53 万、635.27 万人。参加社会养老保险的人数与年份之间的散点图表表现为较为明显的线性关系（如图 2）。其线性方程可以拟合为：Y = 0.27X + 1993.331。

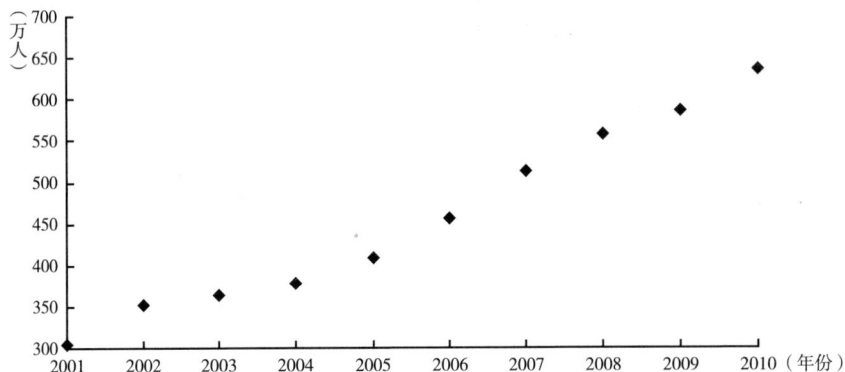

图 2　福建省参加社会养老保险的人数与年份之间的散点图

利用这一函数关系，可以大概测算出 2011～2050 年福建省城镇职工参加社会养老保险的人数。根据前文中构建的福建省城镇职工社会养老保险基金的收支平衡模型，2010～2050 年福建省城镇职工社会养老保险基金收支测算情况表现为以下两个方面。

（1）在将来的一段时期内，由于新增城镇职工持续增多，由此所交纳的养老保险基金也同步增长。从总的方面来说，2010～2050 年福建省城镇职工社会养老保险基金收入呈现快速增长的态势。2010 年，福建省城镇职工社会养老保险基金收入为 774.27 亿元。预测数据显示，2020、2030、2040、2050 年福建省社会养老基金收入分别为 2008.257 亿元、3271.239 亿元、4396.272 亿元、6507.556 亿元；2050 年与 2020 年相比，增加了 3.24 倍，年平均增长率为 3.99%。同一时期，随着福建省离退休职工人数的增多以及随着消费水平提高而逐步增加的离退休工资，2010～2050 年福建省城镇职工社会养老保险基金支出也呈现快速增长的态势。2010 年，福建省城镇职工社会养老保险基金支出为 403.26 亿元。预测数据显示，2020、2030、2040、2050 年福建省社会养老基金支出分别为 688.148 亿元、1784.877 亿元、4419.08 亿元、7198.215 亿元；2050 年与 2020 年相比，增加了 10.46 倍，年平均增长率为 8.14%。

（2）从总体上来说，福建省城镇职工社会养老保险基金的收支将会出现一个波动的过程。2010～2040 年，福建省城镇职工社会养老保险基金收支呈现平衡态势；2041～2050 年，社会养老保险基金的缺口越来越大；2040 年社会养老保险基金的缺口为 22.808 亿元，到 2050 年增长为 598.18 亿元（见图 2）。

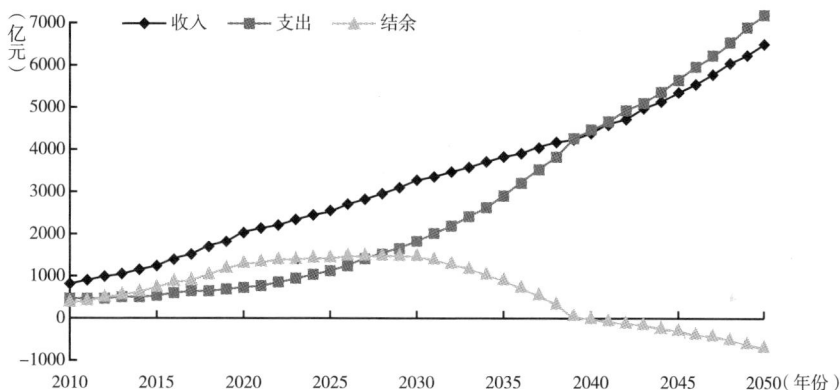

图 3　2010～2050 年福建省城镇职工养老保险基金收支情况曲线

四　完善福建省城镇职工社会养老保险制度的政策建议

人口老龄化是社会经济发展的必然趋势。为老年社会中越来越多的老年人群体提供必备的生活资料，以便使他们拥有有尊严的晚年生活是各级政府的分内工作。对此，一段时期以来，各级政府作出相当的努力，出台了一系列相关的政策法规。但由于受到制度设计以及社会经济发展条件等方面的制约，目前及未来一段时期内福建省城镇地区的社会养老保险制度仍存在着一定的问题。这要求我们未雨绸缪，完善制度设计，以实现城镇职工社会养老保险制度的可持续发展。

目前，我国城镇职工社会养老保险制度存在着以下两个主要问题：一是养老保险金如何适应社会经济发展以及消费水平提高的问题；二是如何解决随着领取社会养老保险金人数增多，社会养老保险金的亏损状态问题。要进一步完善福建省城镇职工社会养老保险制度，必须要综合考虑到与这两个问题相关的一些因素。①福建省业已进入人口老龄化社会且人口老龄化趋势日益加快加重。预测数据显示，2010～2050年福建省城镇老年人口数增长了233.37%，年平均增长率为1.02%。在人口老龄化趋势加快的背景下，城镇职工社会养老保险制度建设会对整个社会的经济发展产生重大影响。②随着社会经济的发展以及人口控制的持续进行，家庭的养老保障功能将会进一步弱化，社会养老日益成为重要选项。③在多层次的社会养老保险体系中，由政府主导的社会养老保险体系应该处于最重要的地位，应该成为完善社会养老保险体系的选择和主要方向。

基于以上原因，未来一段时期内的城镇职工社会养老保险制度可以在以下几个方面进行完善。

（一）适时制定社会养老保险法，依法征收社会养老保险税

由于我国没有专门的社会养老保险法，在实际运行过程中，不时出现"无法可依"或者"违法不能究"的窘况。据劳动部社会保险事业管理局统计，截至1997年全国共拖欠养老金37.5亿元，涉及241万人；其中仅煤炭行业就拖欠养老金1.86亿元，涉及20.7万人（劳动部社会保险事业管理局，1998）。在老龄化和高龄人口不断增多的背景下，要切实做好社会养老保险工作，出台有关社会养老保险法，以法制手段规范管理是非常必要的。在依法征收社会养老保险税方面，西方发达国家的成功经验值得我们学习借鉴。如美国主要是依靠征收社会养老保险的工资税（雇主和雇员各缴一半）来筹集和充实社会保险基金。我们可以借鉴这一做法，参照征收银行利息税的办法，主要对薪金和工资所得课征，它是在劳动者有劳动能力的时候缴纳一定数量的税金，以满足他们在丧失劳动能力以后的基本生活需要。依法征收社会养老保险税，可以扩大社保基金的来源，实现社保基金筹集的法治化，又可以平衡经济负担，为市场经济的发展创造一个公平竞争的环境。

（二）调整各级财政的支出结构并加大财政投入力度，提高社会保险基金在财政支出中的比例

社会化养老的主体是社会，而社会的代表者和管理者是政府。因此，各

级政府要进一步加大社保基金的财政投入力度，稳定社保基金财政投入占财政总支出的比例，承担养老保险转制成本，为筹资模式转换创造条件。一方面各级政府要承担起新型城镇职工养老保险制度实施以前退休人员的养老费用，通过将部分国有资产存量转移给社会保险机构来偿付隐性社会保险债务，避免社会养老保险基金个人账户的空账运行；另一方面，对目前的在职在岗职工，各级政府以及所在的企业要严格按照相关规定补足自职工参加工作起到实施新型城镇职工养老保险制度止的养老保险个人账户的企业应缴部分，以减轻隐性债务的压力。随着国家财力的增强，由财政对这一部分社会保险金进行补充是可能的。研究显示，预计今后 5～10 年内，财政可以把 7～8 个百分点用于养老保险补助金支出（李连忠，2010）。

（三）积极探索可控风险的投资渠道，增强社会养老保险基金保值增值的能力

我国社会养老保险基金绝大部分可归属于政府集中运营和管理模式。在目前投资渠道多元化的背景下，可适当放松对社会保险基金投资运营的政府管制，扩大基金投资运营的领域和范围，以提高社会养老保险投资的回报率。由于购买股票的回报率比较大，国外很多国家将养老基金的 40% 用于购买股票，并获得较高的回报率。瑞士、日本和德国用养老保险基金购买股票的回报率为 17.6%、10.9% 和 10.4%。由于股票市场存在着一定的风险，用养老保险基金购买股票一定要保证安全，小心谨慎。但养老保险基金进入商业保险范畴的市场是必然的，因此要适时启动养老保险基金进入市场投资的渠道，如先期将基金投入到教育医疗卫生、国家债券、社会服务以及基本建设等风险性较小的产业，以确保基金投资和保值增值的稳健性。

（四）逐步规范和提高退休年龄，降低老年人口赡养率，减轻养老金发放的压力

目前西方发达国家，规定退休年龄为 67 岁、65 岁、60 岁和 55 岁的分别占 17.0%、67.0%、13.0% 和 3.0%。如瑞士男、女职工退休年龄都为 67 岁，美国、德国、英国的退休年龄为 65 岁；而我国一直沿用 1950 年代中期国家确定的国家机关和事业单位人员 60、55 岁的退休年龄。随着人们生活水平的提高和医疗设施的改善，60 岁左右老年人的身体条件和健康状况一般都能够胜任工作。因此，强制性的退休制度将达到退休年龄的职工统一划

归了非劳动人口，造成了养老金费用的增加。国际劳动组织研究表明，如果将退休年龄从 65 岁提高到 70 岁，则费用将减少一半以上；相反，若将退休年龄从 65 岁降到 60 岁，将使退休金开支增加 50%。相应的，如果将我国职工退休年龄提高至 65 岁，那么老年人口赡养率可以从 1995、2000、2020、2030 年的 24.5%、26.2%、40.4% 和 60.9% 下降到 8.9%、9.2%、13.3% 和 17.8%，后者仅相当于前者的 1/3（王清，2000）。因此，适当提高退休年龄，不失为一条减轻社会养老保险金发放压力的有效途径。

参考文献

杜鹏、翟振武，2005，《中国人口老龄化百年发展趋势》，《人口研究》第 6 期。

罗建新，2005，《我国城镇职工基本养老保险基金的制度环境风险》，《中南民族大学学报》第 12 期。

李连忠，2010，《隐性债务直逼养老保险》，《中国劳动保障报》4 月 2 日。

郑振儒，2007，《我国城镇养老保险制度的反思与改革》，《江西财经大学学报》第 3 期。

张祖平，2012，《中国城镇职工养老保险制度的缺陷与改进建议》，《江西财经大学学报》第 3 期。

郑成功等著，2002，《中国社会保障制度变迁与评估》，北京：中国人民大学出版社。

张思锋、张文学，2006，《陕西省城镇职工基本养老保险需求预测》，《人文杂志》第 2 期。

劳动部社会保险事业管理局，1998，《我国社会保险基金缺口拉大》，《社会保险信息》第 8 期。

王清，2000，《调整我国退休年龄的依据分析》，《改革开放论坛》第 6 期。

U. N. World Population Prospects, 1999, The 1998 Revision Volume Ⅱ: Sex and Age. New York: United Nations.

作者简介

汤兆云　男

所属博士后流动站：中国社会科学院社会学研究所

合作导师：李培林

在站时间：2009.9 ~ 2011.9

现工作单位：华侨大学公共管理学院

联系方式：tzyun1971@163.com

社会变迁、阶层分化与养老金变革

——从政策话语权视角看我国养老金制度的演变

杨建海

摘　要： 养老金制度的产生和发展一直与社会阶层及其利益有着紧密的联系。社会阶层的变迁影响着我国养老金制度变革的历程，而养老金制度也制约着社会阶层的分化。研究发现，在我国社会结构变迁过程中，随着社会阶层的不断分化，我国的养老金制度也在不断地分立、分化，逐步由过去单一整合的制度演化为目前分立、分割的制度，而这种分割的制度也促使了社会阶层的进一步分化。

关键词： 身份制　政策话语权　社会变迁　阶层分化　养老金变革

一　引言

我国养老金制度的一个根本特征是基于身份的制度构建。现行养老保障体系按社会地位、职业分层等身份特征分为四个分立的制度，即机关事业单位养老金制度、城镇职工基本养老保险制度、城镇居民养老保险制度和农村社会养老保险制度。① 形成这种分立制度的原因主要是政治权力对养老金制

---

① 2014年2月，国务院印发《关于建立统一的城乡居民基本养老保险制度的意见》，提出到"十二五"末，在全国基本实现新农保和城居保制度合并实施，并与职工基本养老保险制度相衔接。

度建立过程的巨大影响。实力决定分配结果，不同利益集团所掌握的否决点不同，在养老金改革中发挥的作用也不同（杨立雄，2008）。我国政策的制定者即政府机关，通过掌握政策的否决点影响了社会政策的制定，影响着社会分层、养老金待遇水平和个人所处的养老金制度地位，进而影响到养老金制度体系的构建和发展。而随着社会的变迁，我国的社会阶层也处于不断变化之中，因此各阶层的利益也在不断地分化，导致我国的养老金制度也不断地发展变化。但是不变的是，政策话语权依然掌握在占据优势社会地位的阶层群体之中，并且捍卫着他们的阶层利益。

我国的社会分层主要分为 1979 年以前以政治分层为主的时期和 1979 年以后以经济分层为主的时期（李强，2004a），这两个时期的不同特点直接影响了我国养老金制度变革。在这个过程中，我国养老金制度不断演化和发展，逐渐形成了目前四个子制度并存的局面。从我国养老金制度的演变历程可知，社会阶层的分化直接影响了养老金制度体系的形成，一是政治分层与经济分层的转变对养老金制度的影响，特别是对各阶层养老金权益的影响；二是户籍制度对养老金制度的影响，这主要体现在城乡制度分割的强化和制约作用；三是身份分层对养老金制度的影响，这与我国养老金制度层级息息相关；四是社会阶层之间的流动对养老金制度的影响。

二　政治分层时期的养老金制度

中国改革开放以前是政治分层为主的社会，社会上人们经济不平等程度较低，而政治不平等程度较高，甚至存在较严重的政治歧视。政治分层在改革开放前有三个时期的不同特征，一是新中国成立初期阶层利益的高度整合，二是户籍制度建立以后两大阶层的利益分隔，三是"文化大革命"所导致的利益条块化。这三个时期的不同特征对我国养老金制度产生了不同程度的影响。

（一）阶层利益高度整合时期

20 世纪 50 年代是我国各阶层利益整合时期。新中国成立初期，我国迎来了生产建设的高峰期。在打破旧制度之后，原先限制工人阶级和农民阶级的各种束缚得到释放，生产积极性得以提高，并引发了社会流动的高潮。而这一时期的社会分层变化以土地改革和三大改造为契机，消灭了资产阶级和地主阶级，整个社会逐步形成了单一的无产阶级，这就消除了原先制约社会流动的阶级障碍，以剥削和被剥削为基础的阶级地位不复存在，这有利于一体化养老金制度的形成。

这一时期，我国社会阶层区分更多地关注家庭出身和无产阶级身份，以政治身份（工人、干部、农民）划分阶层的标准在政治、经济体制基础上开始萌芽。三大改造之后，随着剥削阶级的消灭，我国社会各阶级逐步单一化为无产阶级，形成了高度整体性的利益格局，农民阶级向工人阶级流动成为一种广泛的现实和趋势。以国有和集体经济体制为基础，在国家整体的协调和控制下，个体之间的利益趋于平均化（卢斌，2006）。阶级的单一化和工农联盟所引发的阶层意识的融合促进了各阶层间的流动，1950 年到 1957年的城市人口增长总量中，由农村向城市迁移的人口数量占到 60.8%（杜鹰，2006）。

阶级的单一化促进了阶层间的流动，而阶层间的自由流动不但融合了各阶层间的利益，也融合了养老金制度。养老金制度在这一时期是以国家包办的退休金制度形式存在的，1955 年国家颁行《养老保险条例》、《国家机关工作人员退休处理暂行办法》和《国家机关工作人员退职处理暂行办法》，1956 年建立农村"五保制度"，从而在我国建立起身份有别的养老金制度。但在 1958 年，国务院发布《关于工人、职员退休处理的暂行规定》，将职工和职员的退休标准统一起来，从而在城镇基本上形成了待遇一体化的养老金制度；而农村居民在这一时期获得了土地的养老保障，同时这一阶段的平均寿命不高，60 年代初期我国人民平均寿命也才 60 岁左右（顾杏元，1984），因而当时农村对养老金制度的需求并不强烈，"五保制度"基本能够满足农村的养老需求。因此，养老金制度在这一时期更多地体现城镇就业人员群体的整体性特征，农民则通过社会流动逐步充实到这一群体中来，从而形成了养老金制度逐步融合各阶层利益的景象。

（二）两大阶层利益分隔时期

1950 年代末，我国工人阶层和农民阶层的利益开始分隔。1958 年人大通过了《户口登记条例》，确立了新中国的户籍制度，条例规定了常住、暂住、出生、死亡、迁出、迁入、变更等 7 项人口登记制度。条例特别规定，没有公安部门的批准，农民不得将户口从农村迁往城市。从此以后，我国逐步形成了农村和城镇居民长期分隔的生产生活状况。在 1959～1979 年 20 年的时间里，城乡之间的人口流动基本上终止了。户籍制度使我国形成了两大阶层——工人阶层和农民阶层，其利益逐步分化，生产能力和生活差距不断拉大，这直接影响到养老金制度的发展，限制了城乡一体化养老金制度的建立。

户籍制度的建立限制了农民向城镇流动,使他们被相对固化在田间地头;而城镇居民则拥有相对较强的内部流动能力,从而拥有更多的个人发展机会,再加上工业化生产提高了生产效率,这就使得城乡居民的生活水平逐步拉大。数据显示,城乡居民的人均消费水平的比值从1958年的2.47扩大到2007年的3.63,城镇居民人均可支配收入与农村居民人均纯收入的比例从1985年的1.9扩大到2006年的3.3(中国社会科学院人口与劳动经济研究所,2008),这就使得城镇居民获得越来越高的阶层地位。

可见,户籍制度建立以来,我国社会分层发生了重大变化,整个社会分化为城镇居民和农村居民两大独立的阶层,各自体现着工人和农民的利益。同时,户籍制度建立以后城乡社会流动受到限制,从而拉大了城乡差距,提高了城镇居民的阶层地位,工农阶层之间的利益开始分化。

户籍制度导致了阶层利益分化,阶层利益分化进一步造成了城镇居民和农村居民在养老金制度体系中的分隔。城镇居民不断变革其退休养老制度,而农村居民在拥有了土地保障之后,被习惯性地排除在养老金制度之外,虽然后来在农村建立了养老保险制度,但由于覆盖面狭小、待遇水平低下,并未根本改善农村被养老金制度排斥的窘境。

可见,工农阶层利益分化阻滞了社会流动,拉开了城乡阶层差距,也就带来了社会地位差别,使得农村养老金制度发展缓慢,其覆盖率低于城市养老金制度,待遇水平也远不如城市。这就使得城乡养老金制度二元分割的局面不断得到强化。

(三) 阶层利益条块化时期

20世纪60年代到70年代的"文化大革命"强调了社会的均等,经济上的差异不是很大,但这一时期流动机制的缺失使城镇职工被固化在单位体系内,从而影响了社会制度的构建。这一时期由于内部斗争的激化,政治上的差异十分突出,出现了政治歧视。在单位制与户籍制度、干部管理体制多重作用下,这种政治歧视促使我国逐步形成了政治身份分层体系。政治身份分层机制对我国养老金制度的变革产生了深远的影响,而在"文化大革命"时期,在单位制基础上出现了阶层利益条块化,并破坏了新中国成立初期建立在所有制基础上的养老金制度,取而代之的是单位化的养老制度。

"文化大革命"的内部斗争使城镇职工内部产生了权益分化,并导致各种社会制度失衡,出现了阶层单位化的特征,各单位直接受上级管辖,单位的地位高、级别高，单位工作人员的地位也随之较高。阶层利益出现了条块化的倾向，子女补员现象比较普遍。这一时期，农民在人民公社体制下反而显示出较强的阶层凝聚力，财富和收入明显向社会下层转移，贫富差距缩小，按五等分划分的最低收入组在"文化大革命"前的收入占到全部收入的 6% ~7%，而"文化大革命"期间占到9% ~10%。这一时期，城镇职工阶层横向交流减少，促进精英循环的"高考"制度也被废除，阶层内部基本处于不流动状态，大部分人都是在一个职位上长期工作，很少流动，代内职业流动率只有 13.3%，上升流动率只有 7.4%。由于缺乏流动，因而缺乏阶层凝聚力，甚至出现了城镇职工阶层潜在劳动者单向外流的现象，即"知识青年"向农村流动。从 1968 年底到 1978 年底，全国共有近 1700 万城镇知识青年上山下乡（黄金平，1991）。

可见，这一时期的社会分层主要体现的是政治身份分层，政治地位高于经济地位，不同的单位之间具有不同的政治身份等级。阶层利益以单位为基础，条块分化，这一分化主要体现在政治身份上，社会整体经济利益较为均等。同时，这一时期的社会流动性差，从而进一步强化了单位制的作用，单位制在这一时期演化为"铁饭碗"制度。

内部斗争分化了工人阶层的整体利益，个体利益依赖于条块分割的单位。阶层利益条块化，导致了城镇职工的阶层凝聚力减弱，也使其养老金权益相应受到了漠视，养老金管理机制丧失，全国统一管理的城镇养老金制度进入单位化时期。在单位化养老金体系下，大量符合退休条件的职工权益被搁置，形成了干部、职工终身工作制。阶层利益的条块分化也影响了养老金制度后来的发展，在 20 世纪 80 年代的养老金制度改革中，先后出现了银行、邮电、电力、石油天然气、煤炭、有色金属、民航、交通、铁路、水利和建筑 11 个行业养老保险自行统筹管理的现象，这显然受到了养老制度单位化的影响；而各地区省、市、县统筹层次的差异也体现出阶层利益条块化的特点。同时，阶层利益条块化所强化的政治身份地位差别在此后的养老金制度中也得以延续。

可见，在这一时期，政治身份分层得到强化，而经济分层弱化，而后工人阶层流动能力受到限制，从而影响阶层凝聚力，并激化了阶层内部矛盾，这就使得统一管理的养老金制度失去了社会基础，在单位管理体制下沦落为单位化的养老制度。这一制度又影响到后来的养老金制度建设。

三 经济分层时期的养老金制度

改革开放以后，政治不平等程度大幅下降，而经济不平等程度却大幅提升，经济上的不平等逐渐取代了政治上的不平等。这一阶段主要分为改革开放初期的阶层利益拓展和 20 世纪 90 年代以后的利益多元化两个时期，这两个时期的不同特征导致了我国养老金制度的多元分化逐步加剧。

（一）阶层利益拓展时期

改革开放之后，各阶层的利益开始拓展，从追求政治利益逐步转向追求经济利益，从而出现了阶层之间经济利益的分化和聚合。利益分化，是指利益结构要素产生新的差异的过程（卢斌，2006），而利益聚合指的是这些差异的重新凝聚和弥合。20 世纪 80 年代，市场经济体制改革改变了单位的功能，原来依附于单位小集体的城镇职工逐渐向阶层大集体靠拢；而高考制度的恢复也复苏了城镇干部职工的流动性，从而为加强阶层凝聚力创造了条件。在经济利益逐步分化的过程中，以政治身份划分的社会各阶层开始寻求各自的经济利益，干群开始分化。这一方面使得退休金制度得以恢复实行，另一方面也使得我国养老金制度出现了阶层分离的状况。

20 世纪 70 年末邓小平提出"拨乱反正"之后，城镇职工的利益重新聚合。这一时期单位分割依然存在，行业利益得到强化，且由于人事制度和劳动就业制度的制约，城镇职工阶层的横向流动问题尚未得到明显改善，户籍制度又制约了城乡之间的流动，职工收入水平在不同行业之间开始呈现差异。同时，作为一个阶层整体，城镇职工阶层与农民阶层逐步分离，职工阶层的身份地位和经济地位也逐步得到提高。在改革开放以前，工人阶级在很大程度上是一个广义的政治性概念，通常包括除农民以外的所有社会成员，即包括从事物质生产的工人，在公有制企业、国家机关等从事管理的领导（如国家干部），以及从事管理、文教和科技等工作的知识分子等。而这一时期，干部群体随着高考制度的恢复逐步壮大，并在经济利益驱使下逐渐形成了独立的阶层意识。数据显示，在"文化大革命"期间，城乡人口比例没有发生太大的变化，城镇人口比重甚至略有下降；而在 20 世纪 80 年代，城市人口比重迅速从 1980 年的 19.4% 上升到 1989 年的 26.2%（国家统计局国民经济综合统计司，2004），平均每年上涨 0.7 个百分点。

因此，这一时期的阶层特点是在经济体制转型基础上的各政治身份阶层的利益聚合和经济利益的拓展，形成了干部阶层、城镇职工阶层和农民阶层三大阶层主体，阶层等级差异日趋明显，阶层等级越高的人所获得的权力地位、社会地位、经济地位也越高。由于户籍制和单位制的惯性作用，这一时期的阶层流动缓慢，但代际流动开始加强，农民和普通职工子女可以通过高考向上流动，1980 年以后，代际总流动率达到 54%，其中上升流动率为 40.9%。

各阶层利益的拓展打破了单位制的藩篱，促进了阶层内部流动，恢复了城镇退休金制度，但这也使得城镇与农村在养老金体系中再度割裂开来。阶层利益拓展也促进了阶层意识的觉醒，使得机关事业单位工作人员退休金制度与企业职工退休金制度再次分别开来。1978 年，国务院颁布了《关于安置老弱病残干部的暂行办法》恢复了国家干部的离退休制度，该办法主要适用于机关、团体和全民所有制企事业单位的国家干部，同时颁布的《关于工人退休、退职的暂行办法》将适用范围限定于机关、团体、全民所有制企事业单位的工人，而集体所有制的企事业单位可以参照以上两个文件执行，这就集中体现了国家对干部和工人的不同社会政策导向。1980 年，国务院又颁布了《关于老干部离职休养的暂行规定》，明确建立有别于退休的离休制度，以此提高了干部的制度地位。机关事业单位的代表——干部的政治权力在经济体制改革前期开始转化为经济权益，阶层经济利益分割显性化。这一政治权力在政企分开之后促进了企业职工养老保险制度和农村养老保险制度的探索，创建了"统账结合"的养老保险模式，以此开创了养老金制度的个人缴费时代，并在不同制度标准下逐步形成了多元养老金制度体系。

首先，从干部职员阶层来看，这一时期该阶层与企业职工阶层出现了"政企分离、让利放权"为特征的分化。1984 年通过的《中共中央关于经济体制改革的决定》提出了"政企分开、简政放权"的体制改革原则，这就使得干部职员阶层与企业职工阶层之间出现利益分化，而干部职员阶层也正是在这样的背景下逐渐脱离了与企业职工阶层的上下级管理关系，进而出现了阶层利益的浓缩、凝聚，导致城镇养老金制度的彻底分离，干部职员阶层以此获得了不同于企业职工阶层的养老金制度权益，以其稳定的就业和稳定的经费来源沿用了待遇丰厚的退休金制度。

其次，从企业职工阶层来看，这一时期工会的作用没有恢复，职工阶层的权力和政治地位下降。改革开放以后召开的第五、第六、第七届全国人民代表大会的工人代表比例分别为 26.7%、14.9%、12.4%，比例不断减小（李亚雄，2002）。城镇职工阶层在深化经济体制改革和按劳分配的思想主导下被推向市场的风口浪尖，并由于政治权力的削弱，其养老金制度地位也相应下降。1986 年通过的《中华人民共和国经济和社会发展第七个五年计划》提出"建立形式多样、项目不同、标准有别的新的社会保障制度"，并提出了"社会化管理的改革方向，社会保障资金由国家、企业和个人合理负担，以企业和有收入的事业单位承担为主，企事业单位职工退休养老金的标准，要分别规定，有所差别"。可见，城镇职工阶层成为资源拥有的弱势者，讨价还价的能力低下，个人性的行动方式不能抵制强势阶层的强力行为，而政府行政权力退出了对工人阶层的保护，增加了对管理者阶层的支持。在企业职工的政治地位受到削弱的情形之下，养老金制度分化的原则开始确立，企业职工非缴费型的退休金待遇逐渐消亡，以此逐步建立起企业与职工共同缴费的"统账结合"型养老保险制度。

最后，从农民阶层来看，这一阶层在农村经济体制改革中利益逐步分化。从1982年开始，我国进行了家庭联产承包责任制改革，逐步取代人民公社，从而使集体生产形式在农村逐渐消亡，农民的群体利益也随之分化。1984年党的十二届三中全会通过的《中共中央关于经济体制改革的决定》提出加快以城市为重点的整个经济体制改革的步伐，这又使得农民阶层处于被边缘化的境地。农村集体机制的弱化使得个人的养老风险加大，这就要求农村尽快建立起覆盖广泛的养老金制度；同时农村居民的寿命的提高也要求有相应的养老金制度的保障。从1985年起，全国逐步推行乡镇统筹解决"五保制度"经费的办法。同时，从20世纪80年代中期开始，在农村经济比较发达的地区开始进行建立农村社会养老保障制度的探索。但由于国家以城市为重点的发展战略，农民阶层被边缘化，使得农村社会养老保险制度的建立只能以个人缴费为基础，缺乏福利性的特征，无法切实解决这一阶层的养老保障问题。

可见，这一时期各身份阶层在经济体制改革中的地位直接影响了其相应养老金制度的建立，从而造成了城镇养老金制度以单位盈利与否为标准的制度分化，以及农村缺乏集体缴费依托的储蓄型养老保险模式的创建，形成了多元分割的养老金制度体系，之后干部职员和城镇职工待遇水平的拉大也正是在这一基础上逐步形成的。

（二）阶层利益多元化时期

20世纪90年代以后，逐步活跃的市场经济也活跃了民众的思维，人们的利益诉求呈现多元化的特征，社会分层标准层出不穷，最具代表性的是陆学艺以组织资源、经济资源和文化资源的占有状况为基础的多元分层标准。根据这三个标准，陆学艺将我国社会阶层结构分为十大社会阶层和五大社会经济地位等级（陆学艺，2002）。阶层利益多元化对养老金制度提出了新的要求，我国养老金制度在多元社会阶层体系下不断变革，开始由三元养老金制度向五元养老金制度转变。

20 世纪 90 年代以后，改革开放的浪潮席卷全国，深入民心，特别是 1992 年邓小平的南方谈话促进了经济改革与社会变革，这也促使各阶层利益呈现多元化的格局。农村进城务工人员迅速增加，出现了"民工潮"现象，也有一部分机关事业单位工作人员开始"下海"经商。这一时期，城镇职工阶层的流动性增强；而农民阶层出现了大量的富余劳动力，这些富余劳动力从农民中分化出来，开始向城镇流动；与此同时，长期受到抑制的商业贸易在这一时期开始喷涌，"下海"经商的高利润诱使一些机关事业单位工作人员放弃了原有稳定的工作岗位和收入，以各种形式从干部职员阶层中分化出来。经济精英和技术精英的社会地位得到了大幅度的提升，大量的政治精英通过"下海"转为经济精英。这一时期不仅职位流动明显加快，而且向上流动率也提高，1991～2001 年，代内职业流动率为 54.2%，向上升迁的流动率提高到 30.5%。

可见，在这一时期，企业家、商人、职工所组成的混合阶层具有较高的吸纳能力，其流动性也最强。而农民工虽然也具有了职工阶层的某些特征，但由于户籍制度的隔阂，其产生了不同于城镇职工，也不同于农民的利益诉求，并逐渐转换为一致性的群体行动，形成了一个相对独立而庞大的阶层。当前的社会各阶层是在利益多元化状态中不断分化、聚合的。

这一时期的阶层利益多元化直接冲击了处于变革中的养老金制度，令其疲于应付，局面尴尬。基于稳定就业的退休金制度以及基于企业与个人共同缴费的"统账结合"模式均无法适应经济体制改革所带来的一系列养老需求。养老金制度在这一时期不断分化，出现了机关事业单位养老制度、企业职工基本养老保险制度、农村养老保险制度三大子系统分立的格局，而后又从这三大子系统中经过改革和分化，演变出城镇居民养老保险制度，形成四个子系统并存的局面。但由于不断分化所形成的制度衔接的缺口，看似规模庞大的多元养老金制度体系在整体上漏洞百出，标准繁杂，这就在社会各阶层的待遇水平上表现出明显的差异性。统计数据显示，企业、事业、机关人均离退休费的比值从 1990 年的 1∶1.14∶1.21 扩大到 2005 年的 1∶1.87∶2.09，机关事业单位工作人员逐步拉大了与企业的养老金待遇差距，这也是企业职工养老金连续十连调的根本原因。

可见，在这一时期，社会各阶层的利益多元化引起了大规模的社会流动。社会流动促进了精英循环，也带来了阶层分化，从而导致新的利益群体的形成。这些利益群体具备了各自不同的利益表达能力，从而影响其在养老金制度体系中的地位，进而影响其养老金待遇水平。从干部职员群体中分化出来的事业单位工作人员同时具有特权阶层和企业职工阶层的属性，因而获得了高于企业职工的养老金权益；企业职工阶层在经济体制改革中获得了一定的经济地位，但由于阶层内部利益的复杂化和贫富差距不断拉大，直接影响了其整体利益诉求的表达能力，从而影响了其在养老金制度体系中的地位，所以在养老金制度改革中与机关、事业单位工作人员的待遇差距不断拉大；农民阶层这一底层的政治身份长期影响着其养老金利益，基于农村养老保险的养老金待遇水平难以满足其日常生活消费的需要，这也限制了其向上流动的能力；从农民中分化出来的农民工也同时具有企业职工和农民的性质，其养老金权益也处在农村养老保险和城镇养老保险之间，但获得这一权益的农民工群体能力有待进一步释放。到了 20 世纪 90 年代末期，底层向上流动的机会大大下降，阶层内部的认同得到强化（李强，2008）。这些社会分层因素的综合作用促使我国形成了独特的多元养老金制度分层。

四　小结

从以上的分析可以得出，我国养老金制度与社会分层之间存在着密切的联系，在养老金制度和社会分层的相互影响和作用下，形成了我国独特的多元养老金制度结构，而多元的养老金制度又影响着社会分层的变迁。

社会分层地位的不同拉大了养老金待遇水平差距。作为改革开放的领导者和社会资源的管理者，具有较高社会地位的机关事业单位工作人员获取了较高的养老金待遇水平，形成了养老金特权。而城镇职工因在不同时期不同的社会地位而享受了不同的养老金待遇，早期与干部职员相近甚至略高；单位制时期由于社会地位下降，其所获得的养老待遇又与农民阶层相近；改革开放以后，经济建设的主力军作用使其与农民阶层拉开了养老待遇差距，但同时因吸纳了企业主、灵活就业人员、个体工商户等代表不同利益的群体成员，其阶层凝聚力减弱，也就拉大了与特权阶层的养老金待遇差距。

同时，阶层流动影响养老金制度变革。就业相对稳定的城镇特权阶层沿用了早期的离退休金制度；就业稳定性降低，流动性加大的城镇职工开始实行"统账结合"的养老金模式；而农民流动性的增强也对养老金制度提出了新的要求，流向城镇务工的农民则对城镇养老金制度形成了强烈冲击，现有的养老金制度开始广受质疑。

　　阶层利益不断聚合和分化要求养老金制度更具灵活性。在城镇化进程中，不断扩张的城镇职工阶层要求养老金制度更具灵活性，能同时容纳其他各阶层流入人员对养老保障的需求。在社会阶层不断变迁的过程中，只有灵活包容的养老金制度才能切实保障社会各阶层的养老金权益，从而维护社会的稳定。

参考文献

杜鹰，2006，《现阶段中国农村劳动力流动的基本特征与宏观背景分析》，载蔡昉、白南生主编《中国转轨时期劳动力流动》，北京：社会科学文献出版社。

顾杏元，1984，《三十五年来我国人民健康水平的变动》，《中国卫生统计》第 2 期。

国家统计局国民经济综合统计司，2004，《新中国五十五年统计资料汇编》，北京：中国统计出版社。

黄金平，1991，《"文革"期间我国知识青年上山下乡运动述评》，《当代青年研究》第 4 期。

李强，2004a，《转型时期中国社会分层》，沈阳：辽宁教育出版社。

李强，2004b，《农民工与中国社会分层》，北京：社会科学文献出版社。

李强，2008，《社会分层十讲》，北京：社会科学文献出版社。

李亚雄，2002，《转型期的社会分层机制与工人阶层的地位变迁》，《江汉论坛》第 12 期。

卢斌，2006，《当代中国社会各利益群体分析》，北京：中国经济出版社。

陆学艺，2002，《当代中国社会阶层研究报告》，北京：社会科学出版社。

陆学艺，2004，《当代中国社会流动》，北京：社会科学文献出版社。

杨立雄，2008，《利益、博弈与养老金改革——对养老金制度的政治社会学分析》，《社会》第 4 期。

郑功成等，2002，《中国社会保障制度变迁与评估》，北京：中国人民大学出版社。

中国社会科学院人口与劳动经济研究所，2008，《中国人口年鉴（2008）》，北京：中国人口年鉴杂志社。

Parkin , Frnak 1971, *Class Inequality and Political Order: Social Stratification and Communist Societies.* London: MacGibbon & Kee Ltd.

Lockwood , David 1989, *The Blackcoated Worker: A Social Critique of the Judgement of Taste.* Oxford: Oxford University Press.

作者简介

杨建海　男

所属博士后流动站：中国社会科学院社会学研究所

合作导师：景天魁

在站时间：2013.12 ~

现工作单位：北京工商大学

联系方式：13811416017@139.com

第四部分　阶层、流动
与社会心态

回乡还是留守?

——北京新生代农民工留京意愿调查分析

李艳春

摘　要： 本文分析北京非京籍新生代农民工的留京意愿及影响因素。结果表明,两成多农民工愿意留在北京,不到两成的农民工要离开北京,其余农民工留京意愿模糊。教育水平、婚姻状况、城市居住时间、劳动合同签订情况、城市朋友数量、自评社会经济地位对新生代农民工留京有显著影响作用;家乡所在地、北京市民态度对新生代农民工离京有显著影响作用;收入对于新生代农民工留京及离京均没有显著影响。

关键词： 新生代农民工　留京意愿　离京意愿

一　问题的缘起

统计数据显示,到2013年末北京全市常住人口达2114.8万,其中常住外来人口802.7万,[①] 北京人口在过去十年里平均每年增长44万左右。据估算,2012年北京人口中每3人中就有1人是外地人。[②]面对如此庞大的人口规模,北京市政府首次提出"控制人口规模"这一目标,北京市长在2014

[①]　数据来源:《法制晚报》2014年1月23日。

[②]　数据来源:http://news.sina.com.cn/c/2014-01-17/031129265959.shtml。

年初市人代会政府工作报告中表示，要"深入研究控制人口规模的治本之策，立足当前，着眼长远，细化落实各项具体措施，切实把常住人口增速降下来"。

要想研究制定出对北京这一特大城市来说具有针对性的、切实可行的策略，首先需要对北京外来人口，尤其是第二代农民工的居住意愿进行全面了解。国家统计局有关调查数据表明，进入 21 世纪，20 世纪 80 年代以后出生的、年满 16 周岁以上的第二代农民工已经超过 1 亿人，新生代农民工成为农民工的主体力量（刘程，2010）。因此可以预计在北京外来人口中，新生代农民工占有相当比例。

新生代农民工从农村走向城市，表面上看是远离农村，然而，他们却无法真正完全融入城市，无法享受同城市居民同等的待遇，更难以在城市扎根。未来的不可知性使他们"何去何从"的选择显得扑朔迷离。在全面比较进城后诸多利益的基础上，新生代农民工在离开北京还是留在北京二者间会做出怎样的选择？有哪些因素对于新生代农民工的留京意愿产生影响作用呢？据此，本文利用北京团市委 2012 年 6 月针对北京市非京籍务工人员社会、经济、心理等方面发展状况进行的调查，了解该群体工作生活的基本状况，获知其对于未来生活的展望。

二　理论与文献综述

人口迁移受到不同领域研究学者的共同关注，包括人口学家、经济学家在内的诸多学者从不同角度提出人口迁移理论。

拉文斯坦（E. G. Ravenstein）的迁移规律认为，与迁出地、迁入地有关的诸多因素、介入性障碍以及个人因素等都会导致个体迁移与否的决定。介入性障碍包括距离、交通顺畅程度等因素引起的迁移成本。该迁移规律同时认为，个体迁移多是以经济作为主要动机。

以柏格、罗达为代表人物的"推—拉"理论认为，城市的拉动以及农村的推动共同作用于个体，使其做出迁移决定。城市的拉动因素不仅表现在提供就业机会方面，城市在政治、文化、教育方面也具有其独特优势。另外，土地的减少以及机械化生产导致农村劳动力过剩则将个体推到农村以外的空间寻求生存之道。

经济学家舒尔茨提出"投资—利润"理论，该理论是在"人力资本"理论的基础上发展而来的。该理论认为，迁移过程即一种投资，在综合衡量迁移成本、迁移代价以及可能从迁移中获得的利益之后，如果个体认为其所获利益大于所付代价，则最终会做出迁移的决定。迁移成本及迁移代价包括迁移引起的迁出地诸多机会的丧失、新环境所导致的适应性问题及情感孤独及心理代价等。从迁移中获得的利益包括收入增加、更多的就业与升学机会等。

美国人口学家特达洛的"期望收入"理论则认为，城乡收入差距与农村就业机会决定农村人口是否流入城市，城市较高的收入与就业机会期望会导致农村人口的迁移行动。

R. 赛尔和德·琼在其《论迁移决策的动机理论》一文中分析了迁移动机理论中的要素，包括采用性、价值、诱因与预期。有学者进一步分析诱因，从静态方面将迁移原因总结为经济动机、居住满意度、社会地位变动、生活方式偏好、家庭和朋友的影响等（胡玉萍，2007）。

总之，从现有的理论来看，不同经济发展水平之下的劳动力供给差异这一经济因素是主要的人口迁移因素。多数情况下，人口迁移是为了追求更好的经济收入，从而能有更好的生活水平。经济越发达，人口迁移就越会受到经济条件的制约。另一方面，文化教育事业的发展通过改变人们的生活态度和生活期望，改变人们认识外部世界的态度与观念，从而导致人口迁移。

（一）个人特征

1. 性别

性别对于农民工迁移意愿的影响作用，不同研究得出不同结论。有研究表明，同男性相比，女性更倾向于定居于城市，而不愿意返回农村（李强、龙文进，2009）。迁移意愿之所以会男女有别，有他们认为，现代社会赋予男性以更多的责任与压力，同女性相比，他们的焦虑感和义务感更强，因而男性更愿意选择回乡。然而，也有学者的研究与此不同。他们认为，性别对留城意愿的影响不明显（李楠，2010）。还有学者研究表明，在不预设前提条件下，年龄和性别对于迁移意愿有较高的解释力，但是在预设"交回承包土地"这一条件下，性别不再具有解释力（张翼，2011）。如此看来，性别对于迁移意愿的影响可能还要受到其他因素的制约。

2. 年龄

有关年龄对于留城意愿的影响，也无定论。有研究表明，年龄越小、文化程度越高的农民对于进城打工的预期收入更高，因此进城定居的意愿更大，即随着年龄的增加，迁移意愿降低（侯红娅等，2004；续田曾，

2010）。如何解释这一现象？个体来到新环境中时，必然要经历一个从熟悉、到适应再到融入的过程，而这一过程与年龄密切相关。一般来说，适应性越强，个体越愿意留在新环境中；反之亦反。如果适应过程发生在个体幼年时期（如进入小学之前），那么该过程一般来说是顺利的。也就是说，大龄青年在变换环境的过程中往往会遇到更多的适应性问题，尤其是青春期的青少年更是如此，也可以认为，适应过程出现问题的可能性会增加。正如费老所言，"在成年时代突然加入一个陌生的社会团体，总不免是生活的一个危机"（费孝通，1998：199）。另一方面，也有研究发现，年龄并不是影响农民工留城的显著因素（绩田曾，2010）。

3. 教育程度

教育程度是影响农民工迁移意愿的重要因素，但是教育程度以何种方式影响迁移意愿则尚未达成共识。有学者认为，教育程度与留城意愿是一个正向的自我选择过程，教育程度越高，留城意愿越强；反之，则倾向于返乡（李楠，2010）。还有学者认为，教育程度与留城意愿呈现"U"形关系，教育为小学水平的农民工留城意愿较高，随着教育水平的提高，留城意愿降低，但是当教育达到大专以上程度时，留城意愿又趋于强烈（王桂新等，2010）。

4. 婚姻因素

婚姻对于青年人口迁移来说是一个主要因素。有学者认为，农民工留城意愿受到婚姻状况与全家迁移的影响，全家迁移的农民工更倾向留在城市，而已婚者返乡则是出于照料老人的缘故（李强、龙文进，2009）。家庭式迁移可以使城市生活的农民工从婚姻与家庭中获得包括情感与经济上的必要支持，降低他们与家人分离的心理成本，使之从家庭中获得情感慰藉，因此这一因素会影响农民工的留城意愿。然而，也有研究表明，婚姻对于留城意愿没有显著影响（李楠，2010）。

（二）城市经历

1. 收入

有研究表明，是否有稳定收入是流动人口决定是否迁移的原因（朱宇，2004），收入影响农民工的迁移意愿（原新等，2011；胡玉萍，2007）。随着在城市中的社会地位及收入水平的提高，农民工群体能够更好地适应城市社会，因此其留城意愿也更为强烈。也有研究表明，月收入对于留城意愿没有显著影响（原新等，2011）。

2. 务工时间

有研究表明，农民工在城里务工时间越长，其留城意愿越强烈。随着进城时间的延长，农民工返乡意愿越弱，留城意愿越强（任远，2006）。学者对此进行的解释是，进城务工时间越长，农民工对于城市的适应性越强，因此能够更好地融入城市生活，其获得更适宜工作与更多打工收入的可能性越大，因此表现出更强烈的留城意愿（吴兴陆，2005）。另一方面，也有研究表明，进城年限对于留城意愿有显著正影响，然而随着进城年限的增加，留城意愿出现先增加再降低的态势（原新等，2011）。

3. 心理状态

一般来说，如果迁移个体在一个新环境里越是能够得到公正的待遇，其选择留下的愿意应该越强，反之，则会选择离开该环境。然而，既有的研究却得到不同的结论。有学者研究认为，农民工感觉到所受歧视越多，越倾向于返乡（夏怡然，2010）。还有研究表明，当地城市居民的歧视对于农民工的留城意愿没有影响（尉建文、张网成，2008）。

从以上分析可知，国内关于迁移研究的现状是，有诸多研究以农民工或流动人口作为分析对象，也得出了一些影响这两类群体迁移的重要研究结论。尽管不乏针对特定区域外来移民定居意愿进行的研究，但无论是外来人口还是流动人口并不能完全等同于农民工，因而基于外来人口或流动人口的研究结论未必适用于农民工群体。另外，相对于第一代农民工，新生代农民工又有其独特的群体特点。因此基于农民工群体研究得出的结论对于新生代农民工来说是否具有同样的解释力也值得进一步探讨。另一方面，对于北京、上海、广州等特大城市外来移民的迁移意愿研究还相对缺乏，而这些大都市正是外来务工人员的聚集之地，其中对北京这一国际化都市外来人口的留城意愿研究更是少之又少。鉴于此，本研究针对北京市的新生代农民工，分析他们的留京意愿及影响因素，为北京市从宏观上制定外来移民的政策提供依据，为深入研究该群体提供参考。

三 研究设计

（一）数据来源

本研究的数据来源于 2012 年 6 月北京团市委在北京开展的"北京市非京籍务工人员发展状况"的调查问卷。我们采用随机抽样方法，先在北京市的 17 个区（县）抽取了 56 个街道。收集数据时使用的是结构化问卷，所有的参与者都是自愿并且是匿名回答问卷。

根据我国改革开放前后不同时期的生育政策、社会经济条件以及个体成长环境的差异，本文将出生年份在 1980 年及之后的农民工称为新生代农民工。该群体仍属农村户籍但以在城市里从事非农产业，以经商务工作为谋生手段。具体在 2012 年北京团市委的调查数据中，对新生代农民工的界定过程如下：被调查者的户口是"京外农村户口"，然后根据年龄进行筛选，本调查则选取那些在 1980 年 1 月后出生者。

（二）变量说明与模型构建

1. 因变量及测量

问卷通过"你今后有何打算"测量北京新生代农民工的留京意愿，回答有以下八种设计：1. 没有想过，2. 留在北京，3. 到其他城市，4. 回家乡务农，5. 回家乡经商，6. 回家乡从工，7. 看情况再定，8. 其他。本文将以上诸多打算归为三类：第一类没有想过或看情况再定，包括问卷中的第 1 和第 7 项，将"其他"也归为此类；第二类是有留在北京的意愿，包括问卷中的第 2 项，第三类是今后要离开北京，包括问卷中的第 3 至第 6 项。从本次调查数据可知（N = 5355），61.6% 的新生代农民工没有想过今后的打算或看情况再定；22.2% 的农民工选择留京；16.2% 的农民工选择离开，或者回家务农，或者回家经商，或者回家从工，或者选择到其他城市工作。

2. 自变量及测量

结合已有的研究并考虑到本调查所获得的数据，模型的解释变量如表 1 所示，包括三类。第一类是新生代农民工的个体特征，包括性别、年龄、教育水平、婚姻状况、家乡所在地。根据区域经济发展状况，将家乡所在地分为东部地区、中部地区和西部地区。东部地区包括北京、天津、河北、辽宁、上海、江苏、浙江、福建、山东、广东、海南等 11 个省、自治区、直辖市；中部地区包括山西、吉林、黑龙江、安徽、江西、河南、湖北、湖南等 8 个省、自治区；西部地区包括重庆、四川、贵州、云南、西藏、陕西、甘肃、宁夏、青海、新疆、广西和内蒙古等 12 个省、自治区、直辖市。

第二类是城市经历，包括在北京居住时间、月收入、更换工作次数、是否签订劳动合同、朋友中北京人的数量。

第三类是社会心理，包括北京市民的态度、对自己经济地位的评价。具体变量描述见表 1。这三类自变量及因变量的测量及描述详见表 1。

表 1　变量的测量及描述

变量	变量说明	均值	标准差	样本数
留京意愿	没有想过或看情况再定 = 1 留京 = 2　离京 = 3	1.55	0.75	5057
个体特征				
性别	男 = 1　女 = 0	0.51	0.50	5091
年龄	17~20 岁 = 1　21~25 岁 = 2 26~30 岁 = 3　31~33 岁 = 4	2.59	0.87	5015
教育水平	大专及以上 = 1 高中（含职高、中专、技校） = 2 初中及以下 = 3	2.19	0.76	5075
家乡所在地	东部 = 1 中部 = 2 西部 = 3	1.67	0.72	5056
婚姻状况	未婚有友 = 1 已婚 = 2 未婚无友 = 3	2.00	0.79	5091
配偶是否在京	是 = 1 否 = 0	0.77	0.42	1832
城市经历				
居住时间	11~17 年 = 1 6~10 年 = 2 3~5 年 = 3 1~2 年 = 4	2.66	0.96	4976
月收入	2000 元以下 = 1 2000~3999 元 = 2 4000 元以上 = 3	2.11	0.57	5091
更换工作次数	没换过 = 1 1~2 次 = 2 3~4 次 = 3 5 次以上 = 4	2.20	0.93	4973
是否签订劳动合同	3 年以上合同 = 1 1~3 年合同 = 2 没有签订合同 = 3	2.20	0.58	4609
朋友中北京人的数量	5 个以上 = 1 3~4 个 = 2 1~2 个 = 3 0 个 = 4	2.73	1.09	5014

				续表
变量	变量说明	均值	标准差	样本数
社会心理				
北京市民态度	友好 = 1 一般 = 2 排斥 = 3	1.65	0.64	5065
自评社会经济地位	中上层 = 1 中下层 = 2 底层 = 3	2.33	0.69	5035

3. 模型构建

本文要分析北京新生代农民工的留京意愿及其影响因素。基于以上三个分类的解释变量，本文应用多项逻辑斯蒂回归（multinomial logistic regression）方法进行分析。该方法的要求是，当因变量分为 j 类时，要以其中一类作为参照组，将其他类别结果与该类参照组对比构建而得 j - 1 个方程。本文中，新生代农民工对于今后的打算分为三类，本文以没有想过或看情况再定为参照组，构建的回归模型如下所示：

$$Ln(odds_j) = \alpha_j + \sum \beta_{ij} \times x_{ij} + \varepsilon_{ij}$$

该式中，j = 2，3。因此该式实际上表示两个回归方程。因变量为发生比的对数，发生比（$odd_j = \frac{p(y=j)}{p(y=1)}, j = 2,3$）分别表示新生代农民工留京与没有想过或看情况再定选的概率比值、离京与没有想过或看情况再定选的概率比值。将该式左右两边同时取指数时，自变量回归系数 β_i 转换为 e^{β_i}，e^{β_i} 表示的是自变量改变一个单位所引起的发生比的改变。该式中的自变量如上所示，包括性别、年龄、教育水平、家乡所在地、婚姻状况、城市居住时间、月收入、更换工作次数、劳动合同签订、朋友中北京人的数量、北京市民态度以及农民工的自评社会经济地位。

四　分析结果

（一）新生代农民工留京意愿现状

利用交互分类分析我们发现，性别、工作更换频率与新生代农民工的留京意愿并不显著相关，以下因素与留京意愿显著相关，具体说明如下。①年龄。从年龄上看，年长农民工比年轻农民工更倾向于留京。随着年龄的增加（本样本年龄从 17 岁至 33 岁），留京意愿从 18.2% 增加到 30.9%，离京意愿从 18.6% 下降至 14.7%，视情况再定则从 63.2% 下降至 54.4%。②教育水平。随着教育水平的增加，农民工的留京意愿从 20.9% 增长至 34.4%，离京愿意从 18.2% 下降至 12.9%，视情况再定则从 60.9% 下降至 52.7%。③家乡所在地。从东部到中部再到西部，农民工的留京意愿从 27.8% 下降至 23.5%，离京意愿从 14.2% 上升至 23.5%。④婚姻状况。未婚但有男（女）朋友与已婚的农民工留京意愿最高，比例分别是 57.8% 和 61.4%，这一群体持视情况再定的模糊态度比例也最低。⑤务工时间。务工时间与留京意愿呈正向线性相关，在北京工作时间越长的农民工，其留京意愿越强。然而，务工时间与离京意愿并非线性相关，在京居住时间最短（1~2 年）和最长（11~17 年）的农民工的离京意愿较高（17.7%），居住时间为 3~5 年和 6~10 年的农民工离京意愿较低（15.7% 和 15.0%）。⑥收入。收入越高的农民工其留京意愿越强，但收入最低与最高的二类群体的离京意愿较低（分别为 15.8% 和 15.2%），中间收入的人群离京意愿较强（16.5%）。⑦劳动合同。越是签订长期劳动合同的农民工，其留京愿意越强，离京意愿越弱。⑧北京朋友数量。北京朋友越多的农民工，留京意愿越强，离京意愿越弱。同没有北京朋友的农民工相比，有 5 个以上北京朋友的农民工的留京意愿要高出 30.2%。⑨认为北京人的态度越友好，持留京意愿的农民工越多。⑩认为自己的社会经济地位越高的农民工，越倾向于留在北京。

表 2　在京新生代农民工留京倾向意愿的交互分类分析

自变量	留京意愿（%）			X^2	Sig 值
	没想过或看情况再定	留京	离京		
性别					
男	57.9	24.4	17.7	6.785	0.34
女	59.1	26.4	14.5		
年龄					
17~20	63.2	18.2	18.6		
21~25	62.0	22.0	16.0	31.094	0.000
26~30	55.2	28.3	16.4		
31~33	54.4	30.9	14.7		

续表

自变量	留京意愿(%)			X^2	Sig 值
	没想过或看情况再定	留京	离京		
教育水平					
初中及以下	60.9	20.9	18.2		
高中(含职高、中专、技校)	59.0	25.1	15.9	45.873	0.000
大专及以上	52.7	34.4	12.9		
家乡所在地					
东部	58.0	27.8	14.2		
中部	61.2	23.1	15.7	31.287	0.000
西部	52.9	23.5	23.5		
婚姻状况					
未婚有友	57.8	25.1	17.2		
已婚	61.4	22.9	15.7	17.047	0.002
未婚无友	64.3	19.8	15.9		
配偶是否在京					
在京	60.0	25.6	14.4	26.520	0.000
不在	66.1	14.0	19.9		
城市经历					
居住时间					
1~2 年	64.0	18.3	17.7		
3~5 年	60.6	23.7	15.7	34.387	0.000
6~10 年	56.3	28.7	15.0		
11~17 年	51.6	30.6	17.7		
月收入					
100~1999	61.3	22.9	15.8		
2000~3999	58.3	25.2	16.5	11.618	0.020
4000 及以上	52.9	31.9	15.2		
更换工作次数					
没换过	57.1	27.7	15.2		
1~2 次	58.5	26.0	15.5	10.133	0.119
3~4 次	59.9	23.4	16.7		
5 次及以上	55.6	23.2	21.2		
劳动合同					
签了 3 年以上	54.0	33.2	12.8		
签了 1~3 年	59.9	23.7	16.4	56.658	0.000
没有签	66.2	16.4	17.4		

续表

自变量	留京意愿(%)			X^2	Sig 值
	没想过或看情况再定	留京	离京		
朋友中北京人的数量					
0 个	67.7	12.9	19.4		
1~2 个	61.2	21.4	17.4	207.448	0.000
3~4 个	58.2	29.3	12.4		
5 个以上	44.6	43.1	12.2		
社会心理					
北京市民态度					
友好	53.2	33.2	13.6		
一般	64.5	18.2	17.3	111.160	0.000
排斥	56.7	17.9	25.4		
自评社会经济地位					
中上层	48.3	37.2	14.5		
中下层	57.4	27.2	15.3	59.956	0.000
底层	62.7	19.8	17.5		

（二）新生代农民工留京意愿影响因素分析

下面利用多项逻辑斯蒂回归（multinomial logistic regression）进一步分析影响新生代农民工留京意愿的其他因素。从表 2 分析结果可知，性别与工作更换频次与农民工留京意愿并无显著相关，故这两个变量没有放入模型。因农民工的年龄与在京居住时间高度相关，因此本文只选取在京时间这一变量放入模型中。另外，已婚的新生代农民工才会涉及配偶是否在京的问题，而这部分农民工的样本量为 1832（见表 1），在全部应答者中占据较小比例，为了不使数据分析结果有偏，故此变量没有放入模型中。

表 3　在京新生代农民工留京倾向影响因素的多项逻辑斯蒂回归分析

解释变量	留京		离京	
	发生比	Sig	发生比	Sig
个人因素				
教育水平(以初中及以下作为参照组)				
大专及以上	1.399	0.002	0.947	0.670
高中(含职高、中专、技校)	1.206	0.047	1.109	0.287
家乡所在地(以西部作为参照组)				
东部	0.886	0.305	0.570	0.000
中部	0.826	0.120	0.623	0.000

续表

解释变量	留京		离京	
	发生比	Sig	发生比	Sig
婚姻状况(以未婚,无男/女朋友作为参照组)				
未婚,有男/女朋友	1.283	0.009	1.211	0.071
已婚	0.975	0.798	1.005	0.961
城市经历				
居住时间(以1~2年为参照组)				
11~17年	1.561	0.003	1.065	0.687
6~10年	1.323	0.025	0.828	0.136
3~5年	1.063	0.600	0.744	0.010
月收入(以100~1999为参照组)				
4000及以上	0.908	0.523	1.035	0.84
2000~3999	0.925	0.430	1.120	0.279
劳动合同(以没有签为参照组)				
签了3年以上	1.723	0.000	1.077	0.686
签了1~3年	1.330	0.003	1.126	0.221
朋友中北京人的数量(以0个作为参照组)				
5个以上	2.917	0.000	0.946	0.694
3~4个	1.874	0.000	0.854	0.298
1~2个	1.393	0.004	1.100	0.359
社会心理				
北京市民态度(以排斥作为参照组)				
友好	1.210	0.214	0.600	0.000
一般	0.696	0.018	0.632	0.001
自评社会经济地位(以底层作为参照组)				
中上层	1.721	0.000	0.977	0.875
中下层	1.267	0.007	0.989	0.909
对数似然比	5171.768			
卡方值	338.522 ***			
NagelkerkeR^2	0.112			
Cox-SnellR^2	0.095			
McFaddenR^2	0.053			

注: *** 表示在0.001的水平上显著。

由表3可出,将全部三类自变量纳入模型后,回归模型呈显著性,这表明留京意愿受到三类因素的显著影响。下面具体分析不同变量对留京意愿的影响。

1. 个人因素

在个人因素特征中，教育水平、婚姻状况对于农民工的留京意愿有显著影响，家乡所在地对于农民工的离京意愿有显著影响。

从表3中可以看出，新生代农民工的留京意愿是基于教育的正向自我选择过程，教育水平高的农民工更加倾向于留京，同初中及以下学历农民工相比，大专以上学历新生代农民工的留京意愿高出39.9%，高中学历的新生代农民工留京意愿高出20.6%。教育之所以会产生正向影响，解释有如下几方面。第一，个体分析、解决问题的能力通常是由正规教育来完成的，作为个人资源的教育能够帮助农民工在迁移地处理、解决所遇到的问题，从而使之更好地适应当地社会。第二，教育与收入、职业地位、网络支持等其他资源具有相关性，所有这些因素都有助于增强农民工的城市适应性。第三，对于移民来说，教育还能够帮助他们适应迁入地社会的文化特征——语言、历史、价值观、新的行为文化规范等，这些都有利于促进新生代农民工的留京意愿。

从婚姻状态上看，同未婚、无男/女友的农民工相比，未婚、有男/女友的农民工更倾向于留京，而未婚无男/女友的农民工的留京意愿与已婚的农民工没有显著差异。一般而言，对于未婚农民工而言，无论其男/女友是否与其同在一座城市，他（她）本人倾向于在北京发展自己的事业、提高自己的能力，为未来幸福生活打下一定的基础，因此这一部分人员留京意愿更为强烈也可以理解。结合表1的分析结果看，未婚有友及已婚的农民工其留京意愿大于未婚无友的农民工，而且未婚有友与未婚无友的留京意愿差异较大（5.3%），而未婚有友与已婚及未婚无友这三类新生代农民工在离京意愿上，差距并不大（1.5%与1.3%）。另一方面，未婚无友的农民工离开北京的比例最高。与配偶同在北京的已婚的群体留京比例要远大于其配偶不在同一城市的农民工。

从家乡所在地来看，与来自东部与中部的农民工相比，来自西部的新生代农民工更倾向于离开北京。拉文斯坦（E. G. Ravenstein）的迁移规律认为，距离导致的迁移成本会影响个体的迁移愿意。从地理上看，东部与中部与北京的空间距离较近些，相对而言，西部省市离北京更远，而距离家乡更远的新生代农民工倾向于返乡也在情理之中。

2. 城市经历

从农民工的城市经历来看，在京居住时间、劳动合同签订状况、朋友中北京人的数量对于新生代农民工的留京意愿有显著影响，而月收入对于农民工的留京与离京意愿都没有显著影响。

在北京居住时间越长的新生代农民工，其越倾向于留在北京。在北京居住时间为 11~17 年的农民工留京意愿要比居住时间为 1~2 年的高出56.1%。新生代农民工从农村来到城市里生活，需要逐渐熟悉城市、适应城市，直到融入城市，而这一过程是随着时间推移发生的过程。在北京待的时间越长，意味着无论是工作还是人际交往方面，农民工都能够更加适应城市里的生活，在城市里找到自己的定位与发展方向，因此也就更加想留下来。

同与雇主或老板没有签订劳动合同的新生代农民工相比，签订合同的农民其留京意愿更强烈。这一结论与已有的调查研究结论一致（朱宇，2004），良好的与稳定的工作保障是新生代农民工决定留京的一个原因。

朋友中北京人的数量对于新生代农民工的留京意愿有显著影响。有 5 个以上北京朋友的农民工的留京意愿是没有北京朋友的 2.917 倍，有 3~4 个北京朋友的农民工留京意愿是没有朋友的 1.874 倍。农民工个体作为社会的一分子，社会交往是其生活中的重要组成部分，而拥有朋友的数量作为一种社会资本，对于个体的精神健康与事业成功都有很大影响。

中国的城市与农村代表了两种不同的文化与生活方式，农民工曾经浸染了农村文化，加上语言差异、交往技巧的缺乏使其态度、行为模式与城市人迥异，再加上生活习惯与生活方式的差异，农民工社会交往过程中往往感到困惑，这些差异的存在使其无法很好地适应城市，然而随着时间的推进，其对城市环境与生活模式的耳濡目染使其行为渐渐发生改变，因此这种差异会日益变小，其改变后的行为逐渐得到内化，趋向于被城市人所熟悉、接受、认可，因此在城市所居时间的长短以及与朋友间的交往是能够解释其留京意愿的。

从表中数据可以看出，月收入对于农民工的留京与离京意愿都没有显著影响。我们知道，中国"三农问题"的实质是贫困问题，农民工来到城市打工首先是出于生计、为了满足基本的生活需要，同时希望能够为自己以及为家人创造更好的条件。然而本数据却表明，收入状况对于农民工是否选择留在北京没有显著影响作用。这一点与迁移理论及诸多经验研究不同。要想解释这一现象，或许要从他们的动机来分析。对新生代农民工"来北京打工原因"的分析表明，23.2% 的农民工来北京打工的原因是北京机会多，14.9% 的农民工来北京打工的原因是个人能见大世面，13.4% 的农民工来北京打工的原因是北京是首都，单纯从经济上考虑，认为北京比别的地方容易赚到钱、赚钱多的农民工只占到 11.1%。可见，有一半（51.5%）以上的农民工来北京打工的主要原因不仅仅是为了赚钱，金钱以外的东西更能吸引新生代农民工，至少是来到北京寻求自身发展。这一数据结论，同已有学者对北京流动人口的研究得出的结论是一致的（胡玉萍，2007；尉建文，2008）。如此看来，来北京的新生代农民工更加看重各种机会和技能的增长，北京良好的教育文化资源及富有挑战性的工作发展空间对于农民工来说都是极大的吸引，收入的多少对于其留京意愿没有显著影响作用就不足为奇了。

3. 社会心理

北京市民的态度对于新生代农民工离京意愿有显著影响作用。认为自己受到北京市民排斥的农民工更倾向于离开北京。由于受到习俗与传统观念的影响，流动群体往往经历很大的心理压力，与家人团聚和情感交流的缺乏使其不得不长期面对、忍受孤独，然而如果他们在客居之地无法感觉到来自异乡人的友善与亲情，就更难以形成对其所在城市的认同感与归属感，难以融入城市，生活更加困难，因而导致其强烈的离京愿意。当心理以及情感上都无法得到安慰与满足时，新生代农民工因此做出离开北京的决定。

农民工对其自身的社会经济地位评价越高，越愿意留在北京，即其留京意愿随着自评地位的提高而增多。同自评社会经济地位为底层的农民工相比，认为自己处于中上层的务工人员留京意愿增加72.1%，认为自己是中下层的务工人员留京意愿增加26.7%。社会经济地位是一个人形成自我概念的重要来源。无论是农民工对北京市民态度的认同还是社会经济地位自评，都是农民工在城市生活中的一种心理认同与心理感知。正如密尔顿·戈登曾经指出的，社会认同是衡量个体融入主体社会程度的一个重要维度。

五 结语

本文在北京市非京籍务工人员发展状况调查数据的基础上，考察了新生代农民工的留京意愿及影响因素。本调查表明，只有两成多的北京新生代农民工有留京意愿，还有两成明确表示不会留在北京，其余六成左右的新生代农民工持视情况再定的观望态度。影响新生代农民工是否留京的因素较多，但他们会从个体角度，依据自身对城市的适应程度，对于自己的未来做出理性决定。本文使用多项逻辑斯蒂回归模型将留京意愿作为因变量进行回归，结合各项结果看，本文得出以下结论。

第一，新生代农民工的留京意愿是基于教育的正向自我选择过程，教育水平越高，留京意愿越显著。婚姻状况对于该群体的留京意愿也有显著影响，未婚有友的群体更倾向于留在北京，以谋求更好的发展。在已婚的群体中，若配偶与其同在北京，则表现出明显的留京意愿。

第二，城市居住时间、劳动合同签订状况、北京朋友数量都会影响新生代农民工的留京意愿。居住时间较长、签订较长期限劳动合同、拥有北京朋友的农民工更愿意选择留在北京。

第三，从农民工的心理状态方面看，自评社会经济地位较高的新生代农民工更愿意留在北京寻求发展。而认为北京市民对自己持排斥态度的新生代农民工则更愿意选择离开北京。

第四，收入对于新生代农民工留京及离京都没有显著影响。尽管农民工离乡打工的一个重要原因是出于经济方面的考虑，但是对于来到北京的农民工尤其是新生代农民工来说，收入不是其主要的决定因素。该群体对于未来是否留京的决定取决于经济、社会、心理等多种因素的交互作用。家乡所在地对于该群体离京有显著影响，西部地区的新生代农民工更倾向于返回家乡。

北京以其政治、经济、文化方面的独特之处是诸多外来务工人员，尤其是新生代农民工的首选迁移之地，京城脚下形成了蔚为壮观的民工潮。另一方面，新生代农民工由于出生时的社会经济背景及其自身文化、价值观、行为规范上的差异，致使其对于城市生活的感受乃至留城意愿都不同于其父辈。新生代农民工在决定是否留在北京时，社会、文化、心理方面的因素起到更大的影响作用，经济因素不再是唯一的决定性作用，他们不再遵循其父辈们"寻求谋生"式的迁移。在迁移过程中，他们更加注重自身的发展与感知，在向"全职非农""适应城市""发展自己"的方向转变。

参考文献

费孝通，1998，《乡土中国　生育制度》，北京：北京大学出版社。

黄祖辉、毛迎春，2004，《浙江农民市民化——农村居民进城决策及进城农民境况研究》，《浙江社会科学》第 1 期。

侯红娅、杨晶、李子奈，2004，《中国农村劳动力迁移意愿实证分析》，《经济问题》第 7 期。

胡玉萍，2007，《留京，还是回乡——北京市流动人口迁移意愿实证分析》，《北京社会科学》第 5 期。

李楠，2010，《农村外出劳动力留城与返乡意愿影响因素分析》，《中国人口科学》第

6 期。

李强、龙文进，2009，《农民工留城与返乡意愿的影响因素分析》，《中国农村经济》第 2 期。

刘程，2010，《第二代农民工的市民化：从适应到融入》，《青年研究》第 12 期。

任远，2006，《"逐步沉淀"与"居留决定居留"——上海市外来人口居留模式分析》，《中国人口科学》第 3 期。

王桂新、陈冠春、魏星，2010，《城市农民工市民化意愿影响因素考察——以上海市为例》，《人口与发展》第 2 期。

尉建文、张网成，2008，《农民工留城意愿及影响因素——以北京市为例》，《北京工业大学学报》第 2 期。

吴兴陆，2005，《农民工定居性迁移决策的影响因素实证研究》，《人口与经济》第 1 期。

夏怡然，2010，《农民工定居地选择意愿及其影响因素分析——基于温州的调查》，《中国农村经济》第 3 期。

续田曾，2010，《农民工定居性迁移的意愿分析——基于北京地区的实证研究》，《经济科学》第 3 期。

原新、王海宁、陈媛媛，2011，《大城市外来人口迁移行为影响因素分析》，《人口学刊》第 1 期。

张翼，2011，《农民工"进城落户"意愿与中国近期城镇化道路的选择》，《中国人口科学》第 2 期。

朱宇，2004，《国外对非永久迁移的研究及其对我国流动人口问题的启示》，《人口研究》第 5 期。

作者简介

李艳春　女

所属博士后流动站：中国社会科学院社会学研究所

合作导师：张翼

在站时间：2013.12～

现工作单位：哈尔滨工程大学

联系方式：liwenwei2005@163.com

社会经济地位对农民政治
参与意愿的影响研究

——"上楼农民"与"居村农民"的比较

陈旭峰

摘　要： 从国家层面来说，政治现代化是经济与社会现代化的前提条件；从个人层面来说，现代性的获得是个人积极参与国家事务的充分条件。在农村问题研究中，应该综合运用纵向分化与横向分化这两种视角来开展研究。本文从上楼农民与居村农民的群体差异视角研究了农民的社会经济地位对政治参与意愿的影响。研究结果表明，经济地位、社会地位和文化地位对政治参与意愿的影响在上楼农民和居村农民身上有着不同的表现。

关键词： 社会经济地位　政治参与意愿　上楼农民　居村农民

一　问题的提出

美国社会学家阿历克斯·英克尔斯（1985：61）认为："政治现代化是经济与社会现代化不可缺少的条件，一个国家的人民能积极'参与'社会政治生活，常常被看作是现代化的一种特色。无论从客观的社会经济地位特征来判断，还是以主观的心理态度来评判，个人在获得现代性后，必定会变成活跃的积极参与国家事务的公民。"笔者认为，英克尔斯的上述观点可以表述为，从国家层面来说，政治现代化是经济与社会现代化的前提条件；从个人层面来说，现代性的获得是个人积极参与国家事务的充分条件。国家层面观点突出了政治现代化的重要性，而个人层面观点则突出了个人现代性对政治现代化的作用。笔者认为：现代性的获得可以从社会经济地位反映出来，而个人积极参与国家事务可以从政治参与意愿反映出来。因此，英克尔斯的观点可以表述为，社会经济地位高的人政治参与意愿也必然会高。当前，全国很多地方正在进行着各种各样的"农民上楼"运动。可以说，"农民上楼"在推进农村城市化、现代化进程这方面是有一定贡献的，但与此同时，也使得农民群体内部的差异不断扩大，这种差异表现在上楼农民与居村农民身上。改革开放以前，农村社会的同质性较强，社会分化现象不明显。改革开放以来，农村社会的异质性日渐增强，社会分化现象日益明显。农村的社会分化可以表现为纵向的具有分层性质的分化，笔者前面提到的社会经济地位就是一种纵向分化；也可以表现为横向的具有分类性质的分化，笔者前面提到的上楼农民与居村农民就是一种横向的分化。对于农村问题研究来说，不管是纵向分化还是横向分化都是学术界和整个社会非常关注的热点问题。纵向分化与横向分化从来就不是相互独立的，两者是紧密联系在一起的，在纵向分化中往往能够发现横向分化，在横向分化中往往也能够发现纵向分化。因此，在农村问题研究中，应该综合运用这两个分化视角来开展研究（陈旭峰，2012b）。在本文中，笔者正是综合运用纵向和横向两种分化视角来开展研究。具体来说，本文从上楼农民与居村农民的群体差异视角来研究农民的社会经济地位对政治参与意愿的影响。

二　研究述评

国内有不少学者对农民的社会经济地位问题进行了深入研究。这些研究既有侧重于理论研究的，如谢双明（2012）对马克思主义经典作家关于东方农民社会地位的论述进行了相关研究。也有侧重于实证研究的，如薛耀文等人（2007）对中国农民的收入水平、受教育程度及其社会地位进行了实证研究；胡文国等人（2004）运用经济数理模型对我国农民收入增长的影响因素进行了实证分析；陈超等人（2007）以全国十省1000份"农民文化素质调查"问卷为基础，深入分析了以农民受教育年限为基础的农民文化素质对农业生产和农业技术选择的影响。还有侧重于指标测量的应用研究，如付少平（2002）在分析现有的社会地位测量指标对中国农民社会地位进行测量的局限性的基础上，提出了一套对中国农民社会地位进行测量的指标和量表。

有很多学者对农民的政治参与问题进行了研究，但是专门对农民政治参与意愿进行研究的成果较少。为数不多的成果有陈旭峰、田志锋、钱民辉（2010）探讨了农民工在流入地的社会融入状况对政治参与意愿的影响。结果表明，经济层面的适应变量最能解释农民工在流入地政治参与意愿的差异，其次是心理层面的适应变量，社会层面的适应变量对农民工在流入地政治参与意愿差异的解释能力最弱。杨凤祥等人（2009）通过农村居民特征、村集体特征、候选人特征和社会资本4个方面分析了影响农村居民政治参与意愿的因素。乔天宇（2010）用2006年中国综合社会调查（CGSS2006）的数据分析了现代中国人的家庭观念和其政治参与意愿之间的关系，发现现代中国人的家庭观念对其政治参与意愿有一定的影响。

国内不少学者对农民内部不同群体之间进行了比较研究，如冯晓霞等人（2010）通过流动与非流动农民样本的比较，分析了农民外出流动带来的农村消费方式的变化；王全美等人（2010）依据农民的职业和农地关系把农民分为不同类型，并针对不同类型的农民探寻农村各种养老资源的最优配置途径。还有的学者专门对上楼农民与居村农民进行了比较研究，如陈旭峰（2012a；2012c）对上楼农民和居村农民经济资本层面的市民化水平、对教育培训态度与行动的差异进行了比较；另外，陈旭峰（2012b）还从上楼农民与居村农民的群体差异视角研究了农民的社会经济地位对文化参与的影响。研究结果表明，经济地位、社会地位和文化地位对文化参与的影响在上楼农民和居村农民身上有着不同的表现。

根据以上对农民社会经济地位、政治参与意愿以及不同农民群体的比较研究相关文献的表述，笔者发现，第一，已有研究表明，关于社会经济地位的研究成果较为丰富，这些研究既有侧重于理论研究的，也有侧重于实证研究的，还有侧重于指标测量的应用研究。但是将农民的社会经济地位作为自变量研究其对其他变量影响的研究还是不够丰富。第二，当前专门关于农民政治参与意愿的研究成果较少，特别是实证研究更是欠缺。第三，虽然有不少学者对农民群体内部的各种差异问题进行了深入研究，也有学者从上楼农民与居村农民群体差异的视角开展研究，但是这方面的研究还是比较欠缺的。因此，基于上楼农民与居村农民群体差异的视角，以农民的社会经济地位作为自变量研究其对政治参与意愿的影响，从研究视角和研究内容来说具有一定的开拓意义。

三 数据来源及样本基本情况

(一) 数据来源

本文的数据来源于笔者主持的北京大学研究生院"才斋奖学金"资助项目"'农民上楼'与农村教育的发展研究",该项目的问卷调查工作于2011年10月在Y市展开。从全国层面来说,Y市是"农民上楼"运动的典型代表之一,因此,作为一项"上楼农民"与"居村农民"的比较研究,本研究具有较好的代表性。整个调查共发放问卷1200份,最后回收问卷1098份(回收率为91.5%),其中有效问卷1012份(问卷有效回收率为84.3%)。本文的研究主题是基于群体差异的视角来研究农民的社会经济地位对政治参与意愿的影响,根据研究主题的需要,笔者将问卷的数据分成了两部分。其中上楼农民样本量为404份,占样本量总体的39.9%,居村农民样本量为608份,占样本量总体的60.1%。

(二) 样本基本情况

通过上楼农民与居村农民基本情况的比较,笔者发现以下几点差异。第一,在性别上,上楼农民男女性别比例相差无几,而居村农民男女性别比例中男性所占比例稍微高一些。第二,在年龄上,上楼农民的年轻化特征更为明显。上楼农民年龄在30岁及以下的比例为12.4%,而居村农民这一比例仅为4.4%。第三,在个人年收入上,从整体上来说,上楼农民的个人年收入要高于居村农民。上楼农民个人年收入在20000元以上的比例为22.3%,而居村农民这一比例仅为12.3%。第四,在受教育程度上,从整体来说,上楼农民的受教育程度更高。上楼农民受教育程度在高中及以上的比例为28.0%,而居村农民这一比例仅为17.6%。

表 1 样本基本情况

项目	上楼农民	居村农民	项目	上楼农民	居村农民
	比例(%)	比例(%)		比例(%)	比例(%)
性别			年龄		
男	49.8	53.3	30岁及以下	12.4	4.4
女	50.2	46.7	31~40岁	55.9	61.3
个人年收入			41~50岁	31.4	33.6

项目	上楼农民比例(%)	居村农民比例(%)	项目	上楼农民比例(%)	居村农民比例(%)
5000 元以下	24.5	28.9	50 岁以上	0.3	0.7
5000 ~ 10000 元	24.7	32.6	受教育程度		
10000 ~ 20000 元	28.5	26.2	小学及以下	7.9	13.0
20000 ~ 30000 元	12.4	7.2	初中	64.1	69.4
30000 元以上	9.9	5.1	高中	17.1	12.3
			大专及以上	10.9	5.3

四　变量的选择及描述性研究

(一)　变量的选择

本文的研究主题是基于群体差异的视角来研究农民的社会经济地位对政治参与意愿①的影响。农民的政治参与意愿是本文要研究的因变量,而农民的社会经济地位则是本研究当中的自变量。对于社会经济地位这个自变量,笔者是从经济地位、社会地位和文化地位这三个方面来衡量的。其中经济地位变量选择了收入保障基本生活情况、生活消费水平、收入稳定性、居住条件、参加保险情况、债权情况这六个指标,社会地位变量选择了从事农业生产情况、外出打工情况、节假日正常休假情况、社会地位、与亲戚朋友交往情况这五个指标,文化地位变量选择了参加职业培训情况、对政府工作满意度、拥有书籍情况、读书读报频率、文化参与意愿这五个指标。

(二)　变量的描述性研究

通过表 2 对自变量和因变量的描述性研究可以发现上楼农民与居村农民存在以下八个方面的显著性差异:第一,上楼农民与居村农民的收入稳定性存在显著差异 ($X^2 = 15.242$, df = 1 , Sig = 0.000)。上楼农民收入稳定的比例为 58.4% ,而居村农民的这一比例为 45.9% ,可见上楼农民的收入稳定性明显优于居村农民。第二,上楼农民与居村农民的居住条件存在显著差异

---

① 政治参与意愿这个因变量是通过农民是否愿意参加社区或村里的选举活动这一指标来衡量的。

（$X^2 = 44.386$，df = 2，Sig = 0.000）。上楼农民居住条件比较好的比例为18.6%，而居村农民的这一比例为6.6%，可见上楼农民居住条件明显好于居村农民。第三，上楼农民与居村农民的债权存在显著差异（$X^2 = 6.908$，df = 1，Sig = 0.009）。上楼农民有债权的比例为41.6%，而居村农民的这一比例为50.0%，可见上楼农民有债权的比例明显低于居村农民。第四，上楼农民与居村农民从事农业生产的情况存在显著差异（$X^2 = 82.120$，df = 1，Sig = 0.000）。上楼农民从事农业生产的比例为55.2%，而居村农民的这一比例为81.6%，可见上楼农民从事农业生产的比例明显低于居村农民。第五，上楼农民与居村农民节假日的正常休假情况存在显著差异（$X^2 = 16.877$，df = 2，Sig = 0.000）。上楼农民节假日能休假的比例为25.7%，而居村农民的这一比例为17.3%，可见上楼农民节假日休假情况明显好于居村农民。第六，上楼农民与居村农民在参加职业培训上存在显著差异（$X^2 = 19.016$，df = 1，Sig = 0.000）。上楼农民参加过职业培训的比例为47.0%，而居村农民的这一比例为33.4%，可见上楼农民参加过职业培训的比例明显高于居村农民。第七，上楼农民与居村农民在对政府工作的满意度上存在显著差异（$X^2 = 22.928$，df = 2，Sig = 0.000）。上楼农民对政府工作满意的比例为34.9%，而居村农民的这一比例为21.9%，可见上楼农民对政府工作的满意度明显高于居村农民。第八，上楼农民与居村农民在书籍拥有上存在显著差异（$X^2 = 18.797$，df = 1，Sig = 0.000）。上楼农民拥有书籍较多的比例为15.6%，而居村农民的这一比例为7.1%，可见上楼农民拥有书籍较多的比例明显高于居村农民。

表 2　自变量与因变量的基本情况

变量	上楼农民	居村农民	变量	上楼农民	居村农民
	比例（%）	比例（%）		比例（%）	比例（%）
因变量			外出打工		
政治参与意愿			没有	37.6	34.7
不愿意	23.0	28.6	有	62.4	65.3
愿意	77.0	71.4	节假日正常休假		
自变量			不能	31.7	42.9
经济层面			不一定	42.6	39.8
收入保障生活			能	25.7	17.3
不能	8.7	12.3	社会地位		
能	91.3	87.7	下层	30.4	36.7

变量	上楼农民 比例(%)	居村农民 比例(%)	变量	上楼农民 比例(%)	居村农民 比例(%)
生活消费水平			中上层	69.6	63.3
比较低	13.6	17.3	与亲戚朋友交往		
一般	82.2	78.8	不经常	23.3	23.0
比较高	4.2	3.9	经常	76.7	77.0
收入稳定性			文化层面		
不稳定	41.6	54.1	参加职业培训		
稳定	58.4	45.9	没有参加	53.0	66.6
居住条件			有参加	47.0	33.4
比较差	6.2	13.8	对政府工作满意度		
一般	75.2	79.6	不满意	14.6	21.4
比较好	18.6	6.6	一般	50.5	56.7
参加保险			满意	34.9	21.9
没有	20.0	24.0	拥有书籍		
有	80.0	76.0	较少	84.4	92.9
债权			较多	15.6	7.1
没有	58.4	50.0	读书读报频率		
有	41.6	50.0	不经常	70.8	76.8
社会层面			经常	29.2	23.2
从事农业生产			文化参与意愿		
从事	44.8	18.4	不愿意	20.0	21.7
不从事	55.2	81.6	愿意	80.0	78.3

五　社会经济地位对农民政治参与意愿影响的模型分析

在确定研究主题的自变量与因变量之后，笔者通过建立二元 Logistic 回归模型，以农民群体的内部差异为视角，分析了上楼农民与居村农民的社会经济地位对政治参与意愿的影响。从上楼农民的 Logistic 回归模型来看，模型的 Nagelkerke R^2 为 0.374，这说明自变量能够解释政治参与意愿差异的 37.4%。从居村农民的 Logistic 回归模型来看，模型的 Nagelkerke R^2 为 0.210，这说明自变量能够解释政治参与意愿差异的 21.0%。具体分析结果如表 3 所示。

表 3　社会经济地位对农民政治参与意愿影响的 Logistic 回归模型

影响因素(括号内为参照组)	发生比率(Exp(B))	
	上楼农民	居村农民
经济层面		
收入能保障基本生活(不能)	1.771	2.243 **
生活消费水平(比较低)		
一般	0.227 ***	0.625
比较高	0.035 ***	0.300 *
收入稳定(不稳定)	0.405 ***	0.833
居住条件(比较差)		
一般	4.338 **	0.871
比较好	4.381 **	0.958
有参加保险(没有)	2.035 **	0.936
有债权(没有)	1.785 *	0.805
社会层面		
不从事农业生产(从事)	0.983	0.557 **
有外出打工(没有)	2.122 **	1.184
节假日正常休假(不能)		
不一定	1.869 *	1.187
能	4.670 ***	1.573
社会地位处于中上层(下层)	2.373 **	1.270
经常与亲戚朋友交往(不经常)	1.837 *	1.006
文化层面		
参加过职业培训(没有)	1.152	1.857 ***
对政府工作满意度(不满意)		
一般	2.708 ***	2.243 ***
满意	5.349 ***	5.459 ***
拥有很多书籍(很少)	1.063	0.384 **
经常读书读报(不经常)	1.669	2.056 **
愿意参加文化活动(不愿意)	3.756 ***	2.468 ***
常数	0.025 ***	0.372 **
NagelkerkeR^2	0.374	0.210
-2 Log likelihood	321.264	631.650
卡方值	114.664 ***	96.368 ***

注: * $P < 0.10$　　** $P < 0.05$　　*** $P < 0.01$

（一）经济地位对农民政治参与意愿的影响

从上楼农民与居村农民的经济地位对政治参与意愿的影响来看，笔者通过分析发现以下六点。第一，农民的经济地位可以通过不同的指标来反映，这些指标之间是存在一定的层次性的。对于农民来说，必须要先解决生存问题，而收入保障基本生活这个指标能够很好地反映出农民基本生活需求的满足情况。收入保障基本生活变量对居村农民的政治参与意愿产生了显著影响（在0.05水平上显著）。与收入不能保障基本生活的居村农民比较而言，收入能够保障基本生活的居村农民愿意参加政治活动的可能性是其可能性的2.243倍。虽然收入保障基本生活变量对上楼农民的政治参与意愿没有产生显著影响，但是从分析结果可以看出，其作用方向与居村农民是一致的，都是正向的。也就是说，不管是上楼农民还是居村农民，收入能够保障基本生活的农民愿意参加政治活动的可能性大于收入不能保障基本生活的农民。

第二，随着收入水平的不断提高，农民对生活的要求也日益提高，因此，生活消费水平这个指标能够很好地反映出农民的经济地位。生活消费水平变量对上楼农民的政治参与意愿产生了显著影响（生活消费水平一般和生活消费水平比较高这两个因素都是在0.01水平上显著）。与生活消费水平比较低的上楼农民比较而言，生活消费水平一般的上楼农民愿意参加政治活动的可能性是其可能性的22.7%，生活消费水平比较高的上楼农民愿意参加政治活动的可能性是其可能性的3.5%。生活消费水平比较高这个因素对居村农民的政治参与意愿产生了显著影响（在0.1水平上显著）。与生活消费水平比较低的居村农民比较而言，生活消费水平比较高的居村农民愿意参加政治活动的可能性是其可能性的30.0%。虽然生活消费水平一般这个因素没有对居村农民的政治参与意愿产生显著影响，但是从分析结果可以看出，生活消费水平变量对上楼农民和居村农民政治参与意愿的作用方向是一致的。也就是说，不管是上楼农民还是居村农民，生活消费水平越高，其愿意参加政治活动的可能性反而越小。为什么生活消费水平变量对农民政治参与意愿的作用方向是负向的呢？究竟是哪些因素在起作用？这是一个非常值得探讨的问题。

第三，与城市居民比较而言，农民的收入往往存在较大的波动，这种波动性直接影响其经济地位的变化。因此，农民的经济地位还需要考察其收入的稳定性。收入稳定性变量对上楼农民的政治参与意愿产生了显著影响（在0.01水平上显著）。与收入不稳定的上楼农民比较而言，收入稳定的上楼农民愿意参加政治活动的可能性是其可能性的40.5%。虽然收入稳定性变量对居村农民的政治参与意愿没有产生显著影响，但是从分析结果可以看出，其作用方向与上楼农民是一致的，都是负向的。也就是说，不管是上楼农民还是居村农民，收入稳定的农民愿意参加政治活动的可能性小于收入不稳定的农民。这同样是一个非常值得探讨的问题。

第四，房子可以说是农民最大的不动产，也是农民经济地位高低的外在标志，因此，居住条件是衡量农民经济地位的重要指标。居住条件变量对上楼农民的政治参与意愿产生了显著影响（居住条件一般和居住条件比较好这两个因素都是在0.05水平上显著）。与居住条件比较差的上楼农民比较而言，居住条件一般的上楼农民愿意参加政治活动的可能性是其可能性的4.338倍，居住条件比较好的上楼农民愿意参加政治活动的可能性是其可能性的4.381倍。虽然居住条件变量对居村农民的政治参与意愿不存在显著影响，但是从分析结果可以看出，居住条件变量对上楼农民和居村农民政治参与意愿的作用方向是完全相反的。对上楼农民来说，居住条件一般和居住条件比较好这两个因素对政治参与意愿的作用方向都是正向的。而对居村农民来说，居住条件一般和居住条件比较好这两个因素对政治参与意愿的作用方向都是负向的。这也是一个非常值得探讨的问题。

第五，现代社会是一个风险社会，而保险作为预防风险的一种有效方式，越来越被农民所接受。因此，参加保险这个指标也是农民经济地位的重要衡量标准。参加保险变量对上楼农民的政治参与意愿产生了显著影响（在0.05水平上显著）。与没有参加保险的上楼农民比较而言，有参加保险的上楼农民愿意参加政治活动的可能性是其可能性的2.035倍。虽然参加保险变量对居村农民的政治参与意愿不存在显著影响，但是从分析结果可以看出，参加保险变量对上楼农民和居村农民政治参与意愿的作用方向是完全相反的。

第六，近年来，随着农村经济活动的日益活跃，农民的借贷现象也越来越频繁，由此产生了债权债务问题。因此，债权这个指标同样也是农民经济地位的重要衡量标准。债权变量对上楼农民的政治参与意愿产生了显著影响（在0.1水平上显著）。与没有债权的上楼农民比较而言，有债权的上楼农民愿意参加政治活动的可能性是其可能性的1.785倍。虽然债权变量对居村农民的政治参与意愿不存在显著影响，但是从分析结果可以看出，债权变量对上楼农民和居村农民政治参与意愿的作用方向也是完全相反的。

（二）社会地位对农民政治参与意愿的影响

从上楼农民与居村农民的社会地位对政治参与意愿的影响来看，笔者通过分析发现以下五点。第一，自古以来，从事农业生产是农民安身立命的根基所在。在现代化浪潮影响下，这种状况逐渐被改变，很多农民并不是通过从事农业生产来实现安身立命。因此，从事农业生产情况也成为反映社会地位的重要指标。从事农业生产变量对居村农民的政治参与意愿产生了显著影响（在 0.05 水平上显著）。与不从事农业生产的居村农民比较而言，从事农业生产的居村农民愿意参加政治活动的可能性是其可能性的 55.7%。虽然从事农业生产变量对上楼农民的政治参与意愿没有产生显著影响，但是从分析结果可以看出上楼农民与居村农民的一点明显不同，不从事农业生产的上楼农民和从事农业生产的上楼农民政治参与意愿相差无几，而不从事农业生产的居村农民政治参与意愿明显要低于从事农业生产的居村农民。

第二，改革开放以来，农民外出打工的规模越来越庞大，外出打工已经成为反映农民社会地位的重要指标。外出打工变量对上楼农民的政治参与意愿产生了显著影响（在 0.05 水平上显著）。与没有外出打工的上楼农民比较而言，外出打工的上楼农民愿意参加政治活动的可能性是其可能性的 2.122 倍。虽然外出打工变量对居村农民的政治参与意愿没有产生显著影响，但是从分析结果可以看出，外出打工变量对上楼农民与居村农民政治参与意愿的作用方向都是正向的。可见，外出打工是有利于提高农民的政治参与意愿的。

第三，在现代社会，对时间的支配情况是反映社会地位的重要指标之一，而节假日的休假情况能够很好地反映出对时间的支配情况。节假日正常休假变量对上楼农民的政治参与意愿产生了显著影响（其中，不一定能正常休假这个因素是在 0.1 水平上显著，能正常休假这个因素是在 0.01 水平上显著）。与节假日不能正常休假的上楼农民比较而言，不一定能正常休假的上楼农民愿意参加政治活动的可能性是其可能性的 1.869 倍，能正常休假的上楼农民愿意参加政治活动的可能性是其可能性的 4.670 倍。虽然节假日正常休假变量对居村农民的政治参与意愿没有产生显著影响，但是从分析结果可以看出，节假日正常休假变量对上楼农民与居村农民政治参与意愿的作用方向都是正向的。可见，保证节假日的正常休假对于提高农民的政治参与意愿是非常有帮助的。

第四，社会地位变量对上楼农民的政治参与意愿产生了显著影响（在

0.05 水平上显著）。与社会地位处于下层的上楼农民比较而言，社会地位处于中上层的上楼农民愿意参加政治活动的可能性是其可能性的 2.373 倍。虽然社会地位变量对居村农民的政治参与意愿没有产生显著影响，但是从分析结果可以看出，社会地位变量对上楼农民与居村农民政治参与意愿的作用方向都是正向的。可见，提高农民的社会地位也是有利于提高农民的政治参与意愿的。

第五，社会交往情况是反映社会地位的重要内容，中国农村社会是非常注重血缘、地缘和亲缘的，因此，与亲戚朋友交往情况能够很好地反映出农民的社会交往情况。与亲戚朋友交往变量对上楼农民的政治参与意愿产生了显著影响（在 0.1 水平上显著）。与不经常与亲戚朋友交往的上楼农民比较而言，经常与亲戚朋友交往的上楼农民愿意参加政治活动的可能性是其可能性的 1.837 倍。可见，经常与亲戚朋友的交往对于提高上楼农民的政治参与意愿是非常有帮助的。虽然与亲戚朋友交往变量没有对居村农民的政治参与意愿产生显著影响，但由分析结果可以看出：经常与亲戚朋友交往的居村农民和不经常与亲戚朋友交往的居村农民政治参与意愿相差无几。

（三）文化地位对农民政治参与意愿的影响

从上楼农民与居村农民的文化地位对政治参与意愿的影响来看，笔者通过分析发现以下五点。第一，对于农民来说，由于受教育程度不高，往往存在职业能力不足的问题，而职业培训是弥补农民受教育程度不高、提升农民文化地位的重要途径。参加职业培训变量对居村农民的政治参与意愿产生了显著影响（在 0.01 水平上显著）。与没有参加过职业培训的居村农民比较而言，参加过职业培训的居村农民愿意参加政治活动的可能性是其可能性的 1.857 倍。虽然参加职业培训变量没有对上楼农民的政治参与意愿产生显著影响，但从分析结果可以看出，参加职业培训变量对上楼农民政治参与意愿的作用方向也是正向的。由此可见，参加职业培训对于提升农民的政治参与意愿是非常有效的。

第二，文化地位必然包含态度变量，而政治态度就是一种对政治参与意愿具有重要影响的态度变量。对政府工作满意度变量对上楼农民的政治参与意愿产生了显著影响（满意度一般和满意这两个因素都是在 0.01 水平上显著）。与对政府工作不满意的上楼农民比较而言，满意度一般的上楼农民愿意参加政治活动的可能性是其可能性的 2.708 倍，满意的上楼农民愿意参加政治活动的可能性是其可能性的 5.349 倍。对政府工作满意度变量对居村农民的政治参与意愿产生了显著影响（满意度一般和满意这两个因素也都是在 0.01 水平上显著）。与对政府工作不满意的居村农民比较而言，满意度一般的居村农民愿意参加政治活动的可能性是其可能性的 2.243 倍，满意的居村农民愿意参加政治活动的可能性是其可能性的 5.459 倍。由此可见，不管是上楼农民还是居村农民，对政府工作越是满意的农民，其政治参与意愿也会更高。因此，提升对政府工作的满意度是提升农民政治参与意愿的有效途径。

第三，书籍是文化资本的重要载体，因此，书籍拥有情况可以在一定程度上反映出农民的文化地位。书籍拥有变量对居村农民的政治参与意愿产生了显著影响（在 0.05 水平上显著）。与拥有书籍很少的居村农民比较而言，拥有书籍很多的居村农民愿意参加政治活动的可能性是其可能性的 38.4%。由此可见，书籍拥有变量对居村农民政治参与意愿的作用方向是负向的。为什么书籍拥有变量对居村农民的作用方向会是负向的呢？这是一个非常值得探讨的问题。书籍拥有变量没有对上楼农民的政治参与意愿产生显著影响，拥有书籍很多的上楼农民和拥有书籍很少的上楼农民的政治参与意愿相差无几。

第四，读书读报是农民获取信息、提升文化资本的重要途径，因此，读书读报也是反映农民文化地位的重要指标。读书读报变量对居村农民的政治参与意愿产生了显著影响（在 0.05 水平上显著）。与不经常读书读报的居村农民比较而言，经常读书读报的居村农民愿意参加政治活动的可能性是其可能性的 2.056 倍。虽然读书读报变量对上楼农民的政治参与意愿没有产生显著影响，但是从分析结果可以看出，读书读报变量对上楼农民和居村农民政治参与意愿的作用方向是一致的。也就是说，不管是上楼农民还是居村农民，经常读书读报的农民愿意参加政治活动的可能性都大于不经常读书读报的农民。由此可见，从某种程度上来说，读书读报对于提升农民的政治参与意愿是非常有效的。

第五，随着农村文化活动的日益兴盛，文化参与意愿已成为反映农民文化地位的重要指标之一。文化参与意愿变量对上楼农民的政治参与意愿产生了显著影响（在 0.01 水平上显著）。与不愿意参加文化活动的上楼农民比较而言，愿意参加文化活动的上楼农民愿意参加政治活动的可能性是其可能性的 3.756 倍。文化参与意愿变量对居村农民的政治参与意愿产生了显著影响（在 0.01 水平上显著）。与不愿意参加文化活动的居村农民比较而言，愿意参加文化活动的居村农民愿意参加政治活动的可能性是其可能性的

2.468 倍。从分析结果可以看出，文化参与意愿变量对上楼农民和居村农民政治参与意愿的作用方向是一致的，都是正向的。由此可见，提升文化参与意愿对于提升农民的政治参与意愿是非常有帮助的。

六　结论与讨论

本文的研究主题是基于群体差异的视角来研究农民的社会经济地位对政治参与意愿的影响。通过上面的分析笔者发现以下三方面结论。

第一，从农民经济地位对政治参与意愿的影响来看，收入保障基本生活变量对居村农民的政治参与意愿产生了显著影响，没有对上楼农民的政治参与意愿产生显著影响，其作用方向都是正向的；生活消费水平变量对上楼农民的政治参与意愿产生了显著影响，生活消费水平比较高这个因素对居村农民的政治参与意愿产生了显著影响。生活消费水平变量对上楼农民和居村农民政治参与意愿的作用方向都是负向的；收入稳定性变量对上楼农民的政治参与意愿产生了显著影响，没有对居村农民的政治参与意愿产生显著影响，其作用方向都是负向的；居住条件变量对上楼农民的政治参与意愿产生了显著影响，没有对居村农民的政治参与意愿产生显著影响，其作用方向是完全相反的；参加保险变量对上楼农民的政治参与意愿产生了显著影响，没有对居村农民的政治参与意愿产生显著影响，其作用方向是完全相反的；债权变量对上楼农民的政治参与意愿产生了显著影响，没有对居村农民的政治参与意愿产生显著影响，其作用方向也是完全相反的。

第二，从农民社会地位对政治参与意愿的影响来看，从事农业生产变量对居村农民的政治参与意愿产生了显著影响，没有对上楼农民的政治参与意愿产生显著影响。不从事农业生产的上楼农民和从事农业生产的上楼农民政治参与意愿相差无几，而不从事农业生产的居村农民政治参与意愿明显要低于从事农业生产的居村农民；外出打工变量对上楼农民的政治参与意愿产生了显著影响，没有对居村农民的政治参与意愿产生显著影响，其作用方向都是正向的；节假日正常休假变量对上楼农民的政治参与意愿产生了显著影响，没有对居村农民的政治参与意愿产生显著影响，其作用方向都是正向的；社会地位变量对上楼农民的政治参与意愿产生了显著影响，没有对居村农民的政治参与意愿产生显著影响，其作用方向都是正向的；与亲戚朋友交往变量对上楼农民的政治参与意愿产生了显著影响，其作用方向是正向的。与亲戚朋友交往变量没有对居村农民的政治参与意愿产生显著影响，经常与亲戚朋友交往的居村农民和不经常与亲戚朋友交往的居村农民政治参与意愿相差无几。

第三，从农民文化地位对政治参与意愿的影响来看，参加职业培训变量对居村农民的政治参与意愿产生了显著影响，没有对上楼农民的政治参与意愿产生显著影响，其作用方向都是正向的；对政府工作满意度变量对上楼农民和居村农民的政治参与意愿都产生了显著影响，其作用方向都是正向的；书籍拥有变量对居村农民的政治参与意愿产生了显著影响，其作用方向是负向的。书籍拥有变量没有对上楼农民的政治参与意愿产生显著影响，拥有书籍很多的上楼农民和拥有书籍很少的上楼农民的政治参与意愿相差无几；读书读报变量对居村农民的政治参与意愿产生了显著影响，没有对上楼农民的政治参与意愿产生显著影响，其作用方向都是正向的；文化参与意愿变量对上楼农民和居村农民的政治参与意愿都产生了显著影响，其作用方向都是正向的。

本文通过研究可以发现以下两点，第一，上楼农民与居村农民在经济地位、社会地位和文化地位上都存在显著的差异；第二，经济地位、社会地位和文化地位对政治参与意愿的影响在上楼农民和居村农民身上有着不同的表现，这些不同主要表现为影响是否显著、作用的方向和大小。美国政治学家萨缪尔·亨廷顿（1989：100～101）认为达到更高水平的政治参与有两条截然不同的渠道，其中一条是流动渠道。流动渠道的次序是社会经济地位低下，个人努力争取流动，社会经济地位提高，政治功效感增强、政治知识增多并更明了地感知政治与个人利益的关系，更高水平的政治参与，偶尔涉入组织。本文的研究结论在整体上证明了提高社会经济地位对于提升农民的政治参与意愿是有帮助的。这也就证明了亨廷顿提出的流动渠道是一条达到更高水平的政治参与的有效途径。因此，为了提升农民的政治参与意愿，就必须要提高其社会经济地位。

结合本文的研究结论，笔者认为，在提高上楼农民和居村农民的社会经济地位过程中有三个方面是需要注意的。第一，提升上楼农民和居村农民的社会经济地位靠单方面的努力是不行的，需要政府、社会和农民自身等各方面的共同努力。第二，提升上楼农民和居村农民的社会经济地位要有一个切实考虑到各个层面因素的综合视角。笔者认为国家制度性因素、社会结构性因素、家庭先赋性因素、个人自致性因素"四维度"框架是一个较好地融合了宏观、中观和微观三个层面因素的综合视角。第三，提升上楼农民和居村农民的社会经济地位要做到因人而异、因时而异、因地而异。因人而异体现在对上楼农民和居村农民要做到"分类指导";因时而异体现在在不同发展阶段的农村地区上楼农民和居村农民之间的差异是不同的,因此,对不同发展阶段的农村地区要做到"分批推进";因地而异体现在不同类别的农村地区上楼农民和居村农民之间的差异是不同的,因此,对不同类别的农村地区要做到"分别实施"。通过上面的分析,笔者认为,对于如何提高上楼农民和居村农民的社会经济地位,需要注意的这三个方面可以归纳为因人而异、因时而异、因地而异的要求,这决定了在中国没有一个统一的、一成不变的提升上楼农民和居村农民社会经济地位的模式,而是要本着"分类指导、分批推进、分别实施"原则提出提升上楼农民和居村农民社会经济地位的对策建议。

参考文献

阿历克斯·英克尔斯等,1985,《人的现代化》,殷陆君译,成都:四川人民出版社。

陈超、周宁,2007《农民文化素质的差异对农业生产和技术选择渠道的影响——基于全国十省农民调查问卷的分析》,《中国农村经济》第 9 期。

陈旭峰,2012a,《农民经济资本层面市民化水平实证研究——"上楼农民"与"居村农民"的比较》,《中州学刊》第 4 期。

——,2012b,《社会经济地位对农民文化参与的影响研究——"上楼农民"与"居村农民"的比较》,《浙江社会科学》第 11 期。

——,2012c,《农民对教育培训态度与行动差异的实证研究——"上楼农民"与"居村农民"的比较》,《职教论坛》第 24 期。

陈旭峰、田志锋、钱民辉,2010,《"半城市化"的政治边缘人——农民工的社会融入状况对政治参与意愿的影响分析》,《浙江社会科学》第 8 期。

冯晓霞、史向军,2010,《新农村建设视域下农村消费方式分析——基于流动与非流动农民样本的比较》,《商业时代》第 29 期。

付少平,2002,《农民社会地位测量指标初探》,《西北农林科技大学学报》(社会科学版)第 1 期。

胡文国、吴栋、吴晓明,2004,《我国农民收入增长影响因素的实证分析》,《经济科学》第 6 期。

乔天宇,2010,《中国人的家庭观念和政治参与意愿——"家国同构"思想在现代社会中的解读》,《齐齐哈尔大学学报》(哲学社会科学版)第 3 期。

塞缪尔·亨廷顿、琼·纳尔逊,1989,《难以抉择——发展中国家的政治参与》,汪晓寿等译,北京:华夏出版社。

王全美、张丽伟,2010,《不同类型农民养老资源的最优配置分析》,《人口与经济》第

1 期。

谢双明，2012，《马克思主义经典作家关于东方农民社会地位的论述》，《理论界》第 7
　　期。

薛耀文、宋媚、张朋柱，2007，《中国农民收入水平、受教育程度及其社会地位的实证
　　研究》，《数理统计与管理》第 3 期。

杨凤祥、蒯旭光，2009，《农村居民政治参与意愿的影响因素分析》，《河北农业科学》
　　第 9 期。

作者简介

陈旭峰　男

所属博士后流动站：中国社会科学院社会学研究所

合作导师：陈光金

在站时间：2013. 12 ～

现工作单位：中共浙江省委党校

社会文化价值观与社会现状感知

——基于深圳、哈尔滨、黑龙江某垦区的对比研究

高文珺　杨宜音　王俊秀

摘　要：本研究以 House 的价值观跨文化比较研究范式为依托，选取了我国改革开放进程中，地区发展模式较有代表性的三个地区（深圳、哈尔滨和黑龙江某垦区）为调查地点，对三地的1917 名社区居民进行了问卷调查，从集体主义、权力距离、未来取向和人文取向四个方面考察了不同地区居民的社会价值观（"应该怎样"）和其对社会现状的感知（"实际怎样"）。结果表明，控制人口学变量的影响之后，各地区居民在价值观和对社会现状的感知上都存在显著差异，反映出地区文化特点。深圳居民更多表现出未来取向，哈尔滨居民更多表现出权力距离取向，垦区居民更多表现出集体主义和人文取向。人们眼中的社会"应该怎样"和"实际怎样"之间存在显著差异，人们普遍认为社会应注重权力平等和人文取向，但实际表现出的却是权力等级分化和人文关怀缺乏。

关键词：社会价值观　社会现实　集体主义　权力距离　未来取向　人文取向

一　引言

价值观是人们关于事物重要性的观念，是社会心态的核心要素之一

（王俊秀，2014），影响人们的社会认知和社会行为。价值观研究的分析涉及个体层面、社会层面和文化层面，其中，文化价值观可以理解为是一个文化中的成员在社会化过程中被教导的一套价值，大体上，这一套价值共存于文化成员之中（杨中芳，1994；杨宜音，1998）。我国幅员辽阔，在社会转型的过程中，各地区经济发展模式、社会结构和文化类型日益多样化，本研究认为，可以通过文化价值观的分析，来捕捉当前我国不同地区的社会文化特点，更准确地勾勒出社会心态的完整面貌。

关于价值观的跨文化对比研究，研究者已在国家文化层面上进行了深入探讨并取得了一定成绩（如 Hofstede，1980；Traindis，1995；Schwartz，1992，1994；House，2004）。其中，House（2004）在对全球领导组织效能的研究（GLOBE 项目）中，沿承了 Hofstede（1980）和 Triandis（1995）的观点，认为某一文化背景中的成员所持有的价值观和信念，不仅会影响他们的行为表现，还会影响他们将什么视为合理的、可接受的和有效的。他对社会文化的比较和衡量，一方面是通过"应该怎样"（what should be）来测量某一文化中人们所持有的价值观；另一方面是通过"实际怎样"（what is/what are）来测量该文化中的社会实践，这是指人们对于当今社会常见的行为表现和社会制度的感知，即社会现实感知，研究所涉及的社会实践领域均与价值观领域——对应，因此，可以说这种社会现实感知实际反映出了人们对于自己的价值观信念在社会中的实现情况的一种认识。本研究将沿用这一思路，针对我国不同地区文化多样性的特点，分析各地区价值观和社会现实感知的特点，比较地区间的异同，同时分析人们所认为的社会和个人"应该怎样"和人们眼中的社会和个人"实际怎样"之间的关系，借此从价值观角度来理解该地区的文化特点和社会现实问题，为分析社会心态奠定基础。

研究选取了我国改革开放进程中，三个经济发展模式比较有代表性的地区。一是处于改革开放前沿的深圳经济特区，深圳的经济产业以金融为主，主要涉及高新技术研发、金融服务、物流产业、外贸出口、创意文化等方面，涌现出了万科、华为、中兴、比亚迪、平安集团、招商银行等有重要影响力的企业，是我国重要的经济和金融中心（深圳政府在线，2014）。二是位于东北老工业基地的黑龙江省哈尔滨市，哈尔滨经济产业以工业为主，涉及装备制造、食品、医药、石化四大主导产业，拥有了哈药集团、哈飞集团、三大动力等驰名企业，是全国重要的工业城市（黑龙江人民政府网，2014）。三是位于现代化国有农场经济区域的黑龙江垦区，垦区经济产业以农业为主，涉及粮食生产、畜牧业、农产品精加工、农业高新技术产业等，打造了"北大荒""完达山""九三"等知名品牌，是我国重要的商品粮基地和粮食战略后备基地（北大荒网，2014）。上述这些区域的经济发展模式各异，历史文化沿革也不尽相同，是否在价值观层面上存在地域文化的差异，价值观和社会现实之间的差异等问题，是本研究重点关注的问题。

二　研究过程与研究方法

（一）调查对象

本研究的调查地点包括深圳市、哈尔滨市、黑龙江某农垦区。由受过专门培训的调研员分别在三地社区进行调查，采用一对一当面填答问卷的方式。最终共回收有效问卷1917份，其中，深圳有效问卷922份，调查对象年龄在18～69岁，平均年龄33.0岁；哈尔滨有效问卷494份，调查对象年龄在18～70岁，平均年龄40.3岁；垦区有效问卷501份，调查对象年龄在18～70岁，平均年龄41.6岁。样本具体构成情况见表1。

表1　调查对象的人口统计学特征（N = 1917）

类别		深圳（人数）	有效百分比（%）	哈尔滨（人数）	有效百分比（%）	垦区（人数）	有效百分比（%）
性别	男	432	47.3	219	44.6	215	43.3
	女	481	52.7	272	55.4	282	56.7
	缺失	9		3		4	
受教育程度	小学及以下	23	2.5	13	2.7	40	8.0
	初中	94	10.2	88	18.0	137	27.4
	高中（技校、职高、中专）	220	23.9	139	28.4	163	32.6
	大专	146	15.9	101	20.6	82	16.4
	大学本科	397	43.1	85	17.3	76	15.2
	研究生及以上	41	4.5	64	13.1	2	0.4
	缺失	1		4		1	
婚姻状况	未婚/独身	410	44.5	131	26.7	82	16.4
	已婚	511	55.5	360	73.3	417	83.6
	缺失	1		3		2	

续表

类别		深圳 （人数）	有效百分比 （%）	哈尔滨 （人数）	有效百分比 （%）	垦区 （人数）	有效百分比 （%）
就业 状况	在职工作	654	71.3	342	69.8	324	65.2
	离退、辞职或内退在家	59	6.4	116	23.7	72	14.5
	全日制学生	163	17.8	5	1.0	18	3.6
	无工作	41	4.5	27	5.5	83	16.7
	缺失	5		4		4	

（二）测量工具

1. 社会文化价值观和社会现实感知测量

本文应用 House 的 GLOBE 文化量表分别测量人们持有的社会文化价值观和相应的社会现实感知（House et al.，2004），选用原量表的 4 个价值观分量表衡量人们的价值观，衡量人们对如下价值观的重视程度：集体主义（collectivism）：社会制度鼓励和奖励集体分配资源和集体活动的程度，以及人们在组织或家庭中表现出自豪、忠诚和凝聚力的程度，将该分量表的 5 个题目均值作为集体主义价值观得分，分数越高，表明调查对象越重视集体主义。权力距离（power distance）：权力分层和集中的程度，将该分量表 3 个题目的均值作为权力距离价值观的得分，分数越高，代表调查对象越赞同权力不应当被平等享有，认可权力等级的存在。人文取向（humane orientation）：社会鼓励或奖励人们对待他人公平、利他、友好、宽容、亲切的程度，将该分量表 3 个题目的均值作为人文取向价值观的得分，分数越高，代表调查对象价值观的人文取向越高。未来取向（future orientation）：社会成员参与未来取向的行为的程度，这些行为包括为未来计划、投入，延迟个人或集体的满足，将该分量表 2 个题目的均值作为未来取向价值观的得分，分数越高，代表调查对象认为未来取向越重要，要计划未来、提早准备而不是接受现状、顺其自然。本文同时选用相应的 4 个社会现实分量表，测量人们对自己所处社会的集体主义、权力距离、人文取向和未来取向的实际状况的感知。该量表已在全世界 62 个国家中的 951 个组织机构中进行了测量，具有较高的信度和效度。

2. 主观社会经济地位（socioeconomic status，SES）的测量

本文通过 3 个题目的自编量表衡量作答者对自己所处社会经济地位的感

知，请作答者判断自己的家庭收入在当地的水平、自己的生活水平在当地的水平和自己在社会中的阶层，采用 5 点量表形式，涵盖偏下、中下、中等、中上和偏上五个水平/阶层的选择；将 3 个题目的均值作为主观社会经济地位的得分，得分越高，认为自己所处的社会经济地位越高。

（三）统计分析

使用 SPSS20.0 统计分析软件对数据进行分析。主要运用的统计方法包括描述性统计、（协）方差分析、重复测量方差分析、多元回归分析等。

三　研究结果

（一）社会文化价值观和社会现实感知的人口学特点

本研究所调查的三个地区的居民在年龄、受教育程度和主观社会经济地位等人口学变量上存在显著差异。具体而言，深圳调查对象的平均年龄（M = 33.0 岁）小于哈尔滨（M = 40.3）和垦区（M = 41.6）调查对象（F = 117.798，p < .001）；垦区、哈尔滨和深圳调查对象的受教育程度依次显著增高（F = 95.374，p < .001）；哈尔滨、垦区和深圳调查对象对自己社会地位的感知依次显著增强（F = 55.766，p < .001）。这些差异可能会导致价值观的地区间差异，因此，在分析社会文化价值观和社会现实的区域特点之前，首先考察人口学变量与价值观和现实感知的关系，以便在分析地区差异时能对人口学变量的影响做出合理解释。将上述三个变量作为自变量，本文分别以集体主义、权力距离、未来取向和人文取向 4 个方面的价值观和社会现实感知作为因变量，进行多元回归分析。

结果显示（见表 2），各个回归方程的 F 统计值的显著性概率都小于0.001，说明模型中自变量与因变量基本呈线性关系，多元线性回归合理，结果可信。在社会文化价值观方面，年龄与集体主义、人文取向显著正相关，与未来取向显著负相关，即年龄越大的调查对象，所持的价值观越看重集体主义和人文关怀，而对于计划未来的重视程度越低；年龄与权力距离关系不显著。受教育程度与未来取向显著正相关，与权力距离显著负相关，即调查对象受教育程度越高，越认同成功应该早做准备、社会应当鼓励人们为未来做计划；越认为社会不应该存在权力等级的区分。人们感知到的自己所处的社会经济地位与其价值观之间均无显著相关。在社会现实感知方面，年龄与未来取向显著负相关，年龄越大，越觉得当今社会并不注重计划未来、早做准备。受教育程度和集体主义、权力距离、未来取向显著正相关，和人文取向显著负相关，即受教育程度越高的调查对象，越是容易感知到当今社会集体主义程度高、权力等级分化、成功需要提早计划等，越少感知到社会重视人文关怀。主观社会经济地位和权力距离负相关，和人文取向正相关，也就是说认为自己处于较高社会经济地位的调查对象，更少地感受到社会上权力等级的存在，更多地感受到人们普遍关怀和体谅他人。

表 2　社会文化价值观和社会现实感知对人口学变量的回归结果（$N = 1917$）

因变量	自变量	回归系数 B	T 值	调整后判定系数 R^2	F 值
集体主义价值观	年龄	0.012	5.994 ***	0.019	13.538 ***
	受教育程度	0.004	0.188		
	主观 SES	0.042	1.313		
权力距离价值观	年龄	− 0.005	− 1.875	0.007	5.562 ***
	受教育程度	− 0.109	− 4.055 ***		
	主观 SES	0.056	1.309		
未来取向价值观	年龄	− 0.010	− 3.136 **	0.013	9.109 ***
	受教育程度	0.084	2.674 ***		
	主观 SES	− 0.026	− 0.523		
人文取向价值观	年龄	0.010	4.020 ***	0.009	6.914 ***
	受教育程度	− 0.001	− 0.028		
	主观 SES	− 0.028	− 0.729		
现实集体主义	年龄	0.002	1.252	0.010	7.350 ***
	受教育程度	0.071	3.949 ***		
	主观 SES	0.035	1.225		
现实权力距离	年龄	0.001	0.493	0.022	15.177 ***
	受教育程度	0.151	5.806 ***		
	主观 SES	− 0.197	− 4.753 ***		
现实未来取向	年龄	− 0.017	− 5.065 ***	0.036	24.763 ***
	受教育程度	0.135	4.154 ***		
	主观 SES	0.020	0.386		
现实人文取向	年龄	− 0.000	− 0.010	0.012	8.540 ***
	受教育程度	− 0.103	− 4.350 ***		
	主观 SES	0.128	3.375 ***		

注：*** 表示 $p < .001$，** 表示 $p < .01$，* 表示 $p < .05$。

（二）社会文化价值观的地区差异和特点

为比较深圳、哈尔滨和垦区三地社会文化价值观的地区差异，同时，排除各地区调查对象年龄、受教育程度和主观社会经济地位的影响，更准确地捕捉价值观区域特点，本文将上述人口学变量作为协变量处理，对价值观的地区差异进行协方差分析。结果表明（见表3和图1），首先，从均值上看，7点量表计分，4为中间值，三地的调查对象都普遍认同未来取向、集体主义和人文主义的价值观，较少认同权力距离价值观；换言之，人们普遍认为个人和社会应该重视计划未来、集体利益和荣誉、关心和体谅他人，不太赞同社会应当区分权力等级。

表3　不同地区调查对象社会文化价值观的方差分析结果（$N = 1917$）

项目	地区	平均数	标准差	F 值	不控制人口学变量的 F 值	协变量 F 值
集体主义价值观	深圳	4.638	.954	F = 19.124 p < .001	F = 29.325 p < .001	年龄：F = 19,798 ***
	哈尔滨	4.975	1.059			受教育程度：F = 1.485
	垦区	5.056	1.043			SES：F = 3.049
权力距离价值观	深圳	2.814	1.323	F = 5.122 p = .006	F = 8.109 p = .013	年龄：F = 6.493 *
	哈尔滨	3.035	1.359			受教育程度：F = 17.276 ***
	垦区	2.930	1.455			SES：F = 3.740
未来取向价值观	深圳	5.387	1.474	F = 2.102 p = .123	F = 13.330 p = .005	年龄：F = 6.534 *
	哈尔滨	5.129	1.651			受教育程度：F = 7.491 **
	垦区	5.179	1.754			SES：F = .862
人文取向价值观	深圳	4.176	1.119	F = 10.552 p < .001	F = 21.790 p < .001	年龄：F = 13.350
	哈尔滨	4.144	1.331			受教育程度：F = 1.057
	垦区	4.507	1.306			SES：F = 1.264

注：*** 表示 p < .001，** 表示 p < .01，* 表示 p < .05

其次，从差异分析上看，在控制了年龄、受教育程度和社会经济地位的影响之后，不同地区所调查的居民在集体主义、权力距离和人文取向价值观上均存在显著差异，在未来取向价值观上差异不显著。进一步多重比较分析发现，在集体主义价值观上，深圳、哈尔滨和垦区三地居民的集体主义取向依次显著增强。在权力距离价值观上，哈尔滨居民对权力等级的重视程度要显著高于深圳居民，两者和垦区居民在该价值观上的差异不显著。在人文取向价值观上，垦区居民显著高于哈尔滨和深圳居民，哈尔滨和深圳居民之间没有显著差异。在不考虑人口学变量的影响时，不同地区居民在未来取向价值观上存在显著差异，深圳居民显著高于哈尔滨和垦区居民，但加入人口学变量之后，这种差异显著性消失，提示深圳居民和其他两地居民在未来取向上的差异可能和年龄与受教育程度的差异有关。

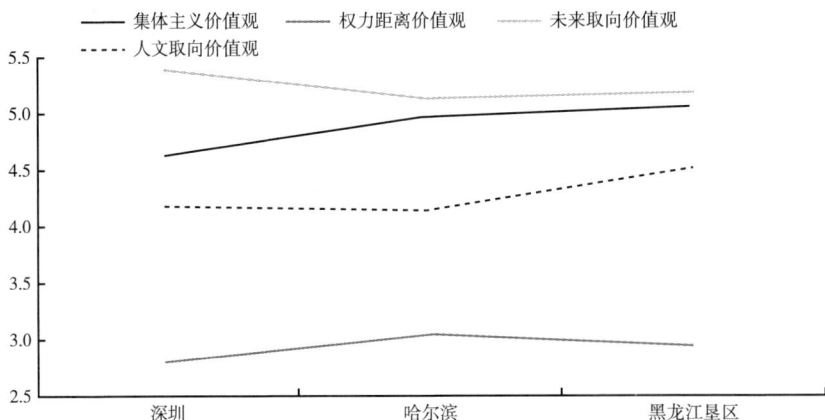

图 1　不同地区调查对象社会文化价值观比较图（$N = 1917$）

（三）社会现实感知的地区差异和特点

社会文化价值观反映的是三地居民认为个人和社会应该怎样，社会现实感知则反映的是人们认为当今社会实际上是怎样的。同样控制年龄、受教育程度、主观社会经济地位等人口学变量，通过协方差分析来比较三地所调查的居民在社会现实感知上的差异和特点。结果显示（见表4和图2），首先，从均值上看，7点量表计分，4为中间值，三地的调查对象大多认为当今社会具有集体主义、权力距离和未来取向的特点，但较少表现出人文取向。即人们普遍感到现在的社会流行的是为未来做计划以获得成功、突出集体利益和荣誉、存在权力等级的划分和特权阶级，但人们却很少关心和体谅他人。

其次，从差异分析上看，在控制了年龄、受教育程度和社会经济地位的影响之后，不同地区所调查的居民在对当今社会实际表现出的集体主义、未来取向和人文取向的程度感知上存在显著差异，对于权力距离现象的感知没有显著差异。进一步多重比较分析发现：在对当今社会集体主义表现的感知上，垦区居民显著高于深圳居民，垦区和哈尔滨居民之间、哈尔滨和深圳居民之间无显著差异；而这种差异显著性在不排除人口学变量的影响时，并没有体现出来，提示人口学变量的差异可能会掩盖人们在对社会的集体主义特点感知上的地区差异。在对当今社会流行未来取向的感知上，深圳居民显著高于哈尔滨和垦区居民，哈尔滨和垦区居民之间没有显著差异。在对社会表现出人文取向的感知上，垦区居民显著高于哈尔滨和深圳居民，哈尔滨和深圳居民之间没有显著差异。

表 4　不同地区调查对象社会现实感知的方差分析结果 （N = 1917）

项目	地区	平均数	标准差	F 值	不控制人口学变量的 F 值	协变量 F 值
现实集体主义	深圳	4.889	.856	F = 4.372 p = .013	F = 1.521 p = .219	年龄：F = .263 受教育程度：F = 18.498 *** SES：F = = 2.144
	哈尔滨	4.937	.966			
	垦区	4.975	.952			
现实权力距离	深圳	4.903	1.260	F = 1.257 p = .285	F = 2.781 p = .062	年龄：F = .775 受教育程度：F = 29.893 *** SES：F = = 23.518 ***
	哈尔滨	4.864	1.387			
	垦区	4.732	1.366			
现实未来取向	深圳	5.206	1.528	F = 3.526 p = .030	F = 12.983 p < .001	年龄：F = 18.397 *** 受教育程度：F = 17.901 *** SES：F = .026
	哈尔滨	4.788	1.740			
	垦区	4.857	1.791			
现实人文取向	深圳	2.713	1.086	F = 3.104 p = .045	F = 6.937 p < .001	年龄：F = 13.602 *** 受教育程度：F = 10.620 *** SES：F = 3.103 *
	哈尔滨	2.686	1.253			
	垦区	2.934	1.330			

注：*** 表示 P < .001，** 表示 P < .01，* 表示 P < .05。

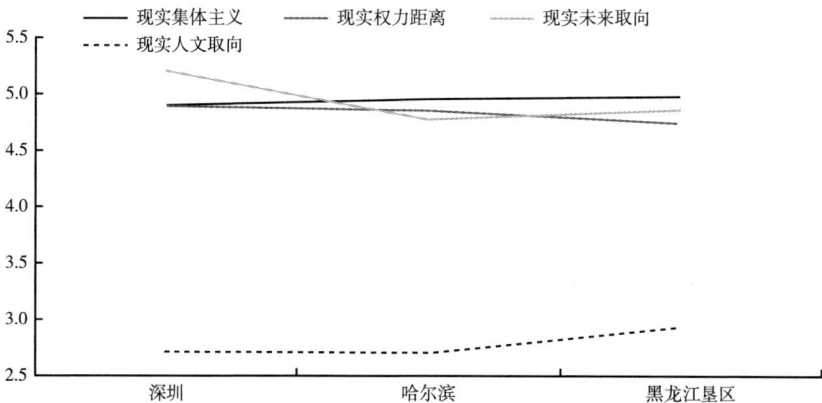

图 2　不同地区调查对象社会现实感知比较图 （N = 1917）

（四）社会文化价值观和社会现实的感知

从图 1 和图 2 的对比中可以清晰地看出，人们持有的社会文化价值观和社会现状之间存在差异，最明显的是，虽然三地居民的价值观都表现为应该摒弃权力等级、强调人文关怀；但是，人们眼中社会上实际的状况却恰恰相反，权力等级明显而人文关怀缺失。为进一步比较价值观和社会现状之间的差异的显著程度，本文进行重复测量方差分析，分别以集体主义、权力距离、未来取向、人文取向四个方面的文化认知（价值观和现实感知两个层面）作为被试内变量分析差异，同时，为进一步比较不同地区居民的差异，将地区（深圳、哈尔滨、垦区）作为被试间变量纳入分析，结果见表 5。

表 5　价值观和社会现实感知之间重复测量方差分析结果（$N = 1917$）

	集体主义			权力距离			未来取向			人文取向		
	价值观	现实		价值观	现实		价值观	现实		价值观	现实	
	均值	均值	总计	均值	均值	总计	均值	均值	总计	均值	均值	总计
深圳	4.638	4.889	4.763	2.814	4.903	3.859	5.387	5.206	5.297	4.176	2.713	3.445
哈尔滨	4.975	4.937	4.897	3.035	4.864	3.950	5.129	4.788	4.959	4.144	2.686	3.415
垦区	5.056	4.975	5.016	2.930	4.732	3.830	5.179	4.857	5.019	4.507	2.934	3.721
总计	4.890	4.934		2.926	4.833		5.232	4.950		4.276	2.778	
认同主效应	$F = 11.022$, $p = .001$			$F = 1619.933$, $p < .001$			$F = 54.699$, $p < .001$			$F = 1523.777$, $p < .001$		
地区主效应	$F = 16.644$, $p < .001$			$F = 2.416$, $p = .090$			$F = 11.533$, $p < .001$			$F = 18.758$, $p = .019$		
交互作用	$F = 16.542$, $p < .001$			$F = 4.608$, $p < .001$			$F = 2.150$, $p = .117$			$F = .852$, $p = .427$		

在集体主义文化方面，认知层面和地区层面的主效应均显著，两者交互作用亦显著（见表 5 和图 3）。具体而言，首先，总体上，三地调查对象持有的价值观和其对于社会现实的感知存在显著差异，他们感知到的社会所表现出的集体主义程度（$M = 4.934$）要强于对于其自身对于集体主义的重视程度（$M = 4.890$），对交互作用的简单效应分析发现（见图 3），这种差异主要存在于所调查的深圳居民之中（$F = 57.918$，$p < .001$），而不存在于哈尔滨和垦区居民中间（哈尔滨：$F = 2.392$，$p = .123$；垦区：$F = 2.877$，$p = .090$）。其次，与前述协方差分析结果一致，三地调查对象在价值观和现

实感知层面上的集体主义的平均强度存在显著差异，总体上深圳、哈尔滨、
垦区的集体主义程度依次显著增强，交互作用的简单效应分析发现（见表
2、表3和图3），这种强度差异在价值观上表现得更为明显（价值观：F =
19.124，p <.001；现实感知：F = 4.372，p =.013）。

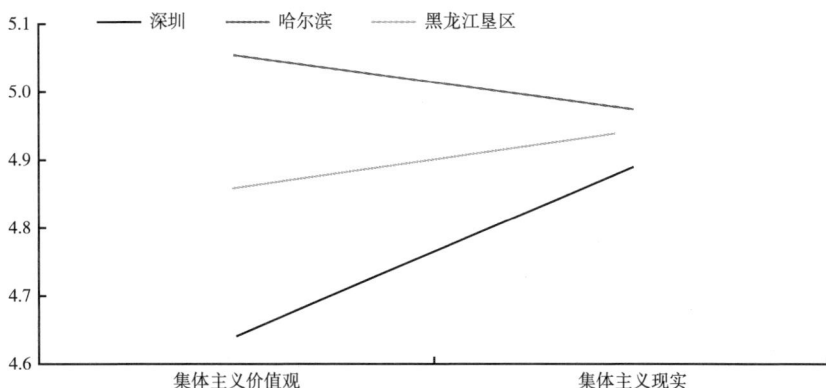

图3　不同地区的集体主义价值观和社会现实的差异示意（*N* = 1917）

在权力距离文化方面，认知层面主效应显著，地区层面主效应不显著，
但是两者的交互作用显著（见表5和图4）。具体而言，总体上，三地调查
对象持有的价值观和其对于社会现实的感知存在显著差异，他们感知到的社
会的权力等级分化的现状（M = 4.833）要明显强于其自身对于权力等级的
认同（M = 2.926），对交互作用的简单效应分析发现（见图4），这种差异
在深圳居民中相对更强（深圳：F = 1093.008，p <.001；哈尔滨：F =
373.390，p <.001；垦区：F = 407.261，p <.001）。

在未来取向文化方面，认知层面和地区层面的主效应均显著，两者
交互作用不显著（见表5和图5）。具体而言，首先，总体上，三地调查
对象持有的价值观和其对于社会现实的感知存在显著差异，其自身持有
的未来取向的价值观（M = 5.232）要明显强于对于其感知到的当今社会
对计划未来的重视（M = 4.950）。其次，三地调查对象在价值观和现实
感知层面上的未来取向的平均强度存在显著差异，根据前述协方差分析结
果，这种差异更多体现在对现实的感知上，深圳居民显著高于哈尔滨和垦区
居民。

在人文取向文化方面，认知层面和地区层面的主效应均显著，两者交互
作用不显著（见表4和图6）。具体而言，首先，总体上，三地调查对象持

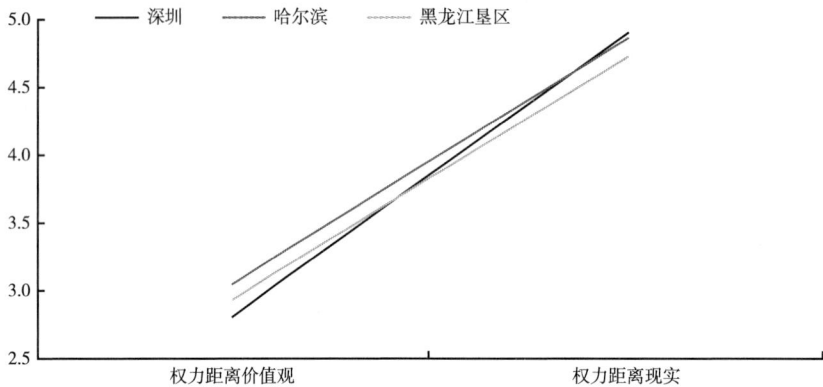

图 4   不同地区的权力距离价值观和社会现实的差异示意图 （$N = 1917$）

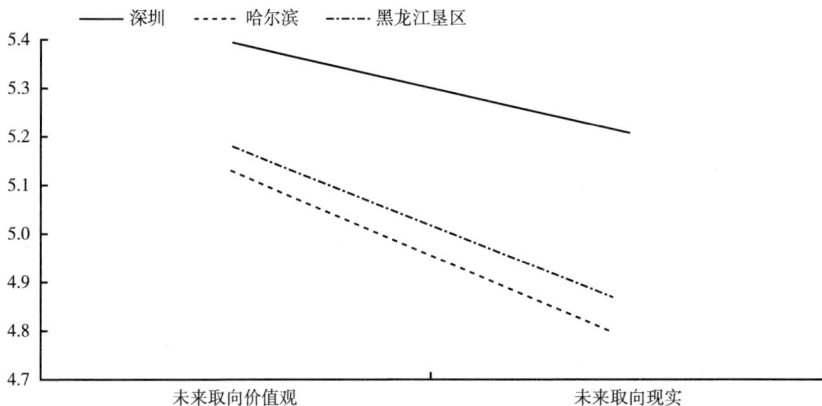

图 5   不同地区的未来取向价值观和社会现实的差异示意图 （$N = 1917$）

有的价值观和其对于社会现实的感知存在显著差异，其自身对人文取向的重视（$M = 4.276$）要显著强于其感知到的当今社会人们对他人关心、体贴和包容的程度（$M = 2.778$）。其次，与前述方差分析结果一致，三地调查对象在价值观和现实感知层面上的人文取向的平均强度存在显著差异，无论是自身持有的人文取向价值观，还是感知到的社会人文关怀现状，垦区居民都显著高于深圳（均值差异 $= .331$，$p < .001$）和哈尔滨居民（均值差异 $= .221$，$p < .001$）。

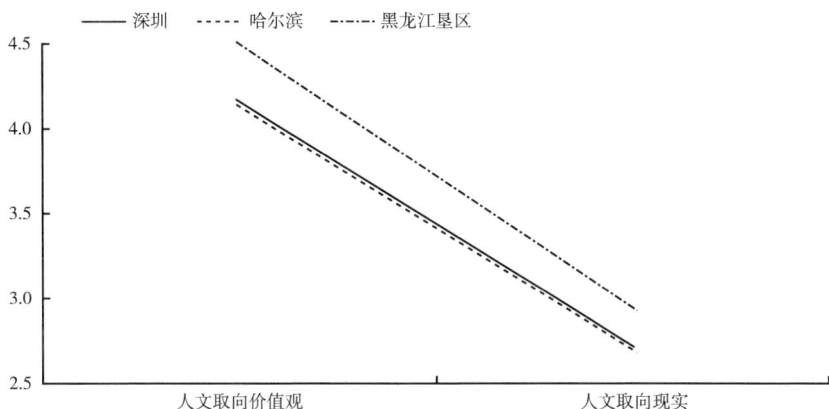

图 6 不同地区的人文取向价值观和社会现实的差异示意图 ($N = 1917$)

四 结论与讨论

(一) 人口学差异与社会文化价值观及社会现实感知

首先，本研究所调查的深圳、哈尔滨和垦区居民在年龄、受教育程度上存在的差异，符合其地区实际情况。调查显示，深圳是以年轻人居多的城市，根据第六次全国人口普查的结果，深圳全市人口平均年龄约 30 岁（深圳市统计局，2011），其中 15～64 岁人口占总人口数的 88.40%，比哈尔滨的 81.01%（哈尔滨市统计局，2011）高出 7.39 个百分点，比垦区所在的鹤岗市的 79%（鹤岗市统计局，2011）高出 9.4 个百分点；而 65 岁以上人口比重（1.76%）则要比哈尔滨市（8.04%）低 6.28 个百分点，比鹤岗市（10.18%）低 8.42 个百分点。按照国际上 65 岁以上人口占 7%以上即达到老龄化社会的标准，深圳距离老龄化社会还较远，而哈尔滨和鹤岗市（垦区）则呈现老龄化态势。因此，深圳市所调查居民的平均年龄小于哈尔滨和垦区符合实际情况。而在受教育程度方面，根据第六次人口普查的结果，鹤岗市（垦区）受教育程度为大学（大专及以上）的人占全市常住总人口的 7.65%，哈尔滨市为 14.71%，深圳市为 17.17%，本研究中垦区、哈尔滨市和深圳市调查对象的受教育程度的上升趋势与此相符。这些人口学变量的差异，以及调查对象对于自己所处社会经济地位的感知，都可能会导致价值观不同，不利于通过价值观分析来反映地区间的文化特点。因此，本研究对这些变量进行了单独分析。

从分析结果看，人口学变量对价值观和现实感知都有显著影响。年龄越大的调查对象，更多认为社会和个人应该注重集体主义和人与人之间的关怀与体谅；较少持有未来取向价值观，认为成功不需早做准备，顺其自然就好，并且，他们认为当今社会的实际情况也是不注重提早计划未来。换言之，年轻者要比年长者更追求个体化，更少在乎他人，更容易将努力指向未来。受教育程度越高的调查对象则更多地持有未来取向价值观，并且不赞成社会权力等级分化；而他们对现实的感知则更多的是社会注重集体主义和规划未来，权力没有在全社会共享而是集中于上层。调查对象对自身社会经济地位的认识和其价值观没有关联，但却和其对现实的感知关系紧密，认为自己所处的社会经济地位越高的调查对象，越是认为当今社会人文关怀程度较高，权力在社会中平等共享。这可能是因为这些调查对象所处的社会地位让其更容易获得权力和其他人的关心与宽容，因而根据自身体验产生了对现实的认知。基于这些相关关系的存在，本研究在对价值观的地区差异进行分析时，对人口学变量的影响进行了控制。

（二）从社会文化价值观和社会现实感知差异看区域文化特点

从均值上看，深圳、哈尔滨和垦区三地调查对象的价值观和社会现实的特点是，人们普遍持有未来取向、集体主义和人文取向的价值观，较少认同权力距离价值观；而其对当今社会的认识则是社会流行集体主义、权力距离和未来取向，但较少表现出人文取向。本研究进一步比较了价值观和现实感知的差异，并通过协变量控制，排除了人口学变量造成的价值观和现实感知差异，使得所得结果更准确地反映出地区文化特点。分析结果显示，深圳、哈尔滨和垦区三地在价值观和社会现实上呈现了不同的文化特点。首先，垦区居民的集体主义取向和人文关怀取向都是最高的，深圳居民集体主义取向最低；哈尔滨居民权力距离取向最明显，深圳最低。这与各地的经济模式、人文环境、居民构成等特点都比较相符。垦区属于国有农场经济，以家庭承包和集体统一经营相结合，集体概念相对明确，居民之间居住集中、邻里互动、互助频繁，人际关系融洽，几辈人都有渊源。因而其看重集体利益、群体成就和人与人之间的友好关系。深圳知名的民营、私营、外资企业较多，组织结构灵活，强调能力、竞争而非资历，权力等级结构相对弱化；同时，深圳又是一座新兴的移民城市，鼓励开放、包容、创新，因此，更多鼓励个性的追求，集体和群体意识相对较弱。哈尔滨则有很多国有大型企业，组织结构严密、层级明显、规范严格，资历等级较受重视，因此更容易表现出对权威、权力集中的重视，对服从集体利益的强调也强于深圳。此外，深圳居民具有较强的未来取向价值观，不过在控制人口学变量之后，地区差异不再显著，因而这种很强的未来取向很可能是因为所调查的深圳居民年龄较低、受教育程度较高。

三地居民社会现实的感知基本也呈相似的模式，垦区居民对所处社会表现出的集体主义和人文关怀感知最强，深圳居民感知到的社会的集体主义特点是最低的。深圳居民对于社会鼓励计划未来的感知在三地中是最强的。在对社会上实际的权力分配特点的认识上，各地居民没有表现出差异。

上述这些结果表明，各地方经济发展模式、人文环境的不同，可能会导致各地文化的差异，并在价值观层面和现实层面映射出来。

（三）价值观与社会现实之间的差距

本研究的另一个重要发现是，人们眼中的社会"应该怎样"（价值观）与当今社会"实际怎样"（社会现实感知）之间，存在着显著差异，特别是在权力距离和人文取向这两个方面。在价值观信念层面上，人们都普遍认为权力应该在全社会共享、不区分等级、可以质疑权威；应该待人友好、关心和理解他人。但是，人们感知到的社会现实却是权力集中在上层、存在权势阶级、强调服从权威；人们彼此戒备、苛责、缺乏体贴和关心。另外，在程度上，人们感知到的当今社会的集体主义程度要强于其自身的集体主义价值观，这主要表现在深圳居民身上，可见，无论个人对集体主义的重视程度如何，人们还大都认为中国社会更流行和鼓励的是集体主义。同时，社会对计划未来、提早准备的认可程度也不及人们自身对此的重视程度。

上述这些结果对于解决社会问题具有一定的启示，一方面，人们眼中的社会现状与近些年来不断被媒体和学者所提及的"社会冷漠""信任缺失""弱势群体""特权阶层""利益集团"等现象是交相呼应的，说明这些社会问题切实存在。而另一方面，这些社会问题的存在并不意味着人们真的变得冷漠、追求权力，实际上，在价值观层面上，人们还都普遍认可并看重关心体谅他人和权力的平等共享，认为这些才是一个社会所应该鼓励的。因此，解决上述社会问题的途径之一，可能就是一方面改变人们对现实的感知，强调社会制度和政策所鼓励和重视的是人文关怀和权力共享；另一方面就是宣传核心价值观，让人们了解大多数人实际的想法和价值取向，意识到大多数人实际赞同的仍然是友善和平等，一些人表现出的违背这些价值取向的行为，并不被社会所认可和接纳。

（四）结论

本研究通过对有代表性特点的深圳、哈尔滨和黑龙江垦区三地的调查，得出了以下结论。①三地调查对象普遍持有未来取向、集体主义和人文取向的价值观，较少认同权力距离价值观；而他们感知到的社会现状则是社会流行集体主义、权力距离和未来取向，缺乏人文关怀。②年龄、受教育程度和主观的社会经济地位等会影响人们的价值观和对社会现实的感知。③排除人口学变量影响之后，不同地区的调查对象在文化价值观和现状认知上存在显著差异。具体而言，垦区居民更多注重集体主义和人文关怀，并认为社会现状也是如此；哈尔滨居民的权力距离价值观念最强；深圳居民更多认为当今社会表现出未来取向特点。上述差异可以反映出地区的文化特点。④调查对象的价值观和社会现实感知存在方向和强度上的差异，方向上，人们的价值观表现出人文取向和权力平等取向，但人们眼中的社会现状则缺乏人文关怀、权力等级分化；强度上，人们感受到的当今社会的集体主义程度要强于其自身的集体主义信念，而自身对未来取向的重视则强于其感知到的社会对计划未来的重视。

参考文献

哈尔滨市统计局，2011，《2010 年哈尔滨市第六次全国人口普查主要数据公报》，5 月 13 日（http：//www. stats – hlheb. gov. cn/xw！detaPage. action？tid = 18219）。

鹤岗市统计局，2011，《2010 年鹤岗市第六次全国人口普查主要数据公报》，6 月 10 日（http：//www. hgorg. com/gggs/2011/06/11933. htm）。

深圳市统计局，2011，《深圳市 2010 年第六次全国人口普查主要数据公报》，5 月 12 日（http：//www. sz. gov. cn/tjj/tjj/xxgk/tjsj/pcgb/201105/t20110512_ 2061597. htm）。

王俊秀，2014，《社会心态理论：一种宏观社会心理学》，北京：社会科学文献出版社。

杨宜音，1998，《社会心理领域的价值观研究述要》，《中国社会科学》第 2 期。

杨中芳，1994，《中国人真的是集体主义的吗？——试论中国文化的价值体系》，载杨国枢主编《中国人的价值观——社会科学观点》，台北：桂冠图书公司。

Hofstede, G. 1980, *Culture's Consequences：International Differences in Work – related Values.*

London：Sage.

House，R. J.，Javidan，M.，Gupta，V.，Dorfman，P. W.，& Hanges，P. J.（Eds.）. 2004，*Culture*，*Leadership*，*and Organizations*：*The GLOBE Study of 62 Societies*. Thousand Oaks，CA：Sage Publications.

Schwartz，S. H. 1992. "Universal in the Content and Structure of Values：Theoretical Advances and Empirical Tests in 20 Countries." In：M. Zanna（Ed.），*Advances in Experimental Social Psychology*（*Vol.* 25）. San Diego，CA：Academic Press.

Schwartz，S. H. 1994. "Are there Universal Aspects in the Structure and Contents of Values?" *Journal of Social Issues* 50.

Triandis，H. C. 1995，*Individualism and Collectivism*. Boulder，CO：Westview Press.

作者简介

高文珺　女

所属博士后流动站：中国社会科学院社会学研究所

合作导师：杨宜音

在站时间：2012. 6～2014. 7

现工作单位：中国社会科学院社会学研究所

联系方式：casswenjungao@ 126. com

杨宜音　女

现工作单位：中国社会科学院社会学研究所

王俊秀　男

现工作单位：中国社会科学院社会学研究所

大学生消费不平等的实证研究：
从消费文化的维度

朱 迪

摘　要：消费不平等一般理解为人们在拥有和使用物质资源上的不平等，本文则从"消费文化"的维度分析消费不平等，即不同社会经济群体在消费文化中所处地位的不平等，并强调这种不平等更多地来自社会的建构，后果可能强化社会不平等和社会隔离。本文基于 12 所高校大学生的影视剧欣赏和手机消费的调查数据，实证分析从文化品味、物质文化和消费倾向三个维度，推翻了一些不平等的消费文化设定。研究发现①是否喜欢看韩剧同高等教育水平之间的关系不显著；②不同出身的大学生在物质欲望的程度上差异不显著，背景较优越的大学生总体上更依赖物质；③同出身成长较弱势的大学生相比，背景较优越的大学生总体上更倾向"面子消费"。政策制定者应当反思不平等的消费文化地位被建构的机制和因素，推进社会公平，促进社会融合。

关键词：消费不平等　消费文化　大学生物质文化　结构因素

消费不平等，一般理解为人们在拥有和使用物质资源上的不平等，是测量生活机会和生活质量的一个重要指标。现有研究集中在市场交换的维度，或通常所说的"消费水平"——不同社会经济群体在支出及其结构、耐用品拥有等方面的不平等。然而，更隐晦的消费不平等在于"消费文化"的维度，即不同社会经济群体在消费文化中所处地位的不平等——社会经济地位较高的群体常常在消费文化中也处于优势或主导地位，而社会经济地位较低的群体常常在消费文化中处于劣势或从属地位。由于受到个人所拥有的文化资本和经济资本的限制，不同群体之间存在着消费文化上的差异，但是本文强调的"消费文化地位的不平等"更多地来自社会的建构。比如围绕着"凤凰男"和"孔雀女"的话语①反映了农村和城市出身的青年如何在消费文化中被定位——前者的物质欲望是"畸形的"、消费观念是"精明的"，他们始终保持着节俭的习惯，但也希望通过奢侈品表现自己地位的改变；他们的成长积聚了全家人的希望和投资，当他们在城市立足之后开始全面回报父母和亲戚，让自己的小家庭承担了巨大的经济压力。类似的话语还有"贫困家庭出身的孩子物质欲望更强""寒门难出贵子"等。

　　这种"消费文化"的不平等不仅存在于物质欲望和消费倾向的领域，也存在于文化品味的领域。根据《南华早报》的报道，② 在中国观众中，"英剧迷"瞧不起"美剧迷"，"美剧迷"瞧不起"日韩剧迷"，而"港台剧迷"瞧不起"国产剧迷"。喜欢韩剧的人通常被贴上"没文化""没思想"的标签，喜欢欧美剧，尤其是英剧的人通常被贴上"高学历""名牌大学"的标签。一项由首尔大学媒体信息系教授姜明求（Kang Myung - koo）主持的研究③访问了近400名年龄在20～50岁的北京居民，发现学历与收入水平越高的中国观众越爱看美国和日本电视剧，而收入和学历越低的人群，则越青睐韩国与中国台湾地区的电视剧。研究解释为，高学历、高收入观众喜欢"理性而轻松"的电视剧，因此多选择观看美剧，而低学历、低收入观众之所以爱看韩剧，是因为部分韩剧逻辑性较差，观看时无需动脑子。无论研究发现是否准确地揭示了事实，该研究以及前文所述的围绕着"韩剧""美剧"的话语反映了消费文化背后的权力关系——社会经济地位较高的人群所欣赏的文化品味往往占据了合法性的地位。

---

① "凤凰男"从"山沟里飞出个金凤凰"演绎而来，指出身贫寒（特指出身农村，也包括出身经济不发达的小城镇），历经辛苦考上大学，毕业后留在城市工作生活的男性。"孔雀女"指的是出身于经济较发达的城市的女性，生活和成长环境都比较优越。（资料来源：http：//www.asiafinance.cn/zs/凤凰男.shtml）

② 资料来源：http：//www.scmp.com/news/china/article/1289188/korean - tv - dramas - attract - less - educated - chinese - fans。本文的引用并不代表赞成资料的观点，只是作为文化品味等级区分的一个例子。

③ 资料来源：http：//ent.ifeng.com/tv/news/jpkr/detail_ 2013_ 07/20/27718135_ 0.shtml 和 http：//www.scmp.com/news/china/article/1289188/korean - tv - dramas - attract - less - educated - chinese - fans，但是本文作者未能搜到资料所提及论文的中文或英文版。

这种对不同群体在文化品味、消费倾向和物质文化上的优劣对比和道德判断，对于理解社会不平等有着深刻的意义。一方面，消费文化上的差异和不平等受到个人所拥有的社会、经济和文化资本的局限；另一方面，这种消费文化地位的不平等强化了社会不平等和社会隔离，可能成为一种建构甚至加剧社会不平等的意识形态。"凤凰男"和"孔雀女"的对比实质反映了我国城乡和地区经济发展的不均衡，"寒门"或"豪门"的话语实质反映了社会不平等的再生产，"韩剧控"和"美剧控"的鸿沟主要反映了社会阶层的不平等。这些话语的影响力和权力在于，通过同辈压力、社会偏见和自我认同的建构，进一步影响着个人的社会经济地位的获得，这是研究"消费文化"不平等的重要意义。从外界来讲，学校和老师以及招聘单位和同事可能会被这些话语影响，对一个人的道德或性格、职业前景、晋升或前途做出有偏差的判断，比如认为"贫困家庭出身的学生可能更关心如何赚钱而不安心于学术"；从自我来讲，个人在这些话语的影响下，可能建构起极端的自我认同——比如"自己不适合做学术"，"工作上不能保证清廉"，"无法欣赏高雅文化"，对社会流动和社会融合产生负面的影响。

全面地分析消费文化中所处的地位如何反映和影响社会不平等，是个宏大的课题。基于现有的数据，本文的研究对象是在校大学生，他们处于刚开始积累自己的资源但仍很大程度依赖家庭背景等先赋资源的转型期。实证分析主要关注家庭和高等教育两大结构性因素如何影响大学生在消费文化上的差异。简单来说，就是验证或者批判这样一个刻板印象：是否来自较弱势的成长出身和教育背景的大学生更认同从属地位的消费文化？具体的实证分析假设将在后文阐述。

数据来自中国社会科学院社会学研究所组织实施的"当代大学生就业、生活和价值观追踪调查"。该调查采用了典型抽样和随机抽样相结合的办法，根据现行的国家教育体系的特点，选择具有典型代表性的 12 所高校作为调查样本点。为了确保高校具有典型代表性，样本点的选择考虑了高校等级（重点大学、普通大学和高职院校）、高校类型（综合类、理工类、文科类等）、高校地域分布（北上广、东北、华北、西北、西南、华中、华东和华南），最终选择了具有典型代表性的四所重点大学、四所普通大学和四所高职院校。在选定了学校之后，采用分层随机抽样的办法，先在全校范围内随机抽取八个院/系/专业，然后在选定的院/系/专业中每个年级随机选择一个班级，最后在班级中随机抽取相应数量的学生。2013 年"当代大学生就业、生活和价值观追踪调查"共获得了 7875 个有效样本，样本应答率

73.9%。12 所高校中应答率最高的为 97.0%，应答率最低的为 60.5%，大体上确保了样本的随机性、代表性和可信度。

一　影响消费文化地位的结构性因素

提到文化的自主性和文化统治的概念，绕不开布尔迪厄的经典理论。与以往强调经济资本在社会分层中作用的理论流派不同，布尔迪厄强调文化资本的作用，认为由经济资本和文化资本共同决定的"惯习"是社会区分的主要机制。据布尔迪厄（Bourdieu, 1990：53）解释，惯习是一个"持续的、可转换的处置的体系，它是预先被结构化了的结构，起着组织社会结构的作用"。[①] 作为"被结构化了的结构"，惯习被两种主要的资本形式——经济资本和文化资本所定义，并帮助这两种资本形式的再生产。文化资本在交换的体系中扮演着社会关系的角色，包括一个人所积累的、赋予其权力和地位的文化知识（Bourdieu, 1986）。文化资本"在某种条件下可以转化为经济资本，可能以教育文凭的形式存在"（Bourdieu, 1986：3）。作为"组织社会结构的结构"，惯习组织消费和生活方式，品味是惯习这个机制的主观实现（Sassatelli, 2007：92）。品味是一种"符号权力"，通过品味，"客观划分"得以和"主观划分"一致，从而使社会的和文化的秩序变得"自然化"（naturalization）（Sassatelli, 2007：94）。整个社会被区分为"合法性的、占统治地位的文化/惯习/品味"和"大众的、占被统治地位的文化/惯习/品味"。近些年的研究更进一步强调"消费文化"的力量——"消费文化"不能仅以市场权力为核心进行分析，也应当被看作话语的来源和地位的标志，它将社会群体置于品味和生活方式的社会等级中，从而掩盖了社会经济区分的权力关系（Eglitis, 2011）。

在布尔迪厄看来，由经济资本和文化资本所定义的"惯习"是决定消费文化地位差异的最主要因素。对于本文的研究对象来说，在校大学生还未能确立自己的社会经济地位，很大程度上依赖父母家庭的社会经济地位；但是，高等教育为他们未来阶级地位的获得奠定了重要基础，从而对消费文化的地位产生重要影响。国内外学术界对于消费文化地位不平等的实证研究比较少，针对青少年或者大学生的相关研究就更少。阿切尔等（Archer et al.,

---

① 英文原文为"system of durable, transposable dispositions, structured structures predisposed to function as structuring structures"。

2007）对工人阶级出身的青少年的消费文化进行了研究，提供了有益的分析思路。研究追踪访谈了53位14～16岁就读于伦敦的学生，他们全部来自工人阶级家庭，也访谈了19位教职员工和5位父母。受到自身经济文化资本的限制，工人阶级出身的学生买不起更贵、更"高雅"的品牌，通过给"Nike"等品牌赋予"质量好""酷"等含义来塑造自身时尚的独特价值，从而与中产阶级的品味区分开来。但事实上，这种消费文化的区分反而使得工人阶级出身的学生在文化和教育体系中继续处于边缘和弱势的地位（Archer et al.，2007）。首先，这种符号意义在合法性文化看来是不成立的，并且它的实践又在复制现行的社会经济区分体系；其次，这种消费文化强化了社会不平等的再生产，阻碍了社会流动——这种反叛的消费文化使得学生与学校处于对立的关系，建立起了一种"坏学生""调皮学生""自己不适合读书"的自我认同，也强化了老师们的刻板印象——认同这种消费文化的学生是"危险的""差生"。文章强调，老师和政策制定者需要反思对工人阶级出身的学生的刻板印象和道德判断，高等教育也应当对于工人阶级出身的学生来说更加"可接受"，让他们感到在这个体系中也能忠于自我、实现价值。

国内对于大学生消费文化的实证研究停留在描述分析的阶段。吕金城、许斗斗（2008）根据调查数据对大学生的炫耀消费给出了概念总结，"这种消费的典型特征是消费的名牌化、品牌化、符号化，以及追求流行时尚性、独特性，表现在消费品上则是价格的相对昂贵性、风格的独特性与时尚性等特征，表现在消费手段方式上则具备后现代性特征，如信用卡消费与超前消费等"。研究发现，大学生群体在炫耀消费的程度和倾向上存在着差异，在大学生看来，影响消费观念的主要是家境和同辈群体。梁前德（2009a，2009b）对武汉地区14所高校的2662名大学生进行了调查，主要研究家庭经济状况和父母受教育程度如何影响大学生的消费。研究发现（梁前德，2009a），家庭月收入越高，大学生的月支出越高，旅游消费支出越高，但是对社会交往费用（校外就餐）的作用不显著；此外，大学生的消费观念大都倾向经济实用型，而家庭收入较高的大学生倾向新潮个性化、注重品牌的比例较高。研究也发现（梁前德，2009b），父母受教育程度越高，大学生的消费支出也越高。杨盛菁（2012）选取了甘肃省16所本科和高职院校的4000名学生进行调查，发现来自农村的学生生活支出显著低于来自城市的学生，平均分别为475元和790元；大学生总体上的消费观念比较"谨慎"，更看重价格、质量和服务态度，而不太看重品牌。就韩国电视剧在大学生中的流行程度来讲，女生对韩剧不仅接触时间较早，而且对韩剧的关注和喜爱程度都远远高于男生，体现出显著的性别差异（楚卫华等，2003）。

二　大学生消费文化的实证分析

（一）分析模型

从大众流行的话语和文献分析来看，结构性因素——主要是自身或者父母家庭的社会经济地位——是影响消费文化地位的主要因素。针对大学生群体，本文将结构性因素分解为先赋因素和自致因素，如表1所示。先赋因素主要指成长出身，包括家庭背景和生源地背景，根据现有的数据，操作变量分别为父母的经济文化地位（父母当前月收入和父亲文化程度）和生源地的发展水平（来自农村还是城市）。自致因素主要指高等教育，包括高校及其所在城市的背景，根据现有的数据，操作变量分别为高校类型（重点大学、普通大学和高职院校）和所在城市的经济发展水平。本文根据2012年国内生产总值（GDP）[①]区分高校所在城市的经济发展水平，其分为三个等级：一类城市包括上海、广州和重庆（GDP在11409.60亿元至20181.72亿元之间），二类城市主要包括省会城市（除南宁、银川外），即南京、济南、长春和长沙（GDP在4456.6亿元至7201.6亿元之间），三类城市主要包括南宁、银川、新乡、安庆和保定（GDP在1150.9亿元至2503.2亿元之间[②]）。

表1　影响大学生消费文化地位的结构性因素模型

地位获得方式	测量概念	操作变量
成长出身（先赋因素）	家庭背景	父母经济文化地位
	生源地背景	生源地发展水平
高等教育（自致因素）	高校背景	高校类型
	所在城市背景	城市经济发展水平

西莉亚·卢瑞（Lury，1996：29~36）对现代消费文化和物质文化的性质做过总结，包括大量和广泛的消费品和购物场所，普遍的市场交换和广

告，消费者成立的和关于消费者的政治组织，借贷意义的变化，由消费选择和自我塑造带来的自主性和焦虑，以及对于格调、设计和物品外表的逐渐强调。所以"消费文化"是一个比较广义的概念，涉及整个消费的过程——从物质的获得（acquisition）到物质的使用（appropriation）再到物质的欣赏（appreciation）（Warde，2010）。根据现有数据，实证分析主要从三个维度测量消费文化——文化品味、物质文化和消费倾向，如表 2 所示。

　　本文将消费文化的地位主要区分为主导地位和从属地位。消费文化的分析主要来源于影视剧欣赏和手机消费的数据，根据实证数据和前文有关社会建构理论的讨论，本文对消费文化地位的操作化定义为：①通过最喜欢的影视剧类型来分析文化品味，将最喜欢看美剧或英剧定义为高层次的文化品味、属于主导地位的消费文化，最喜欢看韩剧定义为低层次的文化品味、属于从属地位的消费文化；②通过对手机的获得欲望和依赖程度来分析物质文化，将驾驭物质——适度的物质欲望和使用方式定义为主导地位的消费文化，将依赖物质——强烈的物质欲望和"上瘾"定义为从属地位的消费文化；③通过选购手机的动机来分析消费倾向，将自我导向——如满足个体需求、追求审美等消费倾向定义为主导地位的消费文化，将"面子"消费——在意他人评价、强调地位显示的消费倾向定义为从属地位的消费文化。

表 2　大学生消费文化地位的分析模型

消费文化的地位	消费文化的领域		
	文化品味	物质文化	消费倾向
主导地位	高层次	驾驭物质	自我导向
从属地位	低层次	依赖物质	面子消费

　　根据前文的讨论，文化品味上的差异主要与受教育水平有关系，物质文化和消费倾向上的差异主要与家庭背景有关系。因此，在上述分析模型的基础上，本文将研究假设操作化为三个实证分析假设。

　　假设 1：教育背景较弱势的大学生更喜欢看韩剧。
　　——1.1 就读于高职院校的大学生更喜欢看韩剧。
　　——1.2 就读于三类城市的大学生更喜欢看韩剧。

假设 2：成长出身较弱势的大学生更依赖物质。

——2.1 来自农村的大学生更依赖物质。

——2.2 家庭经济文化水平较低的大学生更依赖物质。

假设 3：成长出身较弱势的大学生更倾向面子消费。

——3.1 来自农村的大学生更倾向面子消费。

——3.2 家庭经济文化水平较低的大学生更倾向面子消费。

（二）消费文化的差异

如果将生源地定义为考大学那一年的家庭居住地，12 所高校大学生有 54% 来自农村（包括乡镇），46% 来自城市（包括县城）。12 所高校大学生的父母当前月收入集中在 3000 元以下和 3001~7000 元，分别占总体的 46% 和 36%，而父母月收入在 7001~10000 元和 10000 元以上的比例都比较低，分别占总体的 10% 和 8%。通常来讲，父亲文化程度对于家庭的文化资本有主要影响。12 所高校大学生的父亲文化程度集中在中等教育水平及以下（占总体的 75%），其中未上学或小学文化程度的占 16%，初中文化程度的占 32%，高中、职高和技校的占 27%；父亲文化程度为高职专科和本科的样本分别占 10% 和 12%，而父亲文化程度为研究生或博士的比例非常低，仅占 3%。

在调查数据中，重点大学的样本占 38%，普通大学的样本占 40%，高职院校的样本占 22%。12 所高校中，在一类城市的占 34%，在二类城市的占 35%，在三类城市的占 31%，而且较好的高校分布于经济发展水平较高的城市。在样本中，重点大学全部位于一类和二类城市，普通大学分别有 59% 分布于一类城市、41% 分布于三类城市，高职院校则全部位于二类和三类城市。所以，在讨论不同类型高校大学生的消费文化时，也必须考虑所在城市的效应。

关于大学生平时最喜欢看哪个地区的影视作品，数据显示，前三位分别是美剧、国产剧和港剧，分别占 38%、27% 和 12%。韩剧的影响力明显较弱，远远落后于美剧和国产剧，最喜欢韩剧的大学生仅占 7%。如果说哪类影视剧更能反映大学生在文化品味上的"鸿沟"，应该是美剧，而非韩剧——教育背景较优越（就读于本科院校或者一二类城市）的大学生更喜欢美剧，而教育背景较弱势（就读于高职院校或者三类城市）的大学生更喜欢国产剧。

12 所高校的大学生几乎全都拥有手机，拥有智能手机的比例高达 80%。目前经常使用的手机品牌中，三星和诺基亚的比例最高，分别为 15% 和 14%，其次是苹果（iphone），占 12%；经常使用的手机购买价格集中在 501~2000 元，占样本的 59%。就手机的消费水平来说，不同成长背景的大学生存在一定差异，农村出身或者父母月收入不高的学生拥有智能手机的比例较低，手机的购买价格也较低。

本文对物质文化的实证分析主要通过对新手机的欲望和对手机的依赖两个方面，但是对手机使用影响的分析也丰富了研究发现。根据获得新手机的方式"如果您没有足够的钱，又想买一个新手机，打算如何支付这笔费用"，本文测量了物质欲望的程度和性质——是想要新手机还是可以放弃，是依靠个人努力还是外界资助。分析发现，农村和城市出身的大学生都各有一半比例放弃购买，不管农村还是城市出身的学生都不太倾向借钱、贷款或分期付款等透支的消费方式。父母月收入和父亲文化程度对大学生获得新手机欲望的影响类似，都有半数的大学生放弃购买，选择借贷消费的比例都很低。说明总体上大学生的物质欲望适度，那种无论如何都要得到的物质欲望并不占主流。差异在于，农村出身、家庭背景相对弱势的大学生倾向依靠自己的努力——奖学金、兼职等增加收入的方式，而城市出身、家庭背景较优越的大学生更倾向"攒钱"或者向父母、配偶/男女朋友或其他人"要钱"。

就对手机的依赖来讲，大学生总体上呈现较高的依赖程度，但是来自农村或者家庭经济文化水平较低的大学生表现出相对较低的依赖程度，在手机的使用上更有自主性。在测量手机依赖的维度上——"出门忘带手机很不习惯""手机无法接入互联网感到焦虑""上课、开会也常常看手机""尝试过没事的时候不看手机但很难""日程安排、学习娱乐都离不开手机"，城市出身、父母月收入较高、父亲文化程度较高的学生认同的比例都较高。

虽然成长背景较弱势的大学生没有表现出更强烈的物质欲望，而且更不依赖物质，但是评估使用物质的影响时负面感受较强。有趣的是，衡量家庭文化资本的父亲文化程度的影响比较明显。父亲文化程度越低（未上学或小学和初中文化程度），认为"影响听课""耽误学习"和"开销造成负担"的大学生比例越高，而认为"丰富了知识和资讯"的大学生比例越低。可能的原因是，文化资本越低的家庭对数码产品这种新生事物可能更有抵触情绪，同时"望子成龙"的期望更高，所以对手机的使用更为担忧，这种情绪也波及到了来自这类家庭的大学生。综合上述分析，来自农村和文化资本较低的家庭的大学生更加感受到了手机使用的负面影响，反映了一种对物质难以驾驭、稍显恐慌的状态，这种对待物质的态度是否会影响步入社会以后的物质文化，有待进一步分析。

消费倾向即人们在使用物质产品或服务时的主要原因或者动机，通常可以归结为两个主要维度——他人导向和自我导向。"自我导向"的消费倾向通常强调对个人身体和精神需求的满足，包括满足感、愉悦感、自我奖励、自我实现等。而"他人导向"的消费倾向以他人或者社会的评价作为参照，既包括社会区分也包括社会认同。"面子消费"指在意他人的评价与赞赏、通过物质的使用来显示自己的地位或者与众不同，属于强调社会区分的消费动机。数据显示，大学生在购买手机时，"质量功能实用"和"性价比适合我"是比较普遍性的动机，差异主要存在于"他人导向"的消费动机。就强调社会区分的"拿出来用比较有面子"和"周围用的人不太多，很有个性"的消费动机来讲，农村出身的大学生认同的比例明显较低，差异尤其体现在"有面子"这一典型的炫耀消费动机，认同此项的有29%的农村大学生和41%的城市大学生。父母月收入较低的大学生也更不认同"有面子"这一消费动机，父母月收入3000元以下的大学生中仅有27%认同此项，而父母月收入10000元以上的大学生中有47%认同此项。

父亲文化程度对这种"社会区分"的消费动机的影响趋势类似，有趣的是，当家庭文化资本达到较高水平，大学生又趋于不太认同面子消费和个性消费。父亲文化程度为"硕士或博士"的大学生中认同面子消费的比例占39%，稍低于父亲文化程度为高职专科或本科的大学生的该比例；父亲文化程度为"硕士或博士"的大学生中认同个性消费的比例为18%，低于父亲文化程度为高职专科或本科的大学生的该比例。来自农村或者家庭经济文化水平不高的大学生认同面子消费和个性消费的比例较低，可能受到自身经济条件的限制；但是父亲文化程度达到"硕士或博士"，大学生认同面子消费和个性消费的比例也较低，则可能归因于家庭的教育和熏陶，高学历的父母更可能不认同片面追求面子和个性，也会将这种消费倾向传递给子女。

本文也想整体上考察大学生的消费倾向和物质欲望：如何受到成长出身的影响，消费倾向和物质欲望之间有怎样的关系？这样的分析有助于我们对大学生的消费文化区隔获得更全面的认识。本文使用多元对应分析和消费文化地图来呈现这一分析。根据上文的分析，本文选择了代表不同类型购买动机的 4 个变量、① 代表不同类型手机获取方式的 4 个变量。② 每个变量各有"认同"和"不认同"两个值，这样共有 16 种消费文化的模态进入分析。本文同时将生源地、父母当前月收入和父亲文化程度作为补充变量添加入模型。结果显示，共有 6176 个样本③进入分析，得到两个主要的轴，轴 1 是主轴，能够解释 60% 的变异，轴 2 能够解释 12% 的变异，保留这两个轴能够解释72% 的大学生消费文化的差异。由此得到如图 1 所示的大学生消费文化地图。

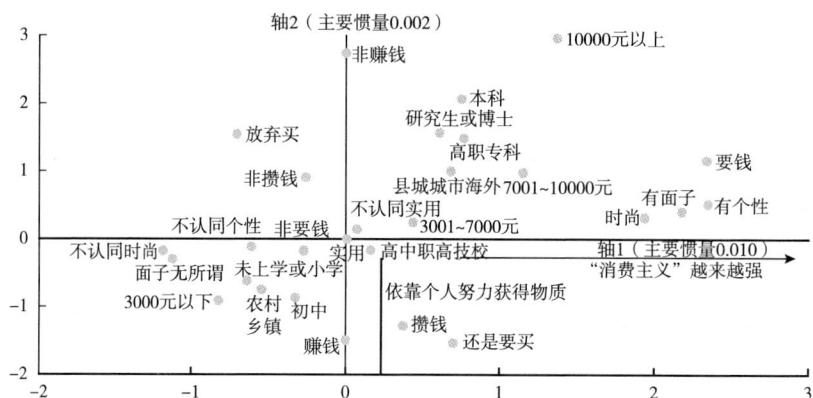

图 1　大学生消费文化地图（消费倾向和物质获得方式）（N = 6176）

注：补充变量：生源地（农村乡/镇和县城/城市/海外）、父母当前月收入（3000 元以下、3001 ~ 7000 元、7001 ~ 10000 元和 10000 元以上）和父亲文化程度（未上学或小学、初中、高中职高技校、高职专科、本科、研究生或博士）

　　沿着主轴——轴 1 分布的大都为测量消费倾向的变量，说明这些变量能更好地解释大学生消费文化的变异。分布于轴 1 右端的是"有个性""有面子"和"时尚"三种消费倾向，至于是否"实用"的倾向则分布于地图的原点，说明这一变量对于大学生消费文化差异的解释力非常弱。地图上各个点之间的距离反映了各种模态之间的相似程度。可以看出，轴 1 从左向右，一种使用物质产品进行社会认同或者社会区分的消费倾向逐渐增强，大体可

---

①　这 4 个变量分别为：拿出用比较有面子，符合年轻人的品味，代表着时尚、潮流，质量和功能实用。

②　这 4 个变量分别为：省吃俭用攒钱，通过兼职、奖学金等增加收入，向父母、配偶/男女朋友或其他人要钱，也可能就不买了。

③　删掉了有关物质文化和消费倾向的变量中一些逻辑校验错误的样本，多元对应分析也自动删去了相关变量的缺失样本。

以认为轴 1 区分的是"消费主义"的倾向。轴 2 大体上区分的是一种是否依靠个人努力的物质获得方式，从轴 2 上端往下，依靠个人努力的模态越来越强。

再联系结构因素的变量，我们可以更清晰地考察大学生消费文化的结构性差异。与"消费主义"倾向接近的结构性特征是生源地为"县城城市海外"，父母月收入"7001～10000 元""3001～7000 元"和"10000 元以上"，父亲文化程度为"高职专科""研究生或博士"和"本科"，这些点集中分布于第一象限，该区域大致体现的是一种城市中产家庭出身大学生的消费文化，暗示了家庭背景较优越的大学生更认同"消费主义"的倾向。这些模态也与"要钱"（向父母、配偶/男女朋友或其他人要钱）这种物质获得方式最接近，说明处于这种消费文化中的大学生更可能依靠外界资助而非个人努力获得物质。仅就轴 1 右端的"消费主义"的模态来讲，它也靠近"还是要买""攒钱"这两类物质欲望的模态，暗示了大学生的消费倾向越接近消费主义，物质欲望也相对越强——节衣缩食也要得到想要的物质产品。

远离"消费主义"倾向的第三象限分布的是生源地"农村乡镇"、"父母月收入"3000 元以下"以及父亲文化程度"未上学或小学"和"初中"，大致体现的是一种农村低收入家庭出身大学生的消费文化，这些模态也更靠近"赚钱"，说明处于这种消费文化的大学生更可能依靠个人努力获得物质。

（三）结构性因素模型

为了验证三个实证假设并参照上文的讨论，我们需要建立三类模型，①有关文化品味的模型（M1），以是否最喜欢看韩剧作为因变量；②有关物质文化的模型（M2），因变量分别是"是否可以放弃购买新手机"（M2.1）、"是否向父母或其他人要钱购买新手机"（M2.2）、"是否依赖手机"（M2.3）；③有关消费倾向的模型（M3），以是否认同"拿出来用比较有面子"为因变量。模型的解释变量为影响消费文化的结构性因素，如表 1 所示。由于样本中大学生的年龄很接近，已有文献显示性别是影响是否喜欢看韩剧的重要因素，因此控制变量主要包括了性别。为了更准确地测量结构性因素的作用，本文删掉了有关物质文化和消费倾向的变量中一些逻辑校验错误的样本和自变量的缺失样本，经过数据清理，进入模型的样本共有 6253 个。表 3 列出了自变量的主要特征值。

表3　结构性因素模型自变量的描述统计

自变量	变量值	样本量	均值	标准误
性别	男=0,女=1	6253	0.519	0.500
生源地	县城和城市=0,农村和乡镇=1	6253	0.561	0.496
父母当前月收入	3000元及以下=1,3001~7000元=2,7001~10000元=3,10000元以上=4	6253	1.800	0.912
父亲文化程度	未上学或小学=1,初中=2,高中职高技校=3,高职专科=4,本科=5,研究生或博士=6	6253	2.736	1.294
高校类型	重点大学=1,普通大学=2,高职院校=3	6253	1.809	0.756
高校所在城市	一类城市=1,二类城市=2,三类城市=3	6253	1.977	0.800

数据中有一个关于手机依赖的量表,由5个正向的维度——"出门忘带手机很不习惯""手机无法接入互联网感到焦虑""上课、开会也常常看手机""尝试过没事的时候不看手机但很难""日程安排、学习娱乐都离不开手机",和4个反向的维度——"学习的时候我不看手机""休息时间我关掉手机或设置静音""跟同学和朋友在一起我不看手机""用智能手机和普通手机对我来说无所谓"构成。量表的标签值为"非常像""有一点像""不太像""完全不像"。本文将5个正向变量的标签值分别赋值为5、4、3、2和1,将4个负向变量的标签值分别赋值为1、2、3、4,然后将这9个变量相加,得到一个测量手机依赖的连续变量,得分越高表示手机依赖程度越高,越低表示手机依赖程度越低。

大学生消费文化结构性差异的回归模型如表4所示,模型的结果都是显著的。就影视剧欣赏品味来讲,性别的区分作用最重要,女性更显著喜欢看韩剧。控制性别和家庭背景的因素,就读于高职院校对喜欢韩剧的影响不显著,但是就读于三类城市(包括南宁、银川、新乡、安庆和保定)比一类城市(包括北京、上海和重庆)更显著喜欢韩剧。因此,假设1.1"就读于高职院校的大学生更喜欢看韩剧"不成立,而假设1.2"就读于三类城市的大学生更喜欢看韩剧"成立。

由物质文化的三个模型(M2.1、M2.2、M2.3)可以看出,成长出身对物质欲望的程度影响不显著,并且成长出身较优越的大学生更依赖物质。具体来讲,生源地和家庭背景对是否放弃购买新手机的影响不显著。此外,来自县城和城市的大学生更可能向父母要钱买新手机,父母月收入10000元以上的大学生比父母月收入7000元以下的大学生更可能向父母要钱买新手机,

表 4　大学生消费文化差异的回归模型

自变量	M1 最喜欢韩剧	M2.1 可以放弃 买新手机	M2.2 向父母 要钱买	M2.3 手机依赖	M3 面子消费
女性	1.844 ***	0.299 ***	0.146 *	0.511 ***	− 0.288 ***
	(0.140)	(0.052)	(0.085)	(0.113)	(0.056)
生源地(县城和城市为参照)					
农村和乡镇	− 0.442 ***	− 0.072	− 0.377 ***	− 0.591 ***	− 0.251 ***
	(0.120)	(0.063)	(0.101)	(0.136)	(0.066)
父母当前月收入(10000 元以上为参照)					
3000 元以下	0.186	− 0.007	− 1.017 ***	− 1.664 ***	− 0.631 ***
	(0.232)	(0.111)	(0.155)	(0.244)	(0.114)
3001 ~ 7000 元	0.189	− 0.024	− 0.427 ***	− 0.680 ***	− 0.257 **
	(0.222)	(0.105)	(0.135)	(0.232)	(0.107)
7001 − 10000 元	0.179	− 0.111	− 0.071	− 0.215	− 0.054
	(0.254)	(0.123)	(0.153)	(0.270)	(0.124)
父亲文化程度(本科及以上为参照)					
未上学或小学	0.500 **	− 0.093	0.108	0.117	− 0.035
	(0.225)	(0.109)	(0.171)	(0.237)	(0.116)
初中高中(职高技校)	0.557 ***	− 0.140	0.013	0.239	0.075
	(0.182)	(0.088)	(0.123)	(0.192)	(0.091)
高职专科	0.064	− 0.063	0.098	0.067	0.169
	(0.233)	(0.108)	(0.146)	(0.233)	(0.110)
高校类型(重点大学为参照)					
高职院校	− 0.001	− 0.304 ***	− 0.111	0.015	− 0.084
	(0.162)	(0.085)	(0.151)	(0.190)	(0.094)
普通大学	− 0.231	− 0.250 ***	0.237 *	0.393 **	0.202 **
	(0.163)	(0.080)	(0.128)	(0.175)	(0.086)
大学所在城市(一类城市为参照)					
三类城市	0.292 **	0.320 ***	− 0.546 ***	− 0.243	− 0.097
	(0.144)	(0.074)	(0.130)	(0.164)	(0.080)
二类城市	− 0.083	− 0.076	− 0.002	0.458 ***	0.210 **
	(0.160)	(0.077)	(0.127)	(0.164)	(0.083)
Constant	− 4.193 ***	0.085	− 1.423 ***	24.089 ***	− 0.167
	(0.278)	(0.119)	(0.166)	(0.259)	(0.123)
样本量	6246	6241	6242	5797	6186

Standard errors in parentheses

*** p < 0.01，** p < 0.05，* p < 0.1

来自县城和城市或者父母月收入 10000 元以上的大学生也更可能依赖手机，这些差异都显著。而且，父母月收入是影响大学生是否向父母要钱买新手机和是否依赖手机的最重要的结构性因素。控制了性别、生源地、父母月收入和高等教育背景，父亲文化程度对大学生的物质欲望和物质依赖的影响不显著。因此，假设 2 "来自农村或者家庭经济文化水平较低的大学生更依赖物质"是不成立的。

模型 3 显示，成长出身对是否倾向面子消费的影响显著。在控制其他因素的情况下，来自县城和城市的大学生更倾向面子消费，父母月收入 10000 元以上的大学生比父母月收入 7000 元以下的大学生更倾向面子消费。控制了性别、生源地、父母月收入和高等教育背景，父亲文化程度对大学生是否倾向面子消费的影响不显著。因此，假设 3 "来自农村或者家庭经济文化水平较低的大学生更倾向面子消费"不成立。

物质文化（M2.1、M2.2 和 M2.3）和消费倾向（M3）的四个模型也显示了高校所在城市对大学生物质欲望的影响。同经济发展水平较高的一类城市相比，就读于三类城市的大学生更可能放弃购买新手机、更不可能向父母要钱买新手机，显示了相对较低的物质欲望和较弱的社会区分动机。

三　结果和讨论

通过分析 12 所高校大学生的数据，本文推翻了一些不平等的消费文化设定，"喜欢韩剧的人文化水平低"和"凤凰男"等刻板印象缺乏实证基础。研究揭示：①是否最喜欢看韩剧同高等教育水平——就读于重点大学、普通大学还是高职院校之间的关系不显著，但是就读于三类城市（中小城市）的大学生更显著喜欢韩剧；②以手机的购买和使用为例，不同成长和家庭背景的大学生在物质欲望的程度上差异不显著，物质文化上的差异在于，背景较优越的大学生总体上更依赖外界资助获取物质、对物质的依赖程度更高、更感受到物质使用的正面影响；而成长和家庭背景较弱势的大学生总体上更依靠自己的努力获取物质、对物质的依赖程度更低、但是更感受到物质使用的负面影响；③以手机的消费倾向为例，同成长和家庭背景较弱势的大学生相比，背景较优越的大学生总体上更倾向面子消费和追求"社会区分"的消费动机。从文化品味、物质欲望和消费倾向的维度，实证分析基本推翻了"来自较弱势的成长出身和教育背景的大学生更

认同从属地位的消费文化"的假设，本文的主要研究发现可以简单总结为
表5。

表5　大学生消费文化的结构性因素模型

结构性因素	从属地位的消费文化		
	喜欢韩剧	依赖物质	面子消费
较不富裕家庭背景	NA	否	否
欠发达生源地	NA	否	否
高职/普通大学	不显著	NA	NA
欠发达就读城市	显著	NA	NA

　　由于本文的结论建立在在校大学生的调查数据基础上，而大学生的
消费文化很大程度上受到生活来源和父母家庭经济水平的影响，因此结
论的推广有一定局限性。如果想将结论推广到全社会的人群，还需要补
充更多的数据。需要追踪样本中的大学生毕业、步入社会之后的数据，
考察当生活压力增加或者收入提高之后其消费倾向和物质欲望是否改变；
也需要补充未接受过高等教育人群的样本，考察是否未受过高等教育的
人群比接受过高等教育的人群更显著喜欢韩剧。此外，实证分析来源于
影视欣赏和手机消费的数据，结论是否能够推广到其他消费的领域也需
要更多数据的支持。

　　实证发现建立在表2的分析模型的基础上，推翻了研究假设，但也需要
反思，这种消费文化的模型应用在大学生群体是否合适？大学生在经济和文
化上还处于不稳定，甚至叛逆的状态，消费文化地位的建构可能区别于
"成年人"的世界。比如在消费动机上，追求社会区分——"面子消费"、
"个性消费"很可能是具有合法性的消费倾向，虽然在"成年人"的世界是
处于从属地位的消费文化。因此，大学生群体对消费文化地位的建构可能与
表2相反，或者倾向"杂食的品味"（Peterson and Kern，1996），又或者是
不同于任何现存的理论。未来也可以详细研究大学生群体如何建构消费文化
的地位。

　　如上文所述，大学生属于未完全"社会化"的人群，尚未能够依靠自
己的收入、工作和文化品味等获得社会经济地位，因而实证发现也不能够推
翻布尔迪厄的文化统治理论。本文的意义主要是与现实中有关消费文化地位
的刻板印象对话，而非与经典理论对话。

　　不平等的消费文化话语既片面反映了事实，也强化了社会不平等。政策

制定者需要反思不平等的消费文化地位被建构的机制和因素——反映了家庭背景、成长出身、受教育水平等结构性因素对一个人的社会、经济和文化地位产生着重要的影响。因此，应当深化收入分配制度改革，推进城乡一体化进程，缩小贫富差距和地区经济发展的差异，推进社会公平、促进社会流动，使得"凤凰男""寒门难出贵子"等话语不再深入人心。公众也应努力消除偏见和歧视，不以家庭出身、教育背景等做出有偏差的判断，促进社会融合。

参考文献

楚卫华、刘朝霞、王怡琳，2003，《中国大学生与"韩流"——关于"韩流"的调查分析报告》，《中国青年政治学院学报》第 4 期。

梁前德，2009a，《家庭经济状况与大学生消费的实证分析——以武汉地区 2662 名大学生消费调查数据为例》，《江汉论坛》第 8 期。

梁前德，2009b，《父母受教育程度与大学生消费的实证分析——以武汉地区 2662 名大学生消费调查数据为例》，《教育与经济》第 4 期。

吕金城、许斗斗，2008，《身份认同背后的情感与理性——大学生炫耀性消费调查的社会学分析》，《福州大学学报》（哲学社会科学版）第 4 期。

杨继东，2013，《中国消费不平等演变趋势及其原因》，《财贸经济》第 4 期。

杨盛菁，2012，《大学生消费行为及消费倾向的调查研究》，《生产力研究》第 3 期。

Archer, Louise, Sumi Hollingworth and Anna Halsall 2007, "University's Not for Me – I'm a Nike Person': Urban, Working-Class Young People's Negotiations of 'Style', Identity and Educational Engagement." *Sociology* 41 (2).

Bourdieu, Pierre 1986, "The Forms of Capital." in John G. Richardson (eds.), *Handbook of Theory and Research for the Sociology of Education*. New York: Greenwood.

——, 1984, *Distinction: A Social Critique of the Judgement of Taste*. London: Routledge & Kegan Paul.

——, 1990, *The Logic of Practice*. Tr. Richard Nice. Cambridge: Polity.

Eglitis, Daina 2011, "Class, Culture, and Consumption: Representations of Stratification in Post-Communist Latvia." *Cultural Sociology* 5 (3).

Lury, Celia 1996, *Consumer Culture*. Cambridge: Polity Press.

Peterson, R. and R. Kern 1996, "Changing Highbrow Taste: From Snob to Omnivore." *American Sociological Review* 61 (5).

Sassatelli, Roberta 2007, *Consumer Culture: History, Theory, Politics*. London: Sage Publications.

Warde, Alan 2010, "Introduction." in Alan Warde (eds.), *Consumption: Four-Volume Set*: Sage Publications.

作者简介

朱迪　女

所属博士后流动站：中国社会科学院社会学研究所

合作导师：李培林

在站时间：2011.10～2013.10

现工作单位：中国社会科学院社会学研究所

联系方式：zhudisoc@163.com

争夺的地带：劳工团结、制度空间与代工厂企业工会转型

汪建华　石文博

摘　要：以往对中国工会的研究，强调工会对政府和资本的依附。近年来的研究开始注意到工人的集体行动在推动企业工会角色转变方面的重要作用，但认为企业工会的重组过程和主要实践，如集体谈判，仍然处于政府和资本的控制中。基于对一家日资汽车厂企业工会长期实践过程的分析，本研究认为，工人的团结行动、意识发展、经验增长，将与自上而下的控制构成持续的互动与张力。转型时期，工人生活经历的变化为其团结的形成和意识的提升提供资源，而制度空间也在反复的工会实践中被逐渐拓展，对企业工会的考察不可忽略劳工的团结与实践。文章最后评估了代工厂企业工会转型的总体前景。

关键词：企业工会转型　社会转型　劳工团结　制度空间

一　转变中的工会与工会研究

在社会主义时期，中国工会曾作为国家与工人之间的"传送带"长期存在。[①] 这种角色定位，既便于党和国家对整个社会的垂直控制，防止横向

[①]　中华全总及其下属各级工会曾在 20 世纪 70 年代一度停止活动。可参考 Chan A，1993。

阶级利益的形成，并协助国家进行生产动员；同时也可在一定程度上自下而上传递工人诉求，保护工人权益（Chan，1993；Chen，2003；冯钢，2006）。因为父爱主义的劳动体制能够大体上满足工人的经济需求，这种二重性的角色在改革前并没有遭受太大的挑战（Chen，2003）。但是，市场化改革既伴随着国家父爱主义的撤退，又带来了国家、资本、工人之间利益的分化和冲突（Lee，1999a，1999b；Chen，2003）。工会作为国家工具和工人组织的矛盾存在，在多元的利益格局面前也不得不有所调整。陈峰分析了工会在不同类型的劳资冲突下分别采取的三种相应策略：在法律争端中有限度地代表工人争取权利；在工人的集体行动中代表国家在劳资之间进行斡旋调解；垄断工会组织空间并限制工人组建独立工会的诉求（Chen，2003）。尽管工会的工作方式有所调整，但是"国家统合主义"的劳资关系格局没有发生变化，工会大部分时候仍然扮演国家控制的工具，其存在和运作依赖于国家赋予的自上而下的行政权力而非工人自下而上的结社权力。工会这种一边倒的选择，既来源于国家控制社会的需要，也与地方政府的发展主义导向密不可分。在政治和经济的双重利益中，工会内部任何自上而下的改革尝试，比如推动基层工会直选，都会在强大的反对力量下寸步难行（Chan，1993；Chen，2003，2009，2010；Howell，2008）。相比其上级政府工会，企业工会还进一步依附于外来资本或企业高层，对国家和资本的双重依附导致企业工会在维护工人权益方面碌碌无为。而政府工会至少还可以利用其行政上的优势，推动劳动立法、工会组建，并参与调解劳资争端（Chen，2009；Liu，2010；冯钢，2006）。

　　另外一些研究也注意到全球化背景下推动劳资关系转变的其他力量。其中，跨国公司和全球公民社会组织被认为能在推动工人自组织和利益表达、工会民主实践方面，开启新的空间和渠道。这些外来力量的介入确实在一定程度上推动了劳工权益的改善和民主意识的提升。但是企业工会角色的转型却是非常有限的，其根本症结在于工会转型缺乏深层次、可持续的动力。跨国公司并不愿意看到真正独立工会的出现和常规议价机制的建立，而公民社会组织对工厂政治的影响也流于表面（Chan，2009；黄岩，2008；岳经纶、庄文嘉，2010）。和"国家统合主义"一样，这种自上而下的企业工会实践模式并没有能够以工人的团结和抗争行动为基础。工人对工会可能产生的自下而上的影响在上述视角中是缺失的。

　　当然，研究中国劳工抗争政治的文献，也很少分析其在推动工会转型方面所具有的潜力。这种倾向，与劳工抗议长期以来组织化程度有限（多以非正式抵抗、个体法律维权和野猫式罢工为主）、诉求低（长期以来争取法律赋予的基本权利）的现状不无关联（Pun，2005；Lee，1995，1999b，2007；Chan，2011；黄岩，2010）。近年来，劳工抗议政治的升级带动了研究视角的转变。官方工会的角色在工人的抗议中遭受到越来越强烈的质疑，在相当一部分集体抗争案例中，强烈要求组建独立工会是工人的核心诉求和集体共识。而一些劳工研究者也开始分析工人自下而上的集体行动压力对工会角色转变的影响。在大连，2005 年和 2010 年的罢工潮不断迫使工会进行制度改良，在长期的劳资博弈中初步形成了"说和人"的工会运作模式：企业工会通过职工代表大会聚集工人意见并凝结力量，然后以中间人的姿态在劳资双方之间进行沟通。这样企业工会一定程度上从既要代表工人又要被企业管理层整合的双重压力中解脱出来（Chen，2010；孟泉，2012）。而在珠三角和长三角，工人的罢工也迫使部分企业重组了工会，这种趋势，在汽车零部件业尤其明显（Chan & Hui，2012，forthcoming；吴同、文军，2010；汪建华，2011，2013；汪建华、孟泉，2013）。

但是，当涉及企业工会重组和工资集体谈判等主要的实践时，已有的研究文献又持有一种悲观论调：工人很难通过自身的团结行动进一步影响企业工会的日常实践和组织架构。因为国家并没有真正赋予工人罢工权和自由结社权，所以很难有西方意义上的集体谈判。工会仍然没有摆脱对地方政府和全球资本的依附关系；推动工会民主选举和工资协商的公民社会力量也非常缺乏。政府及其代理人，地方工会，仍然主导了企业工会的选举和集体谈判。政府重组工会、推行集体谈判的兴趣，与其说是为了迫使资本对工人让利，不如说是为了消除潜在的集体抗议行动，从而保持社会的稳定和政治上的有效控制。陈敬慈和许少英认为，至少在相当长一段时间，"党政主导的集体谈判"，将与以前盛行的"形式化的集体协商""抗议引领的集体谈判"并行，西方国家意义上"工人主导的集体谈判"在近期很难实现。（Chan & Hui，2012，forthcoming）考虑到陈敬慈对中国工人阶级形成前景的乐观预期（Chan and Pun，2009；Chan，2010），其对企业工会转型的悲观论调或许更具代表性。

笔者并不反对这一判断，现阶段企业工会及其集体谈判实践总体上被党和国家控制。但是，诚如陈敬慈以往研究所分析的那样，工人可以绕过官方工会进行集体罢工，并迫使国家默许工人罢工权和重组工会诉求的合理性（Chan，2010；Chan & Hui，2012，forthcoming）。工人也可以在后续的企业工会选举和集体谈判中，继续用自己的行动冲击现有的制度壁垒，他们的集体行动同样可以绕过依附性的企业工会，甚至借此进一步推动独立工会的建立。因此，笔者认为，现有研究文献可能太过强调国家自上而下的规制力量的牢固性、正式性和静态性。这种强调，一方面没有充分认识到社会转型时期制度本身变迁的可能性，及其变通和运作的空间；另一方面也忽视了底层实践的经验、策略和团结形成的可能（Lee，2007；孙立平，2000，2002；吴同、文军，2010）。如李静君指出的那样，底层的实践和官方启动的改革一样，都是"摸石头过河"的过程（Lee，2007）。国家与民众、统治精英与底层的互动，共同塑造了社会转型的方向。因此，笔者更倡导将企业工会及其集体谈判视作国家、资本、工人反复"争夺的地带"，而非"党政主导"抑或"工人主导"的性质分明的场域。这种争夺，虽然在短期内显示出党政控制的总体性优势，但是这也不妨碍我们从现有案例中挖掘工会转型的其他可能性。对中国农村上访、征粮等事件过程的分析，体现了基层民众与政府的互动关系，及其对正式与非正式制度的运作（孙立平、郭于华，2000；应星、晋军，2000）。类似的分析也体现在对工人抗争行动（Lee，2007）和企业工会实践（吴同、文军，2010）的研究中。

不过，瓦解党政和资本设置的各种制度、程序障碍，光有工人的实践策略还不够，笔者同样强调工人的集体团结在推动企业工会转型过程中的重要性。劳资博弈（很多时候也少不了政府的介入），不同于分散的农民与政府之间的关系，单个的工人只能争取有限的法定权益，要通过集体谈判实现合理的市场利益，还需以工人的集体行动做支撑。社会转型时期，工人生活经历与生活方式的变化，及其长期的工业化经历，同样为工人集体团结的形成与集体倾向的变化，提供了丰富的资源（Pun & Lu，2010；汪建华，2011，2013；汪建华、孟泉，2013）。因此，社会转型为工人推动企业工会转型提供了双重机遇：既带来工人生活形态的变化和集体团结的资源，又为突破政府和资本对工会的控制提供可运作的制度空间。

二　资料与案例

笔者将通过对一家企业工会从成立至今历时五年的发展历史的分析，展示工人与资本、政府对企业工会控制权和集体谈判①的反复争夺，并从中挖掘企业工会转型的可能性。发生在该企业的罢工、工会改组、集体谈判曾一

———————

① 该企业仍然沿袭"集体协商"的用法。

度引起媒体和学界的广泛关注。陈敬慈和许少英"党政主导"的论断也主要以该企业的工会实践为田野材料基础（Chan & Hui, 2012, forthcoming），这样就比较方便笔者与其直接对话。他们的材料中并没有包括自 2012 年以后的几次集体谈判，工人在这几次谈判中显示了自身影响企业工会运作的潜力，这也构成笔者反思其研究论断的主要基础。本文还将借助经验材料剖析工人团结形成和策略发展背后生活形态和制度安排的基础，并借此进一步评估企业工会转型的可能前景。遵照学术惯例，笔者将本文中出现的企业、人物和区县级以下地区，一律以化名替代，延续笔者以往的研究，本文将该企业命名为"汽新厂"。另外值得一提的是，本文对企业工会的讨论主要限定在改革后兴起的代工厂，这些工厂主要由外来资本或本国私有资本投资建成，区别于国有企业，两种工厂的企业工会面临的历史发展路径、文化传统、制度空间均有所不同。

汽新厂于 2007 年正式量产，主要生产变速箱、传动轴、曲轴、连杆等汽车零部件，是某日本著名汽车企业在佛山汽配园区投资的独资公司。目前共有员工 2000 多名，以男工为主。公司的普通生产工人基本都从中专职校成批招聘。

汽新厂的企业工会在 2008 年成立后的相当一段时间徒具形式，在两年后的罢工中，被迫改组，并开始代表工人与企业进行一年两次的集体谈判（分别商谈工资增长和年终奖额度）。但政府和资本随后也逐渐加强了对工会的控制。不过，在发现企业工会的依附性质后，工人也以自身的团结行动做出了回应，迫使公司两次对工人的福利待遇做出让步。当然，公司的报复行动也接踵而至。文章接下来将介绍汽新厂工会的发展历程，纵向的叙述既可以向我们展示在劳资政三方力量博弈下工会艰难的转型轨迹，也能揭示工人意识、诉求和策略上的不断变化。

（一）以行动重组空壳工会

公司按照政府的要求在 2008 年 4 月成立了工会。但工会的主要作用只限于给员工发福利或者组织年会、旅游等集体活动。对于大部分工人来说，加入工会也主要是为了获得更多的福利。不过工会的小恩小惠并不能缓解实质性矛盾的积累。自公司成立以来，工人的薪资待遇一直没有得到改善，罢工前普工到手的收入只有 1200 元左右，扣除房租、通讯、上网、外出聚餐、娱乐、购物等方面的花费，很多年轻工人都入不敷出。多个车间的小型罢工、高离职率、故意违纪、墙壁门窗涂鸦、工人在各个场合的交谈（如 QQ

群、公司通勤车）等，都非常明显地反映出工人的不满情绪。但是工会对这些几乎都没有察觉，两位工会专职人员承认他们和现场工人交流很少。

变速箱组装科的工人在 2010 年 5 月中旬发起了罢工。工人罢工伊始就通过各种途径联系媒体并在内部启用 QQ 群进行沟通。不过在公司管理层的劝说下，工人暂时复工，但他们提出了上百条诉求，主要集中在工资/补贴、工时/休假、实习生待遇等问题上。关于工会的诉求只有一条：

诉求 67：工会没有发挥作用，员工无法享有福利。[①]

工人对于工会的角色颇有不满，但是此时他们还不知道自己有重组工会的权利，也不知道工会真正可以履行什么样的职责。

很快工人感觉公司并没有诚意，于是 4 天后变速箱组装科的工人再次发起罢工，这一次的行动很快得到全厂同仁的响应。通过 QQ 群和论坛等平台，工人频繁地沟通信息、协调行动，并相互鼓励。在高昂的士气中，工人抵挡住了公司各种分化、瓦解、恐吓、利诱的举措，在酷热的环境中坚持了 12 天。他们的诉求也在互动中不断提升，工人提出加薪 800 元的经济诉求，并且强烈要求重组工会。非常具有戏剧意味的是，在资方律师指责工人行动违法的压力下，工人频繁在网上查找各种法律，最后他们发现了《中华人民共和国工会法》，借此工人开始重新思考工会的角色和作用。公司工会在整个罢工过程中协助资方控制分化工人的做法，让工人非常反感。在 5 月 31 日，工人与镇工会的冲突，更将"黄色工会"的面目表露无遗。[②] 罢工事件最后在某全国人大代表的斡旋下，以和平的集体谈判收场。由于年轻的工人代表缺乏经验，谈判一度进行得比较艰难，后在某知名学者的协助下，劳资双方达成了加薪 500 元的方案。

广东省总工会也在随后回应了工人重组工会的诉求。在省总的指导下，汽新厂重新进行了工会选举。先由每个班的工人直接选举小组长，然后小组长推选所在科的分会委员和分会主席候选人，工人直接投票选举分会主席。在公司层面，由上级工会指定一名工会主席候选人，方宇祥继续当选，不过与之前不同，他将成为专职的工会主席（不过包括工会主席在内的专职工会人员的工资都由公司支付）。在原先 7 名工会委员的基础上，从没有委员的部门增选 6 名，工会委员人选也由工会小组长提名，再经工会会员代表大

---

① 资料来源：汽新厂与某律师事务所共同撰写的《117 条员工诉求处理方案（初案）》，未公开发布。

② 镇工会人员当天正好戴着黄色的帽子。

会选举。另外，两位工会副主席通过工会委员内部互相投票选出，上级工会没有提名。这样的重组方式赋予了工人一定的民主选举权利，但是原先的工会主席和委员并没有经民主程序撤换掉，看起来，重组后的工会仍然处于政府和上级工会的控制中。

但新一届工会的表现大大出乎劳资政三方的意料。工会和工会主席主要通过他们在两次集体谈判中的表现逐渐赢得工人的信任。在年终奖和工资集体谈判前，工会先充分征求普通员工的意见，然后以此为依据制定工会的谈判方案，方案由工会委员会集体讨论决定。这无疑造成与公司年终奖和工资增长方案的巨大落差。工会谈判代表虽然在谈判过程中据理力争，但是由于工会在信息资料的掌握和谈判技巧等方面，都不占优势，只能经常诉诸一些感性的说法，如菜价相比以前上涨多少、春节对中国人很重要，等等。他们的谈判也不能以工人的行动做后盾，因此两次谈判都曾陷入互不妥协的僵局。最后在省总工会领导人的调停下才达成协议。

（二）收回工会的控制权

2011年末的年终奖集体谈判之前，工会进行了换届选举。在一开始，方宇祥准备作为工会主席候选人之一进行民主参选，但是上级工会以方是香港人为由，终止了其候选人资格。新当选的工会主席吴恒同时在公司兼任高层管理职务。吴恒的当选遭到员工的公开质疑，但最终不了了之。工会小组长仍然由员工直选，每个科的分会委员仍由小组长推选。但是分会主席人选由工会委员会从三个分会委员中挑选一名。工会副主席和工会委员人选基本由新当选的工会主席建议，经上级提名，然后等额选举。[①] 工人民主选举工会的权限相比上一次缩小了。

集体谈判的风格两届工会也很不一样。工会在通过问卷征求工人意见时，先通过选项的保守设置限制工人期望。工会的年终奖和工资增长谈判方案主要由工会主席敲定，其他工会委员也不便再提反对意见。不过在资料收集方面，新一届工会确实做得比较规范，工会通过各种途径全面收集包括政府工资指导线、其他公司的工资、公司内部经营业绩、员工努力成果、员工需求意见等各方面的数据，尽量做到在谈判过程中凭数据说话。2011年年终奖的谈判，公司和工会分别提3.5个月和6个月的方案，最后工会通过谈判争取到4个月。2012年的工资集体谈判，由于公司和工会的方案差别不

---

① 工会委员是16选15。

是特别大（双方在一级员工的工资增长额度上只差 2.5 个百分点），进行得比较顺利。一些工会领导认为这是公司比较有诚意的表现，倘若公司不肯让步，工会也没办法。而部分员工却认为其实最终方案公司早就内定好了，谈判不过是走个过场。在笔者的参与式观察过程中，许多员工都抱怨工会没有通过集体谈判努力为工人争取利益，并质疑工会的独立性。

笔者还参加了工会每周的例会，例会除了汇聚员工问题、商讨工会活动开展方案外，相当一部分内容涉及如何协助公司的生产管理、怎样有效控制员工的诉求和情绪。而上届工会的例会，根据工会委员的回忆，主要是了解现场的声音。

（三）工人的回应

在 2012 年的年终奖谈判过程中，劳资双方出现了一点不愉快的小插曲，但这只是新一轮冲突的开始。公司坚持 3.5 个月的年终奖方案，但这明显低于工人的期望，因为上一年他们就拿到了 4 个月的年终奖。变速箱的工会小组长集体商议好，如果公司不让步，就发动罢工。他们同时和其他科的工会干部进行了联络。当工人的想法通过工会传达到谈判桌上后，公司只好答应将年终奖提升到 3.9 个月。

随后的工资集体谈判，公司提出的方案又远低于工人的期望。[①] 在公司的方案中，一至五级员工的工资增幅分别为 10.2%（220 元）、12.3%（330 元）、19.8%（760 元）、19.8%（1030 元）、18%（1550 元）。[②] 公司分化员工内部的意图非常明显，因为公司和工会的中高层管理者级别基本都在三级以上。公司针对工人可能的罢工行为，也做好了预案。因此，在连续四天的谈判过程中，公司始终坚持其最先的方案。最后，工会只好选择接受这一方案。

但就在当天晚上，工人却再次绕开工会发动罢工。抗议行动仍然由变速箱组装科发起，因为他们工作辛苦、加班少，而且内部团结、占据关键位置。我们不清楚工会小组长在这次行动中的角色，但是他们后来大多受到管理层的报复。可以肯定的是，和三年前的罢工一样，一些将要离职的工人在

---

① 工人的高期望与汽配园的周边环境有关，德国某著名汽车集团在汽新厂旁边投产，员工工资福利都比较好，汽新厂高层曾经承诺到 2013 年员工的待遇要与其持平。不过，2012 年的钓鱼岛事件导致在华日资企业普遍受到冲击，这也直接影响了资方在工资集体谈判中的态度。

② 工会的方案，一级员工工资增长 18%（388 元）。

行动中扮演了非常积极的角色。汽新厂这几年的待遇虽然有所改善，但是很多工人还是看不到发展的前景，升职基本无望，而长期枯燥重复性的流水线工作也让他们感到非常压抑。罢工既是他们为工友争取权益的机会，也是宣泄不满的途径。齿轮加工科和铝加工科的工人在犹豫一段时间之后也跟着停工。公司和工会也很快做出了反应，他们将变速箱组装科的工人单独拉到会议室，以便在了解工人诉求的同时，防止罢工进一步扩大。

工人提出18%的增长幅度。也有部分工人明确表示对工会的不满，工会主席当即表示很伤心，说你们不满意可以另选工会主席。其实工人并不是没有考虑过罢免工会主席，但他们对此事并无把握，同时也不认为从员工内部能找到更合适的人选担此重任。

公司本以为罢工就此平息，并打算重启谈判。但是次日清晨，组装科的部分工人继续坚持罢工，其他科也有工人响应行动。和头天晚上一样，部分工人情绪非常激动。公司和工会只好再次召集工人开会、写诉求，并提前结清将要离职的员工的工资，以免他们再生事端。下午公司和工会再次谈判，最终达成方案：一级普工月工资上涨310元（14.4%），并加50元房补。

公司随后展开了报复行动。公司决心彻查罢工带头者和谣言传播者，[①]并将变速箱组装科的十几名工会小组长调到其他科，让他们做最繁重的工作。工人猜测这可能是一种变相逼走他们的方式。对工会新一轮的控制又将开始，企业工会的转型注定是一个艰难、漫长、反复的过程。

三　企业工会转型的动力与制度空间

汽新厂工会的转型过程充满反复，至今尚未摆脱其对政府和资本的依附。但是，我们不难从该案例洞察到企业工会转型的动力和制度空间。汽新厂的工人虽然普遍来自农村，但其社会特征与老一代"农民工"相去甚远。他们普遍受过中等以上的教育，这种教育经历改变了他们的生产体验、信息视野、发展期望、身份认同，并赋予其全新的社会关系网络和开放的交往方式。学校教育还促进了年轻工人对信息技术的熟练掌握，这对于他们的视野和集体行动动员能力的提升都是大有裨益的。随着其工业化经历的不断增长和生命周期的变化，工人也在不断刷新其诉求、体验、视野、经验。考虑到

---

① 本次罢工，工人并没有很积极地联系媒体，他们将罢工理解成公司内部讨价还价的方式，让外界介入并不能增加他们的谈判砝码，反而让公司有谴责他们的理由。

现阶段正式组织动员力量的缺乏，工人非正式的网络资源、动员工具的存在和意识诉求的提升能为集体谈判的落实和工会的转型提供自下而上的动力。而面对政府和资本自上而下的规制力量，工人同样可以在制度中寻找空间。他们既可以要求政府和企业落实正式制度赋予他们的权利，比如重组工会、落实集体谈判制度等，又在国家既没明确规定也不禁止的制度模糊地带拓展行动的空间，反复发起的罢工行动是最好的例证。政府、上级工会和资本虽然试图将企业工会实践纳入到他们的控制中，但是实践过程本身也在不断促进工人意识和策略的发展。

（一）生活经历变迁与劳工团结的形成

有工人集体行动作为潜在支持力量的谈判才能算得上是真正意义上的劳资谈判，否则只能是看资方脸色的"协商"。但问题是企业工会现阶段在行政上依附于上级工会，在经济上依附于资本，这使得企业工会不可能承担领导工人罢工的重任。工人的行动依然只能依靠其非正式的组织力量和意识诉求的提升。汽新厂的案例有助于我们理解劳工团结产生的土壤。

笔者将劳工团结产生的基础首先追溯至社会转型时期工人生活经历的变迁中。中等教育经历和信息技术的广泛使用，促使他们在消费休闲方式、社会关系网络、交往方式、信息视野、身份认同、发展期望等方面，与老一代工人相区别。生活机遇、生活方式、集体倾向的代际差异，在大样本的调查数据中得到了确认（清华大学社会学系课题组，2012），也可在汽新厂工人的行为方式中得到印证。他们基本都毕业于中专、职校，除了将学校的同学关系网络带到工厂之外，他们也带来了开放的交往方式。尽管由于工资待遇有限，在2010年的罢工前离职率一直都比较高，但是工人还是在短短的几年内迅速地发展了自己的同事关系网络。在笔者观察到的老一代工人的工厂中，工人只有在长达十多年的稳定的工作关系中，才能建立起这样广泛的网络。关系网络的维系和构建，与他们对各种集体消费活动的频繁参与密不可分，其主要的集体娱乐活动包括生日聚会、周末聚餐、唱K、打牌、逛街等。

当然，工人这种关系网络的建立，也得益于公司的管理文化。公司允许工人有自己的社会生活空间，并且在平时的管理中，也会有各种集体活动，如年会、旅游、体育比赛等，以帮助年轻工人进一步拓宽交往渠道。工人的团结确实有其工厂政体的基础，否则年轻工人的生活方式也很容易滑向个体化，笔者还将在下文进一步论述。但不管怎样，年轻人的生活方式确实便利了其团结纽带的建立，这种团结纽带在汽新厂的两次罢工行动中都发挥了基础性的作用。同时，这也是建立工人群体认同的过程，在每一次抗议行动中，行将离职的工人都义无反顾地带领罢工。当然，除了工人日常生活中建立的团结网络，信息技术也能够有效地便利工人的沟通互动，并促进工人集体行动的动员（汪建华，2011）。

工人在学校教育、信息技术使用和城市打工生活中对一整套消费主义文化的接受，推高了他们的生活成本，并加剧了他们与公司的紧张。都市消费主义生活方式的养成也是他们逐渐城市化的过程，而城市化和工业化经历不断丰富的另一面是他们逐渐失去农业生产技能并与农村生活方式相脱离的过程，这些都潜在地提升了其在城市发展的期望。这种期望，在汽新厂工人身上日益变得明显。城市的物价甚至房价，成了他们评估公司薪酬待遇合理性的主要指标之一。不可逆的城市化需求是促使工人抱团并诉诸独立工会实践的内在动力。

（二）工会实践与不断打开的制度空间

政府和资本虽然力图将改组后的工会重新整合进政府工会和企业管理的架构中，但这绝对是一个充满张力的博弈过程。除了上文讨论的工人内在行动的动力外，就企业工会本身而言，也需要不断直面工人的集体压力和合法性质疑。工人意识越强，抗议越频繁，工会的合法性危机便越强烈，这可能导致企业工会角色的摇摆。汽新厂原工会主席方宇祥便是很具代表性的案例，罢工期间工人的质疑、嘲讽甚至辱骂，使得方宇祥在极其孤立的心态下突然转向，继而在随后的工作中尽可能地推动工会民主和集体谈判。尽管资方和上级工会在发现这种转变后很快收回了对企业工会的控制权，但是毫无疑问，任何倒向资本的企业工会和工会领导人，都将在其日常工作中不断面临合法性危机，这种危机，随着工人意识的觉醒和抗议的增多，可能会逐渐凸显。

而各种工会实践的开启，如工会选举、集体谈判、工人意见调查、工会小组活动和职工代表大会等，都不可避免地伴随工人在经验策略层面的学习和意识诉求层面的提升。汽新厂工人在工会实践过程中自主性的不断增强有助于我们理解这种效果。在工会改组后的很长一段时间，工人只是寄希望于工会为自身争取福利。当这种期望受挫时，他们的不满在相当一段时间也只是停留在口头上的抱怨。工人最终还是不得不重新诉诸自身的团结行动。工会的实践也在促使工人群体中的精英不断熟悉谈判策略、工会法律、日常工作开展方式、民主选举流程。实际上，政府和上级工会开启的工会重组和集体谈判只是为了消除工人潜在的抗议和不满，但是工人一旦参与其中，就可能形成新的意识、诉求、策略，并为进一步的行动提供潜在基础。

现有的国家法律和制度至少在文本层面充满了各种维护工人权益的条例和措辞。而工人的工会实践可能有助于工人不断熟悉和利用这些文本规定。如法律规定，工会应当民主选举产生，应当代表工人与企业民主协商，[①] 当工人从《工会法》中得知他们原来拥有如此众多的权利时，便借助罢工要求落实这些权利。当 2013 年工资集体谈判进行得并不顺利时，工人也想过借助职工代表大会不通过谈判协议这一做法，回应资本和工会的合谋。汽新厂工人也曾通过《工会法》了解到罢免工会主席的相关程序，只是感觉时机不成熟，没有付诸实施。不过，在笔者跟进的另一家电子企业松电厂，上百名工人发出了罢免工会主席的倡议，并通过媒体广为传播。虽然最终企业工会委员会没有同意启动罢免提案，但是这也向我们展示工人影响工会核心人选的可能性。[②] 可见，以正式的法律文本为依据，推动工会的转型，仍然具有巨大的空间。

工人也可以在国家法律没有规定但也没有禁止的制度模糊地带活动。当资本和工会通过了工资增长方案时，工人通过罢工迫使双方重新回到谈判桌。实际上，工人罢工是否合法、是否可以以行动推翻工会在谈判桌上通过的方案，都没有明确的立法规定。从"守法"到"不违法"的灵活转变，有利于工人不断通过行动打开可能的制度空间。当然，企业工会对上级工会和资本的依附依然是限制民主的常规议价机制建立的最大障碍，这需要工人对工会的选举程序、工会专职人员收入来源等问题提出挑战，这样的挑战离不开工人的意识发育和持续性的行动。

四　争夺的地带：重新评估企业工会转型的前景

近年来对中国工会的研究开始逐渐修正"国家统合主义"的视角，但是国家依然被认为保留着其对社会神经末梢的影响力、渗透力。对企业工会运作的分析仍然没有摆脱"国家统合主义"视角带来的悲观论调，国家对工人罢工权和自由结社权的打压妨碍了集体谈判的真正推行。而企业工会本

---

① 相关的法律规定，可参考《中华人民共和国工会法》第九、二十条。
② 相关的法律规定，可参考《中华人民共和国工会法》第十六、十七条。

身也处于对地方政府和全球资本的双重依附中，来自公民社会的支持也极其有限。当下的企业工会实践在总体上确实符合陈敬慈等人的判断，但是本研究也同时提醒劳工研究者注意企业工会转型的另一种可能性。这种可能性并不缺乏工人群体内部自下而上的动力，工人代际生活形态的变化及其自身不断深入的工业化经历，一方面为工人的团结行动提供了组织动员资源，另一方面也在不断地激发部分工人城市化的需求，并推动工人意识、诉求和集体抱团倾向的增长。而政府看似强势控制的背后也隐藏着一定的制度空间，对工会实践的有限度开放也促进工人经验策略的增长和追求工会民主的努力。

汽新厂工会发展转变的历程，有助于促使我们重新评估工人突破政府和资本控制的可能性。首先，国家并没有完全禁止工人的罢工权，而工人的自由结社权也可以部分以其自身非正式的团结纽带和动员工具作为替代，并且工人结社权的实现本身也是一个不断被争夺和定义的过程。工人既可以通过集体行动争取对企业工会的改组和集体谈判制度的建立，也可以以自己的行动重新推动企业的集体谈判。而且，工人日益频繁的抗议行动本身也有助于为"罢工"脱敏，在笔者近几年的田野调查中，"罢工"在很多工人的观念中，正逐渐由遥不可及的危险行动转变为常规的讨价还价行为。其次，企业工会虽然在总体上依附于政府和资本，但是，工人通过与企业工会分离的自主行动，仍然可以推动企业工会集体谈判的落实，工人同样有影响企业工会主席人选的能力。而企业工会在面临来自底层工人持续的压力时，也要不断地调整自己的角色。另外，公民社会的发育，及其与工人的关系也是充满变数的。笔者在田野调查中，业已观察到一些社会机构在推动工人集体谈判和行动方面所做的努力，这种努力表现为：为工人的集体行动提供策略建议，介入工人与企业的劳资谈判中，推动工人建立工会，对工人进行团结意识、法律知识、谈判技巧等方面的培训。现存的互联网平台也推动了工人与这些社会团体的互动。因此与其单纯地讨论企业工会的制度性依附逻辑，不如通过经验个案详细挖掘企业工会在实践中的自主性和存在的制度空间。

企业工会在通向民主、独立的过程中，确实困难重重。在陈敬慈等人强调的制度困境之外，全球资本体系也是工人团结和企业工会转型面临的非常重要的结构性壁垒。汽新厂拥有一定的市场利润空间，所以工人和工会有一定的议价空间。但是在中国，大部分代工厂处于全球产业链的末端，典型如电子制造业，企业代工竞争激烈，利润极其有限。笔者在文中列举的松电厂，虽然民主选举了工会，但是工人反映，工会甚至不能代表工人与资方进行形式上的工资集体协商，不是不能这样做，而是工人、工会都觉得没有必要这样做。另外，上文谈到，汽新厂管理文化中相对比较人性化的一面促进了工人的参与、交流，并降低了工人的离职率。但是这样的管理文化只是在日本和欧美的外资企业中有存在的可能，在我国港台、韩国和大陆的私企当中，这种管理文化是很少存在的。专制的管理文化、高强度重复的异化劳动、低廉的薪资待遇、狭小的发展空间、个体化的社会生活，导致了工人频繁的离职行为。高度的流动使得工人群体间难以建立起广泛的社会关系网络和集体认同，反而可能在紧张的日常生活中不断制造工人同事间的横向冲突。在这样的企业中，即便建立起企业工会，工人在缺乏归属感和长远发展的期待下，也不可能对工会有实质性的参与和兴趣。他们也难以通过集体抱团行动推动企业工会的转型和民主运作。工人在这类企业的抗议行动，未必导致常规议价组织与机制的建立，还可能沿着另外一个更具紧张和冲突性的方向发展。

当然，在世界工厂代际更新的过程中，将不断补充越来越多的受过良好教育的工人，就如我们见到的汽新厂工人那样，他们将在具备利润空间和管理弹性的企业，不断以自己的行动寻找制度的空间，推动企业工会的转型。而眼下沿海代工厂的不断内迁，也使得工人在工厂中形成社区生活成为可能。工人稳定的社区生活和当地社群网络是否进一步为劳工抗争和企业工会转型注入动力，值得分析。再者，从工人纵向的无产化经历来看，工人在运作企业工会方面的自主意识和经验也可能在其漫长的工业化、城市化、信息化过程中进一步深化。这个过程，在政府和全球资本的限制面前，注定充满冲突、张力、曲折、反复，企业工会注定是一个劳工、资本、政府不断争夺的地带。但是，作为劳工研究者，挖掘底层的自组织动力、行动的制度空间及其变革不平等制度的可能性，并不断推动底层力量的发育、制度空间的打开和制度的变革，任重而道远。

参考文献

冯钢，2006，《企业工会的"制度性弱势"及其形成背景》，《社会》第 3 期。

黄岩，2008，《代工产业中的劳工团结：以兴达公司员工委员会试验为例》，《社会》第 4 期。

——，2010，《脆弱的团结：对台兴厂连锁骚乱事件的分析》，《社会》第 2 期。

孟泉，2012，《谈判游戏中的说和人——以 DLDA 区工会为例》，载沈原主编《清华社会学评论》（第六辑），北京：社会科学文献出版社。

清华大学社会学系课题组，2012，《困境与行动——新生代农民工与"农民工生产体制"的碰撞》，载沈原主编《清华社会学评论》（第六辑），北京：社会科学文献出版社。

孙立平，2000，《"过程—事件分析"与当代中国国家—农民关系的实践形态》，载《清华社会学评论》（特辑），厦门：鹭江出版社。

——，2002，《实践社会学与市场转型过程分析》，《中国社会科学》第5期。

孙立平、郭于华，2000，《"软硬兼施"：正式权力非正式运作的过程分析——华北B镇收粮的个案研究》，载《清华社会学评论》（特辑），厦门：鹭江出版社。

汪建华，2011，《互联网动员与代工厂工人集体抗争》，《开放时代》第11期。

——，2012，《新工人的生活与抗争政治——基于珠三角集体抗争案例的分析》，载沈原主编《清华社会学评论》（第六辑），北京：社会科学文献出版社。

汪建华、孟泉，2013，《新生代农民工的集体抗争模式——从生产政治到生活政治》，《开放时代》第1期。

吴同、文军，2010，《自我组织与遵纪守法：工人依法维权的行动策略——以上海SNS企业工人抗争为例》，《社会》第5期。

应星、晋军，2000，《集体上访中的"问题化"过程——西南一个水电站的移民的故事》，载《清华社会学评论》（特辑），厦门：鹭江出版社。

岳经纶、庄文嘉，2010，《全球化时代下劳资关系网络化与中国劳工团结——来自中国沿海地区的个案研究》，《中山大学学报》（社会科学版）第1期。

Chan, Anita 1993, "Revolution or Corporatism? Workers and Trade Unions in Post-Mao China", *The Australian Journal of Chinese Affairs*. Vol. 29.

——, 2009, "Challenges and Possibilities for Democratic Grassroots Union Elections in China: A Case Study of Two Factory-level Elections and Their aftermath", *Labor Studies Journal*. Vol. 34.

——, 2011, "Strikes in China's Export Industries in Comparative Perspective", *The China Journal*. Vol. 65.

Chan, C. K. C. andHui, E. S. I. 2012, "The Dynamics and Dilemma of Workplace Trade Union Reform in China:: The Case of the Honda Workers' Strike", *Journal of Industrial Relations*. Vol. 54.

—— (forthcoming) "The Development of Collective Bargaining in China: From 'Collective Bargaining by Riot' to 'Party State-led Wage Bargaining'", *The China Quarterly*.

Chan, C. K. C. 2010, "Class Struggle in China: Case Studies of Migrant Worker Strikes in the Pearl River Delta", *South African Review of Sociology*. Vol. 41.

Chan, C. K. C. and Pun Ngai2009, "The Making of a New Working Class? A Study of Collective Action of Migrant Workers in South China", *The China Quarterly*. Vol. 198.

Chen, Feng 2003, "Between the State and Labour: The Conflict of Chinese Trade Unions' Double Identity in Market Reform", *The China Quarterly*. Vol. 178.

——, 2009, "Union Power in China Source, Operation, and Constraints", *Modern*

China. Vol. 35.

——, 2010, "Trade Unions and the Quadripartite Interactions in Strike Settlement in China", *The China Quarterly* 201.

Howell, Jude 2008, "All-China Federation of Trades Unions beyond Reform? The Slow March of Direct Elections", *The China Quarterly.* Vol. 196.

Lee, Ching Kwan 1995, "Engendering the Worlds of Labor: Women Workers, Labor Markets, and Production Politicsin the South China Economic Miracle", *American Sociological Review.* Vol. 60.

——, 1999a, "From Organized Dependence to Disorganized Despotism: Changing Labour Regimes in Chinese Factories", *The China Quarterly.* Vol. 157.

——, 1999b, "The Politics of Working-class Transitions in China", 提交清华大学当代中国研究中心 "全球化与劳工问题国际学术讨论会" 论文，北京。

——, 2007, *Against the Law: Labor Protests in China's Rustbelt and Sunbelt.* Berkeley, CA: University of California Press.

Liu, Ming Wei 2010, "Union Organizing in China: Still a Monolithic Labor Movement?" *Industrial and Labor Relations Review.* Vol. 64.

Pun, Ngai 2005, *Made in China: Women Factory Workers in a Global Workplace.* Durham &Hong Kong: Duke University Press & Hong Kong University Press.

Pun Ngai and Lu Huilin 2010, "Unfinished Proletarianization: Self, Anger and Class Action among the Second Generation of Peasant-Workers in Present-Day China", *Modern China.* Vol. 36.

作者简介

汪建华　男

现工作单位：中国社会科学院社会学研究所

联系方式：wjhmcg@163.com

石文博　女

现工作单位：南京商业学校

老年人、社区社会资本与新社区建设[*]

——基于 9 城市 W 物业小区的调查

杨 雪

摘 要：本文根据 9 城市 W 物业小区的调查数据分析老年人在社区社会资本形成中的作用。文章通过分析发现，①低龄老年人是参加社区活动、社团活动的主要群体，但是现阶段参与比率占老年人口总体比率不高；②老年人的正式参与对社区社会资本的积累有积极作用；③以物业公司、居委会/社区工作站为代表的市场、国家力量对社区自组织的支持有助于自组织的规范化和可持续发展，从而有利于社区社会资本的积累，对新社区建设起到积极作用。

关键词：新型社区 社区社会资本 老年人

一 社会资本视角下的新型社区和老年人

（一）新型社区的社区社会资本：分散化的个人如何建立纽带

伴随着一系列的社会保障改革和住房改革，单位制社会解体，商品房物业小区逐渐成为城市社区的主流。与传统邻里和单位型社区不同，这些新小

---

* 本文修改后发表于《社会科学辑刊》2014 年第 6 期。

区的居民来自五湖四海、各行各业，他们最初的共同点只是在同一个小区购买了房产。因此，从陌生邻里起步的商品房小区在生活共同体的发育上可以说是一个从无到有的过程。在这些新型社区里，分散化、原子化的个人如何形成邻里关系网络是小区"社区化"的关键。

社会资本是社区研究中的一个热门概念，其基本内涵与"共同体"意义上的社区非常接近。一般认为，社会资本具有互惠、信任和网络化等特点，因而能够促进社会合作和改善地方治理（肖林，2011），对社区建设有积极意义。在对于新型社区的研究中，社会资本的概念也被广泛应用。因为新型社区基于房产利益的利益共同体的特点，研究者尤其关注业委会建设和业主维权运动中社会资本的作用（石发勇，2008，2010；曾鹏，2008）。但是正如肖林指出的那样，"很多因突发性维权事件而临时团结起来的小区业主在轰轰烈烈的维权运动告一段落之后都面临着如何回归日常生活展开多层次的社区建设的问题"，有些研究"过多地关注了社区精英（既包括业主维权骨干，也包括居委会主导下的积极分子）和冲突性事件，而忽视了普通社区成员和日常生活实践的视角"（肖林，2012）。在物业小区，虽然一些居民（比如帮助子女带小孩的老年人）并没有"业主"身份，无法直接参与物业小区中物业管理"物权"的部分。但是从"社区"层面来说，他们一样是地域生活共同体的成员，并通过和家庭成员、物业管理人员、社区居委会/工作站工作人员的日常交流和相互影响，参与社区的治理和建设。

（二）新型社区中老年群体的特点："社区人"与"候鸟型"老年人

在人口老龄化迅速发展的背景下，社区内老年人对于为老服务的需求日益增强，如何依靠社区服务来满足老年人日常生活实践中多样化的物质文化需求，如何通过社区活动来满足老年人的精神生活需求，发展以社区为依托的居家养老服务是国家和社会对于社区的期待。现阶段社会资本视角下的老年人研究也多集中在社区养老领域。

然而，老年人对于社区建设的积极作用也不容忽视。不少经验研究表明，老年人对于社区事务和社区活动具有较高的参与意愿（马卫红等，2000；王小章、冯婷，2004；姜振华，2009）。在小区的社区化过程中，首先为陌生邻里破冰的往往是小区里的老年人。与年轻人相比，老年人生活与交往的场所主要是在社区，是社区物理空间的主要利用者；他们也有更充足的时间投身于社区内的邻里交往和社区活动。我们可以看到在许多新型社区，老年人聚集在小区里的广场、空地带孙辈玩耍、聊天，自发组织各种群体性活动（广场舞、晨练等）以及兴趣爱好团体（棋牌、合唱、舞蹈、书画等）。他们通过这些日常交往和活动性参与不断形成与扩大在社区内的交往网络，而这正是增加社区社会资本存量的重要途径和手段。

另一方面，社区对于老年人的意义也很重要。第一，从工作岗位上引退带来的失落感需要有新的满足方式，而长期受单位制文化熏陶，老年人在从"单位人"转变成"社区人"后，需要在社区寻找新的组织归属。此外，在新型社区中往往有这样一种趋势：年轻人购房成家生子，他们退休的父辈追随子女来到陌生的城市，帮助做家务以及照看孙辈。由于远离了自己原本的生活圈和社会关系网络，候鸟型老年人需要在新的社区建立新的纽带。因此，对于老年人来说，社区的"共同体"特征为他们提供了新的归属感，也是他们积极参与社区活动的原因。

在上述背景下，本文旨在分析老年群体如何在新型社区建立关系网络，以及在老年社团组织的形成过程中自组织、市场力量和国家力量的作用，并且着重探讨老年人在社区社会资本培育中的角色与意义。

二 调查概要

本文的分析数据来自 2013 年 11 月~12 月在全国 9 个城市 W 物业小区进行的"老年人的日常生活与社区参与"问卷调查。W 集团是国内最大的房地产开发企业，业务覆盖全国 53 个大中城市，销售规模持续居同行业首位，其开发的商品房住宅小区由其下属的物业公司提供物业管理和服务。

在社区的抽样上，调查选取了 W 集团 2013 年 CRM① 数据中 55 岁以上人口比率最高的 8 个物业公司（9 个城市）② 管辖的，老年人口比率超过 10%，物业接管超过 5 年的 22 个小区。③ 在个体抽样上选取了随机抽样的

---

① CRM（Customer Relationship Management）系统即客户关系管理系统。由于商品房小区中许多老年居民并非业主，加上流动性强的特点，CRM 系统中关于老年人的数据并非十分精确，只能作为一个辅助参考。

② 8 个物业公司为北京、上海、广州、深圳、成都、武汉、沈阳、苏南，其中苏南物业包括苏州、无锡两个城市。

③ 在依照 CRM 数据的同时，小区的抽样也参考了各地物业公司的意见。考虑到抽样样本量，我们将一些项目调整为住户数量多、老年人口绝对数量较多的项目。

方法。调查采取了以入户调查为主，加上少量小区内拦截调查的方式，① 最终回收有效问卷 2054 份。样本的平均年龄为 68.7 岁（标准差 7.0 岁），其中男性占 46.8%，女性占 53.2%；有配偶者占 88.9%，无配偶者占 11.1%；前期老龄人数（60～74 岁）占 79.3%，后期老龄人数（75 岁及以上）占 20.7%。

　　另外，本文的数据还包括由问卷调查小区的物业管理人员填写的小区整体概况和老年人社区参与情况的基础信息表，W 物业对住宅小区社团组织情况的统计，以及笔者于 2013 年 9 月～2014 年 5 月在北京、上海、深圳、广州、成都、沈阳、苏州市的 W 物业小区对老年居民、社团成员、居委会/社区工作站工作人员和物业工作人员的深度访谈。

三　老年人对社区社会资本的贡献：低效普遍的非正式参与和高效少数的正式参与

　　社会资本是一个多维度的概念，其基础是社会关系网络。在社区社会资本中，社区居民在交往中形成关系网络，并在此基础上形成信任和互惠规范。我们用"小区内打招呼的熟人数量"来考察受访者的小区内关系网络规模，可以看到其主要集中在"10～50 人"（46.8%）、"1～10 人"（35.5%）两个区间。这些网络主要由以下四种途径形成：①日常生活（87.4%），②照顾孙子女（22.6%），③参加社区活动（16.8%），④参加老年人社团活动（12.0%）。

表 1　小区内关系网络规模

	频数	有效百分比	累积百分比
没有	31	1.5	1.5
1～10 人	729	35.5	37.0
10～50 人	962	46.8	83.8
50～100 人	250	12.2	96.0
100 人以上	82	4.0	100.0
合　计	2054	100.0	

---

① 其中拦截调查问卷数量不超过总数量的 10%。

表 2　小区内关系网络的形成途径

	响应		个案百分比
	N	百分比	
一起参加社区活动	345	10.9	16.8
参加老年人活动团体	246	7.8	12.0
日常生活（散步，晒太阳）	1796	56.9	87.4
入住前就认识	137	4.3	6.7
照顾孙子女	464	14.7	22.6
遛宠物	63	2.0	3.1
其他	105	3.3	5.1
总　计	3156	100.0	153.7

如果我们把日常生活中的交往、照顾孙子女算作社区内的非正式参与，把参加社区、社团、志愿者活动算作社区内的正式参与，可以发现非正式参与的比率要大大高于正式参与的比率。在调查中，我们用"是否参加小区活动""是否参加老年人社团活动""是否参加志愿者活动"3 个问题来测量老年人的正式参与情况。调查表明，受访者的正式参与比率不高，他们对以上 3 个问题回答"没有"的比例相当高，分别为 62.0%，83.5% 和89.4%。由于本组调查项目的回答是一组定序答案，为了便于统计分析，我们按顺序对以上各问题的答案分别赋值："是否参加小区活动"和"是否参加志愿者活动"中回答"没参加过"为 1 分，"参加过几次"为 2 分，"经常参加"为 3 分；"是否参加老年人社团"中回答"是""是，但很少参加活动"为 1 分，"没有""不知道小区里有老年人社团""小区内没有老年人社团"为 0 分。编码值越高，因子越正面。因子得分越高，表示社区正式参与度越高。

表 3　正式参与量表信度系数

	因子负荷	Raykov 信度系数
小区活动的参与	0.812	0.659
社团活动的参与	0.894	0.799
志愿者活动的参与	0.793	0.629
正式参与		0.873

　　我们采取验证性因子分析构建我们的量表，对整个模型的验证性因子模型分析结果表明，CFI 为 0.992，TLI 为 0.985，逼近根均值平方误（RMSEA①）为 0.038，属于高度拟合。

　　通过小区内关系网络规模、邻里间互助、邻里关系评价与正式参与因子得分均值的比较，我们可以看到正式参与因子和这三个变量都呈现线性相关关系。受访者的社区正式参与得分越高，他们在小区内的网络规模就越大，邻里间的互惠就越活跃，对邻里关系的评价也越积极。也就是说，虽然非正式参与更加普遍，但是在对社会资本的贡献上，正式参与的效率更高。

表 4　网络规模与正式参与

小区内打招呼的熟人数	正式参与均值	小区内打招呼的熟人数	正式参与均值
没有	−.75503	50 ~ 100 人	.51294
1 ~ 10 人	−.22427	100 人以上	.90587
10 ~ 50 人	.14880	总　计	.07729

表 5　邻里间互助与正式参与

	正式参与均值		正式参与均值
是否得到过邻居的帮助		是否帮助过邻居	
是	.25159	是	.27492
否	−.03075	否	−.04853

表 6　邻里关系评价与正式参与

对邻里关系的评价	正式参与均值	对邻里关系的评价	正式参与均值
很亲密，来往频繁	.38848	不认识	−.74813
见面打招呼的关系	.05275	总　计	.07729
基本没交谈过	−.47145		

　　另外值得一提的是，虽然从问卷调查数据上看，受访者正式参与的比率不高，但是从年龄层的纵向比较来看，老年人依然是社区正式参与的主体。大部分 W 小区的社团组织都是以老年人为主体，老年人社团数量占社团总

---

① 逼近根均值平方误（Root Mean Square Error of Approximation），简写为 RMSEA，用来测量模型的拟合协方差矩阵和样本数据的协方差矩阵之间的差异程度，取值范围没有上限，下限为 0。一般的经验规则是，RMSEA 小于 0.05 时，表示测量模型和抽样数据之间"高度拟合"（close fit），介于 0.05 和 0.1 之间，表示"基本拟合"（reasonable fit）。

数的 60%。社团成员以低龄老人为主，问卷数据也显示正式参与因子与年龄呈现线性相关的关系（见表 7）。

表 7　年龄阶段与正式参与

年龄	正式参与均值	年龄	正式参与均值
60~64 岁	.14123	75~79 岁	.03417
65~69 岁	.10378	80 岁及以上	-.19782
70~74 岁	.07829	总　计	.07729

四　老年社团组织的形成与发展：自组织、市场与国家力量的作用

（一）居民自组织的作用：社区社会资本的基础

根据 W 物业的统计，共有 35 个城市的 154 个 W 物业小区有老年社团，社团总数为 460 个。在社团形成的方式上，由居民自发组织占主导的为 366 个，居民自发组织物业协助成立的 6 个，物业公司占主导的 64 个，居委会/社区工作站主导的 20 个，其他形式 4 个。大约 80% 的社团都是居民自发组织形成的，由此可见新型社区中居民自组织的强大力量。根据对一些社团成员的访谈我们得知，老年人的经常性群体活动形成十分迅速，通常在小区开始大规模入住的 1 年之内就已经聚集了以打太极拳、跳舞等为代表的群体活动。这些基于居民的兴趣爱好形成的，日常生活圈中的经常性群体活动是由社区内非正式交往转变为正式交往的一个主要途径，为社区社团组织的形成奠定了基础。

在社团组织的类型上，以合唱、舞蹈、太极拳、书画等为代表的兴趣爱好型组织是现阶段老年社团的主体，占社团总数的 96%。志愿型社团组织有 13 个，其中自发组织占主导作用的仅有 4 个，远远低于兴趣爱好类社团中自组织的比率。在志愿者、义工活动方面，现阶段 W 小区的老年人志愿型参与以物业公司或居委会/社区工作站的组织为主导，以治安巡逻为主要活动内容，兼有一些便民服务、对空巢老人的年节慰问等活动。

大部分兴趣爱好型组织的活动频度在每周一次以上。在频繁的活动交流中，社团成员之间建立了信任和互惠的关系，成为同质性强的小团体。然

而，这种在小范围内形成的亲密关系往往同时也伴随着排他性。在一些社区，社团之间缺乏交流和互动，各自为政，难以形成对社区整体有影响力的决策。甚至有些社区的社团组织为了争取活动空间、经费等公共资源而产生矛盾冲突，导致关系恶化，对社区的治理和建设反而起消极作用。同时我们也看到，为了解决这样的矛盾，在一些社区中，已经出现了自发形成的，以老年协会为代表的综合型老年社团组织。这类综合型组织是对各分散小团体的资源整合，是规模较大、异质性强、包容性强的社会网络。通过将各个小团体纳入统一的组织，社团之间产生了联系，更加有利于社区社会资本的培育。虽然在现阶段这类综合型组织尚在少数（7 个），其在社区中的影响和作用依然值得我们关注。

（二）物业公司的作用：帮助培育社区文化的市场力量

W 集团在组织小区活动，帮助建立社团组织方面显示出较为积极的态度。尽管程度有所不同，各市的 W 物业对小区内的社团组织在活动场地、经费上都有一定的支持，上海市的 W 公司还专门设有支持社团发展的基金。在开展小区活动方面，虽然缺乏值得信赖的整体性统计数据，但是参考 22 个小区的物业问卷统计来看，W 物业组织的小区活动大约可以分为三类：①年节活动、春秋游、采摘等大型小区活动，每个小区一年中平均有 3 次这样的活动，其中老年人参与比率超过 50% 的平均有 2次，占 66.7%；②便民服务、体检、健康讲座等生活服务方面的活动，其中老年人参与比率超过 50% 的达到 83%；③跳蚤市场、露天电影院、环保活动等小区文化活动，这类活动老年人参与比率不如前两种类型高，在 10%～40%。小区活动对老年社团组织的形成与发展有着双重积极意义。首先，小区活动为老年居民提供了相识的契机，让有相同兴趣爱好的人聚集起来，这也是社团组织建立的源头之一。其次，小区活动为兴趣爱好型社团提供了展示的舞台，也是社团吸引更多居民参与、发展壮大的有效途径。

对社区文化和邻里关系的建设在有利于提升企业形象的同时，对物业公司的日常工作也有积极意义。社团成员在社区参与中形成了对社区的认同感和归属感，并且在交流与互动中和物业公司的工作人员形成了互惠与信赖的关系。社会资本的形成加强了社区解决自身问题的能力。例如，在居民间发生矛盾，或者居民和物业工作人员产生矛盾冲突时，一些老年人会自发地从中起到协调作用，在一定程度上也减轻了物业公司的负担。

（三）居委会/社区工作站的作用：国家力量对社区的渗透

居委会/社区工作站是国家在基层社会的代理机构，承担着公共服务、公共管理、精神文明建设等多种职能。与市场力量相似，居委会/社区工作站对于老年社团组织的支持也主要集中在活动的组织，场地、经费等资源的支援等方面。此外，一些社区的党组织以居住地为依托，将退休后，特别是移居到外地的老党员联合起来，固定开展党组织活动，为他们提供了组织归属感和认同感，对于社会资本的培养也起到了积极作用。

在搭建平台、组织较大范围内的社区间交流上，公共性组织资源有着更明显的优势。然而这种组织资源的分配并不均衡，居委会/社区工作站的作用和影响在不同地区和城市的差异也较为明显。在一些城市的新型小区，居委会迟迟不建立，或者管辖范围过大，导致这些居委会将工作的重点放在辖区内老旧小区的管理上，忽视建立与物业小区的联系，对新社区的社团组织也鲜有支持；而在政府对社区工作重视、居委会和社区工作站强势、社会组织发达的地区，社区的社团组织能够得到更多的组织资源支持，也更为活跃。

另一方面，老年人群体也成为居委会/社区工作站重新渗透到新型社区的重要助力。调研的22个小区中，大部分小区居委会/社区工作站的成立迟于小区成立2年以上，而新型小区物业服务的完善使得居民习惯于"找物业不找居委会"，让居委会/社区工作站在新社区的存在感越发稀薄。在这种情况下，大部分居委会/社区工作站都是通过借助老年社团的力量建立起与这些新型小区的联系。不仅如此，网格化管理中的楼道（栋）长几乎都由老年社团的积极分子担任，这些人本身就是居委会和社区居民沟通的纽带。

五　结论与讨论

以上我们以W社区为例，分析了在新型社区的社会资本形成中老年人的作用，以及在老年社团组织形成过程中，居民自组织、市场力量和国家力量各自的作用与贡献。社区社会资本的基础是小区内外的社会关系网络，主要通过非正式参与（日常邻里交往）和正式参与（社团组织、社区活动）两种途径形成。日常生活中的非正式参与更加普遍，是老年人形成熟人网络的主要途径。但是其形成的网络规模较小，难以带来社区范围的信任和互惠规范，对社区社会资本的贡献有限。相比之下，正式参与对网络规模、邻里互惠、邻里关系评价的贡献更大，是更加高效的社会资本积累方式。低龄老年人是社区正式参与的主体，也是社区社会资本的主要贡献者。此外，虽然许多老年人并非"业主"身份，但是并不妨碍他们参加小区内的各种活动与兴趣爱好组织和志愿组织。这也提醒我们在研究新型社区时不应该仅仅注意和强调"业主"身份以及社区的"利益共同体"特征，也需要从"居民"身份和"地域生活共同体"角度进行分析。

　　总体而言，在 W 小区，参与小区活动和各类型社团组织的老年人占总体比率不高，这意味着社区社会资本的积累依然任重而道远。然而，即使社区社会资本整体存量不高，以老年社团为代表的老年群体依然是新型社区建设中重要的凝聚力量。图 1 显示了 W 社区中老年群体对社区社会资本的贡献。他们通过日常邻里交往、经常性的群体活动、小区活动以及志愿者、兴趣爱好团体形成小区内社会关系网络，给"陌生人小区"带来变化，创造出"熟人社区"的社区氛围，帮助实现从"居住小区"到"邻里社区"的转变。

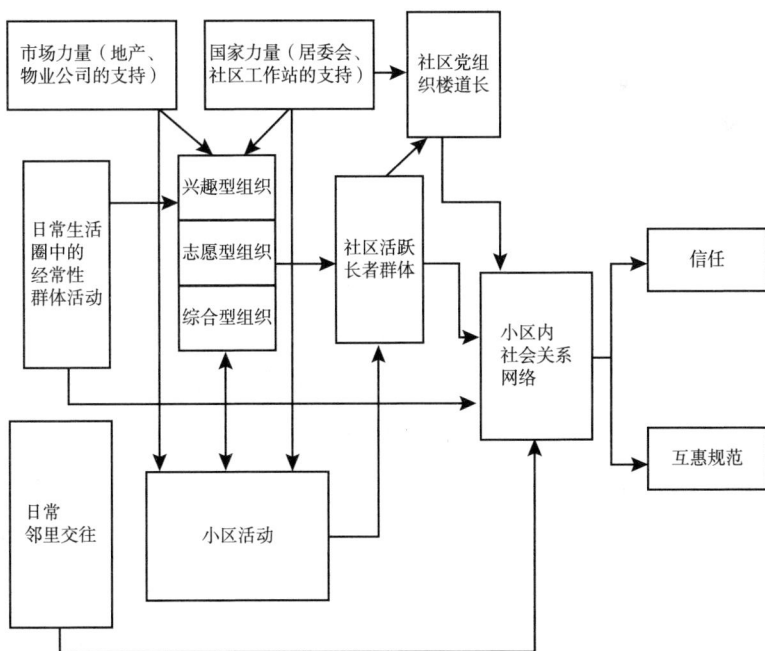

图 1　老年人对社区社会资本的贡献

但是在一些新型社区的自组织蓬勃发展的同时，我们也观察到另一些小区在成立多年之后，老年人活动依然停留在松散的群体聚集阶段，不利于社区社会资本的培育。在这个意义上，除了社区自组织的自我形成与发展以外，外部力量的介入——物业公司和居委会/社区工作站——也十分重要，是社区社会资本增长的催化剂。首先，物业公司或者居委会/社区工作站通过组织比赛、小区活动等方式使小区内的兴趣爱好者们聚集起来，为社团组织的成立提供了一个契机。另外，在一些未能形成自组织的小区，他们可以直接帮助建立社区社团组织。在 W 物业小区中，有接近20% 的老年社团是由物业公司或居委会/社区工作站主导发起的。这些组织的成立方式虽然是自上而下的，但是社团的日常管理由老年居民自主进行，是一种"外力搭台，居民唱戏"的合作模式，在组织规模、自主性、可持续性上与自发建立的组织并没有太大区别。特别是在志愿型组织的建设上，与基于兴趣爱好的社团易于自发聚集的特点不同，志愿型组织的自我形成需要建立在一定社会网络基础之上，更需要外力的帮助和推动。与兴趣爱好型组织相比，现阶段志愿型组织数量少，大部分志愿者活动的开展依然依赖于物业或者居委会/社区工作站的主导，缺乏自主性。在物业或者居委会/社区工作站不组织活动时，组织便处于停摆状态。外部力量在帮助建立社团组织时要注意培养社团自我管理的能力，以避免抑制居民自治能力的发展。

另外，市场、国家力量也为老年人社团提供了自我展示的舞台和扩大社会关系网络的平台，提高了老年人的参与积极性，使自发、松散的自组织在参与过程中变得更有目的性，更加规范化、整体化。而成熟、规范的社团也会吸引更多的老年人主动参与其中，有助于建立规模更大、包容性更强的社会关系网络，增加社区社会资本的存量。在社团组织活跃，自组织与物业公司、居委会/社区工作站互动频繁的社区，社团参与的积极分子在社区公共事务，以及矛盾冲突的调节上也有很重要的作用。在各方力量的沟通与协调下，社区解决自身问题的能力也随之增强，对新社区的建设是一个重要的启示。

最后，本研究基于对 W 物业小区的老年人调查，缺乏与中青年等年龄层之间的纵向比较以及其他类型小区之间的横向比较，具有一定的局限性，需要在后续的研究中进行补足。

参考文献

姜振华，2009，《城市老年人社区参与的现状及原因探析》，《人口学刊》第 5 期。

马卫红、黄沁蕾、桂勇，2000，《上海市居民社区参与意愿影响因素分析》，《社会》第
　　6 期。

石发勇，2008，《社会资本的属性及其在集体行动中的运动逻辑——以一个维权运动个
　　案为例》，《学海》第 3 期。

石发勇，2010，《业主委员会、准派系政治和基层治理——以一个上海街区为例》，《社
　　会学研究》第 3 期。

肖林，2011，《"社区"研究与"社区研究"——近年来我国城市社区研究述评》，《社
　　会学研究》第 4 期。

肖林，2012，《现代城市社区的双重二元性及其发展的中国路径》，《南京社会科学》第
　　9 期。

王小章、冯婷，2004，《城市居民的社区参与意愿——对 H 市的一项问卷调查分析》，
　　《浙江社会科学》第 4 期。

曾鹏，2008，《社区网络与集体行动》，北京：社会科学文献出版社。

作者简介

杨雪　女

所属博士后流动站：中国社会科学院社会学研究所

合作导师：王颖

在站时间：2013.11 ~

现工作单位：万科企业股份有限公司（工作站）

联系方式：yanagx15@ vanke. com

Table of Contents & Abstracts

Abstract: During the new historical period, the urban local governments adopted two different kinds of reform strategies to cope with the excessive administration trouble and the effective governance challenges: one is the empowerment mode to strengthen the street agencies, and the other is the disempowerment mode to cut the street agencies. The former reform is represented by Shenzhen city, and the latter is represented by Tongling city in Anhui province. Although the reform measures adopted in Shenzhen are completely different from the one which were adopted in Tongling, but both goals of the two modes are reducing the administrative level. But the street agency reform in Shenyang was different from the above two cities. Three reform measures were adopted in Shenyang, including cutting the street agencies, integrating the communities and establishing comprehensive management functional organizations. Different reform models were not only related to the regional economic development imbalance, but also are influenced by the redistribution system penetration strength.

Keywords: Urban Governance; Governance Transition; Power Reintegration; Street Agency Reform

Abstract: Suburban small towns are important carriers to gather rural ingredients and diffuse central city ingredients. Besides, it has the duty to construct new urbanization and reestablish social governance models. So, it's of great importance to research social governance issues in suburban small towns. This paper brings forward the viewpoint that to optimize social government, we should plan the overall consideration, make all rights carried with corresponding responsibilities, implement the network management, reinforce the rural grass-roots management, cultivate the multiple governance, and insist the policy of industry refeeding agriculture and cities supporting rural areas, through the investigation and analysis of the current situation of social governance's and existing difficulties in Tongjiaxi Town' ubanization process.

Keywords: Governance System; Suburban Small Town; Social Governance

Analysis on the Path of the Media Participation in Governance in the New Urbanization Background *Liu Haixia / 27*

Abstract: To improve the healthy development of urbanization mechanism, we must constantly improve the social management level of urbanization and widen the social governance path of urbanization. Transformation of the social governance mode to the media to participate in social governance provides an opportunity. Through the media agenda setting and public opinion guidance, the media has become a collaborator with governments which cannot be ignored. The media participating in social governance is undoubtedly an exploration of a new mode of administratian, but how to prevent funtional maladjustment of media governance is a new task placed in front of the government and the mass media.

Keywords: New-ype Urbanization; Govern; Media Governance

Chinese Social Governance System Innovation: Subject Structure and Its Operating Mechanism *Zeng Weihe / 39*

Abstract: From a deep excavation of the policy text and the analogical theoretical generalization, Chinese social governance system innovation proposed a "chain" subject structure and the "fan" operation mechanism . The subject structure of "chain" is a linear relationship and institutional arrangements consisting of four main governing subjects: party committee , government, community organizations and residents. Although the subjects structure has a comparatively strong theoretical advantage, but there are some practical operation limits. The "fan" operating mechanism is the spread of the governance functions of the "chain" subjects structure, and the three parts forming it part there are "fan shaft", "fan body" and "fan wing", including the kernel layer operation mechanism, the guarantee layer operation mechanism and the task layer operating mechanism. The combined effects of these mechanisms formed "fan" spread effects of the social governance. The "chain" main structure and the "fan" operating mechenism under the spread of the governance funtions of the "chain" in a certain sense constitutes the "Chinese Model" of social governance system innovation.

Keywords: Chinese Social Governance System Innovation; "Chain" Subject Structure; "Fan" Operation Mechanism

Policy and the Self-adaptation of Social Actions

— *A Case Study of the FON Project on Promotion of Atmospheric*

Pollution Information Disclosure *Lin Hong / 55*

Abstract: Based on this analysis of case process, this article will discuss one dimension of the interaction between the State and the Society, which is the interaction between the policy and the self-adaptation process of social actions. The abstractive and homogeneous concepts "Policy" and "Social Action" will become concrete and contextualized, and will be presented in the interactive process between the textual policy and the dynamic social action. Based on the analysis of this interactive process, the article will try to discuss one of the Good relation between the State and the Society, and the possibility of dividing the Clear territory for the two.
Keywords: Policy; Social Action; Self-adaptation

The Struggle for Legitimacy and the Formation of the Actors' Discourse

— *A Case Study on the Resistance to the Sitting*

of a Waste Station *Bu Yumei / 77*

Abstract: Based on a case study on the resistance to the sitting of a waste station, this paper depicted the process of discourse interaction of both sides, and explore the strategy employed by actors to express their demands in the dominant discourse field. The paper suggested that actors take advantage of the opportunity structure in the dominant discourse field, appearing as the legitimacy of "defects", the split of the community of interest and the breaking of the discourse between different levels of governments. The location of the object of discourse on legitimacy by actors is not only a positive powerful way to confront the dominant discourse, but also construct the legitimacy of their actions so as to protect the "homeland".
Keywords: Legitimacy; Formation of Discourse; Chance Structure

From "Finding Society" to "Retrieving State"

— *The Limitation, Reflection and Transformation of the Research*

Paradigm of Commercial Housing Owner's Rights *Liu Wei / 92*

Abstract: "Rights paradigm" and "Strategic paradigm" are the two sides of the public issue on "the study of housing owner's rights". "Rights paradigm" highlights the subjective consciousness of the owner while "Strategic paradigm" highlights the course of action. Though the two focus on different aspects, both of them emphasize the subjective initiative of actors. From the researchers' point of view, who endorse "Rights paradigm" and "Strategic paradigm", owners fight for rights, showing valuable civil wisdom and courage that signifies the transformation of traditional subjective consciousness to modern civic awareness of the housing owners, and becoming an important part of citizen growth and social production. Whether "Rights paradigm" or "Strategic paradigm", they are suspected of too much praise on the actors "subjectivity". And the treatment of meaning and value towards actions of housing owners maintaining their rights is too optimistic and romantic. Precisely because of the neglect on the role of "nation" played in the actions of housing owners maintaning their rights from the aspects of "Rights paradigm" and "Strategic paradigm", those two are sinking into a crazy imagination about civil rights and civil society.

Keywords: Study on the Rights of Housing Owners; Strategic Paradigm; Rights Paradigm; Retrieve Country

The Impacts, Predicaments, and Approaches of Charity Supervision by New Media in China in the Era of Web 2.0   *Chen Weilei* / 109

Abstract: With the development of Web 2.0, new media has become an important way to supervise charity in China. The transparency and efficiency of charity organizations and charity projects have been improved through supervision by new media. New Media is also a vital force to drive government to revise and enact charity regulations. However, charity supervision by new media is subject to appearing perceptual, emotional and disorderly. It is possible to disclose personal information, violate the privacy of others, and damage the reputation of others through new media. It is also possible to damage the credibility of charity by wrong information which has been spread by new media. Therefore, relevant laws and behavioral rules should be developed to provide standards and safeguards for charity supervision by new media. Citizens' rights and responsibility consciousness should be cultivated too. It is necessary to guide gatekeepers and net users to strengthen self-discipline. It is also important to build comprehensive supervision systems which include new media. Finally, governments and charity organizations should communicate with other internet users.

Keywords: New Media; Charity Supervision; Impacts; Predicaments; Approaches

Rural Governance under the Balance between Rural Community and Command Society
—The Case Study of a Forcible Demolition Event   *Zhang Wenbo* / 121

Abstract: In the process of modernization and urbanization, rural society of China has been undergoing tremendous changes, accompanied by large numbers of land disputes with complex relations in which more and more interests such as local governments, village cadres and individual villagers are involved. Through the case study of a forcible demolition event, this paper describes and explores the operational logics of command society , rural community and their relationship; it shows that local government operates through building up the seemingly "legitimacy", together with the "power" of village cadres, to exert certain influences on rural governance, which also in turn stimulates a rebound of rural society and brings the re-realization of rural community.

Keywords: Forcible Demolition; Command Society; Rural Community; Rural Governance

Rural Social Capital, Barefoot Doctors and Community

Doctor-patient Relationship   *Zhang Kuili* / 138

Abstract: Attempting to utilize three principal factors of social capital theory which includes trust, norm of reciprocity and relationship networks, this paper observes and analyzes doctor-patient relationship in rural communities in the period of barefoot doctors. It discovers that social capital theory has strong explanatory power to explain steady , persistent, healthy and harmonious community doctor-patient relationship between barefoot doctors and rural residents. Although those indigenous experiences formed the era of barefoot-doctors, i. e. social similarity trust, reciprocal norm of social ethics and homogeneous horizontal relationship networks have historical limitations to contemporary China, they still have significant implications to the re-building of rural community doctor-patient relationship. The study results also indicates preliminarily that the success of New Health Reform not only depends on system and mechanism reform which can be observed explicitly, but also depends on another invisible reform.

Keywords: Barefoot Doctors; Trust; Norm of Reciprocity; Relationship Networks; Doctor-patient Relationship

On the Function of Social Work for the Construction of the Basic

Public Service System in China   *Zhao Chunsheng* / 153

Abstract: The basic public service system construction in China is a response to citizen demands of governmental modernization, market economic system construction, and social organization construction. Social work and the construction of basic public service system are the consistency of content and process. Embedding social work in the construction of basic public service system can help to improve policy processes and policy performance.

Keywords: Social Work; Public Service; Policy Process

Effects of Population Aging on the Endowment Insurance System

   for Urban Workers in Fujian Province and Policy Suggestions

Tang Zhaoyun / 163

Abstract: The aging of population is the inevitable result of social economic development and population increase in life expectancy. Fujian Province is in existence and the aging of the population trends will continue to aggravate the impact on pension insurance system for urban employees. The study found that in a future period of time, the Fujian Province's town worker social endowment insurance fund income and expenditure are showing a trend of rapid growth, but spending more than their income; after a period of balance, in social endowment insurance fund there will be a certain gap. In the following several aspects we can perfect the urban workers social endowment insurance system: timely formulate social endowment insurance law, levy social endowment insurance tax in accordance with the law; adjust the financial expenditure at all levels and increas financial input, increase the proportion of social insurance funds in fiscal expenditure; actively explore the investment channels with controllable risk, enhance social endowment insurance's ability to preserve and inurease its value; gradually standardiz and raise the retirement age, decrease the elderly population dependency ratio , reduce the pension payment pressure.

Keywords: Population Aging; Urban Workers Pension Insurance; Fund Balance

Social Change, Class Differentiation and Pension Reforms

   —*To Analyze the Evolution of Pension System from the Policy Discourse*

   Perspective   *Yang Jianhai* / 175

Abstract: The emergence and development of pension system has been closely linked to social stratum and their interests. The changes of social stratum are drastically affecting the reform process of pension system in our country, and at the same time, the pension system also restricts differentiated of the social stratum. The study found that in the process of social structure changes, with the continuous differentiation of social stratum, the past integrated pension system has been divided, differentiated, gradually evolved into the discrete system, and the discrete system prompted further differentiation of social stratum.

Keywords: Identity System; Policy Resources; Social Change; Class Differentiation; Pension Reform

Returning Home or Staying Behind?

—*Analysis of Willing to Stay in Beijing or not Based on Survey of New*
Generation of Migrant Workers with Non-Beijing Hukou　　　　*Li Yanchun* / 189

Abstract: This paper analyzes the will to stay in Beijing or not of the new generation of migrant workers with non-Beijing hukou and what factors play roles in their making decisions. Results show that more than 20% of the migrant workers will stay in Beijing, less than 20% of them will leave Beijing and the rest remain in vague will. Several factors have significant effects on their will to stay in Beijing such as level of education, marital status, living duration in Beijing, signing labor contract or not, number of friends in Beijing and self-assessment of socio-economic status; such factors have significant effects on migrant workers to leave Beijing as hometown location and attitudes of local residents of Beijing toward the migrant workers; income has no significant effect on willingness to stay or leave .

Keywords: New Generation of Migrant Workers; Will to Stay in Beijing; Will to Leave Beijing

The Impacts of Social Economic Status on Farmers' Political Participation
Willingness

—*The Comparison between "Farmers of Going Upstairs" and*
"Farmers of Living in Village"　　　　*Chen Xufeng* / 206

Abstract: Political modernization is the premise of economic and social modernization on the national level, and obtaining modernity is a sufficient condition for people to participate in state affairs actively on a personal level. The study of rural issues should be conducted from two perspectives of differentiation: one is longitudinal and the other is transverse. This article studied on the impacts of social and economic status of farmers on their political participation willingness in the perspectives of farmers of going upstairs and farmers of living in village. The results show that the influences of economic status, social status and cultural status on political participation willingness have different performance on farmers of going upstairs and farmers of living in village.

Keywords: Social Economic Status; Political Participation Willingness; Farmers of Going Upstairs; Farmers of Living in Village

Social Cultural Values and Social Practices

—A Comparison between Shenzhen, Haerbin and BaoquanLing Farm

Gao Wenjun, Yang Yiyin and Wang Junxiu / 223

Abstract: Under the paradigm of cross-cultural comparison of values adopted by House, this research investigated 1917 community residents from three representative areas in reforming China, and these areas are Shenzhen, Haerbin and BaoquanLing Farm in Heilongjiang. Social values (i. e. , "what should be") and social practices (i. e. , "what is/ what are") were discussed in terms of four aspects: collectivism, power distance, future orientation and humane orientation. The results showed that (a) after controlling demographic variables, residents from different areas exhibited different values and perceptions of social practices, reflecting the characteristics of local area. To be more specific, residents in Shenzhen showed stronger future orientation, residents in Haerbin showed stronger power distance, and residents in BaoquanLing Farm showed stronger collectivism and humane orientations. (b) There were significant differences between "what a society should be" and "what the society is" in the view of investigated residents. People generally believed that a society should emphasize the equality of power and humane concern; however, the current society seems to manifest reverse tendencies.

Keywords: Social Values; Social Practices; Collectivism; Power Distance; Future Orientation; Humane Orientation

An Empirical Analysis of Inequalities in Consumption among University

Students: From the Perspective of Consumer Culture *Zhu Di* / 240

Abstract: Inequalities in consumption are usually understood as inequalities in ownership of material resources. This paper, however, examines inequalities in consumption from the dimension of "consumer culture", that is, unequal status in consumer culture of different socio-economic groups. It emphasizes that the unequal statuses have been socially constructed, with the consequences of increasing social inequalities and social exclusion. The data comes from a survey on drama appreciation and consumption of mobile phones among students from 12 universities in China. Empirical analysis, from the dimensions of cultural taste, material culture and consumer orientation, rejected some hypotheses/ stereotypes upon unequal statuses in consumer culture, which are usually associated with institutional factors of family origins and education level. It is found that (1) there is no significant correlation between preference of Korean dramas and education level; (2) there are no significant differences in the extent of material aspiration among university students from different family backgrounds nor between urban and rural origins, and students from better-off origins are more dependent on material goods; (3) compared with those from less well-off origins, students from better-off origins are generally more enthusiastic about "face" consumption. Policy-makers should reflect upon the mechanisms of how unequal statuses in consumer culture are constructed, in order to promote social justice and social integration.

Keywords: Inequalities; Consumer Culture; Youths; Material Culture; Institutional Factors

Contentious Terrain: Labor Solidarity, Institutional Space and
Enterprise Union Transformation   *Wang Jianhua, Shi Wenbo* / 258

Abstract: Previous studies on Chinese trade unions emphasize on its dependence of government and capital. Recent studies have started to notice the important affection of worker's collective action on pushing enterprises trade unions to change its role, but insist that the reconstruction and main practice of enterprises trade union like collective bargaining, are still under the control of government and capital. Based on the analysis of a Japanese car factory enterprise union's long term practicing process, this study suggests that workers' solidarity action, consciousness development, experience growth, will together make a continuing interaction and tension with the top-down control. During the transition period, changes in workers' life experiences provides their solidarity formation and consciousness enhance with resources, while trade union's practice gradually extends the institutional space. Worker's solidarity and practice should not be ignored in enterprise trade union study. Finally this paper evaluates the overall prospects of OEM factory's trade unions.

Keywords: Enterprise Union Transformation; Social Transformation; Labor Solidarity; Institutional Space

The Elderly, Community Social Capital and the Construction of New Community
—Based on a Study of W Residential Communities in 9 Cities   *Yang Xue* / 274

Abstract: Within the context of aging society and rapid growth of new communities in urban China, the role of the elderly in the construction of new community has been worth studying. This paper analyses the role of the elderly in the formation of community social capital, based on survey and interview data of W residential communities in 9 cities. It finds out that (1) Young-old is the major group in community participation, however, the participation rate is low; (2) Formal participation of the elderly shows a positive effect on community social capital; (3) Support from property management companies and neighborhood committees is beneficial for self-organizations, and consequently beneficial for the buildup of social capital and the construction of a new community.

Keywords: New Community; Community Social Capital; the Elderly

图书在版编目（CIP）数据

新型城镇化与社会治理/孙壮志主编.—北京：社会科学文献
出版社，2015.8
（中国社会科学院社会学研究所博士后文集）
ISBN 978 - 7 - 5097 - 7890 - 6

Ⅰ.①新…　Ⅱ.①孙…　Ⅲ.①城市化 - 关系 - 社会管理 -
中国 - 文集　Ⅳ.①F299.21 - 53 ②D63 - 53

中国版本图书馆 CIP 数据核字（2015）第 182492 号

中国社会科学院社会学研究所博士后文集
新型城镇化与社会治理

主　　编 / 孙壮志
副 主 编 / 何祎金　黄丽娜

出 版 人 / 谢寿光
项目统筹 / 谢蕊芬
责任编辑 / 谢蕊芬　盛爱珍

出　　版 / 社会科学文献出版社·社会政法分社（010）59367156
　　　　　　地址：北京市北三环中路甲 29 号院华龙大厦　邮编：100029
　　　　　　网址：www.ssap.com.cn
发　　行 / 市场营销中心（010）59367081　59367090
　　　　　　读者服务中心（010）59367028
印　　装 / 北京季蜂印刷有限公司

规　　格 / 开本：787mm × 1092mm　1/16
　　　　　　印张：18.75　字数：337 千字
版　　次 / 2015 年 8 月第 1 版　2015 年 8 月第 1 次印刷
书　　号 / ISBN 978 - 7 - 5097 - 7890 - 6
定　　价 / 79.00 元